Helmut Dirschwigl

Wirtschaft für Jedefrau und Jedermann

oder was Jedefrau und Jedermann vom globalen arbeitsteiligen Wirtschaften
der Menschheit mindestens wissen und verstehen sollten

Wirtschaft für Jedefrau und Jedermann,
oder was Jedefrau und Jedermann vom globalen arbeitsteiligen Wirtschaften der Menschheit mindestens wissen und verstehen sollten

Von Helmut Dirschwigl, Unternehmensberater, Projekt- und Zeitmanager i.R.

Bibliographische Informationen der Deutschen Nationalbibliothek:
Die Deutsche Nationalbibliothek verzeichnet diese Publikation in der Deutschen Nationalbibliographie mit folgenden Texthinweisen:
Nur das globale arbeitsteilige Wirtschaften der Menschheit hat im Ablauf von 12.000 Jahren Menschheitsgeschichte bewirkt, dass diese den Wohlstand für alle jeweils lebenden und wirkenden Menschen schaffen und mehren konnte, wenngleich nicht überall und jederzeit gleichmäßig und gleichzeitig.
Trotzdem geht es dem Durchschnitt der heute in den 80 Entwicklungsländern 3,2 Milliarden lebenden Menschen schon rund 4mal, den in den 58 Schwellenländern lebenden 2,5 Milliarden Menschen schon rund 15mal, und den in den 61 Industriestaaten lebenden 1,5 Milliarden Menschen schon rund 100mal besser als noch allen ihren gemeinsamen Urahnen.
Dass die endliche Erde mit ihren rund 145 Millionen qkm von Menschen bewohnbaren Landmassen aktuell 7,2 Milliarden Menschen mit noch wachsender Tendenz bereits besser tragen und ernähren kann als ihre erst rund 5 Millionen Urahnen vor 12.000 Jahren, die noch als Sammler, Jäger und Fischer nur vom freien Zuwachs der Natur in Höhlen gelebt haben, verdankt sie ihrer körperlichen, geistigen und seelischen Fortentwicklung auch dank ihres immer noch zunehmenden arbeitsteiligen und globalen Wirtschaftens.
Trotz der zwischenzeitlich erreichten Komplexität und Kompliziertheit des globalen und arbeitsteiligen Wirtschaftens im Detail sind dessen Prinzipien wie eh und je einfach geblieben, und deshalb auch für Jedefrau und Jedermann leicht fassbar, denn letztlich gibt es hier ja immer noch nur Subjekte (oder Wirtschaftssubjekte) mit Bedürfnissen, die diese wiederum nur mithilfe ihrer Aktivitäten befriedigen wollen, können und müssen.

ISBN 978-1503232204

Inhalt:

Prolog

1. Die Prinzipien und deren Details

2. Die Wirtschaftssubjekte

2.1. Die Individuen, Gruppen und Massen
2.2. Die Haushalte, Unternehmen und Betriebe
2.3. Die Märkte
2.4. Der öffentliche und private Sektor
2.5. Die Aufgabenteilung zwischen Staaten und deren Bürgern

3. Die Bedürfnisse der Subjekte

4. Die Bedürfnisbefriedigung

5. Die Funktionen und deren Erfüllung

5.1. Die Struktur der Funktionen
5.2. Die Wirkweisen des Kausalgesetztes
5.3. Die Wirkweisen des Lust-/Unlustgesetzes
5.4. Die Konsequenzen naturgesetzlicher Wirkungen

6. Das Geld und seine Funktionen

7. Die Staaten und deren Gesellschaften

8. Armut und Reichtum

9. Recht und Gerechtigkeit

Epilog

Das Profil des Autors

Anhang:

Schlüsselbegriffe und Literaturverzeichnis

Prolog

Die Prinzipien des globalen arbeitsteiligen Wirtschaftens der Menschheit sind so einfach, dass sie Jedefrau und Jedermann leicht verstehen können. Denn was sie selbst in ihren privaten Haushalten tun und lassen, das tun und lassen weltweit nicht nur alle ihre Mitmenschen in ihren privaten Haushalten, sondern auch alle Selbständigen, ArbeitgeberInnen und -nehmerInnen in ihren öffentlichen Haushalten ebenso wie in ihren privaten und öffentlichen Produktions-, Handels- und Dienstleistungsunternehmen und -betrieben aller Branchen und Größenordnungen bis hin zu den multifunktional und international aktiven Konzernen und Trust im Weltwirtschafts- und Währungssystem.

Und warum ist das so? Es ist so, weil es im Wirtschaftsleben der Menschheit prinzipiell nur *Subjekte* mit *Bedürfnissen* gibt, die diese mehrheitlich schon seit Menschengedenken fast überall und jederzeit mithilfe ihrer *Aktivitäten* möglichst allumfassend zu befriedigen versuchen. Denn nicht mehr, aber auch nicht weniger, macht nämlich das globale arbeitsteilige Wirtschaften aller Staaten, Haus-, Betriebs- und Volkswirtschaften letztlich aus. Was hier insbesondere wirtschaftliche Laien, aber leider nicht nur diese, wahrhaft schrecken kann, sind also einerseits nur die gigantischen Zahlen, und andererseits deren Abermilliarden komplexe Details, die zudem mit- und untereinander kompliziert vernetzt sind. Wie immer und überall sitzt also auch hier der Teufel erst in allen Details, die sich trotzdem wie die Bausteine und -teile einer Pyramide von der Basis bis zur Spitze sogar mehrdimensional leicht ordnen und folglich auch von wirtschaftlichen Laien noch gut erkennen und verstehen lassen.

Denn Subjekte (oder Wirtschaftssubjekte) können ja nur *Individuen, Gruppen und Massen* oder natürliche Personen, sowie deren Konstrukte sein, die sich aber auch nur in deren *privaten und öffentlichen Haushalten, Unternehmen, Betrieben und Märkten* manifestieren. Fast alle Menschen kennen ab ihrem Jugendalter ihre privaten Ein- bis Mehrpersonenhaushalte und deren Funktionsweisen schon recht gut, und haben mit diesen bereits Modelle aller öffentlichen Haushalte, Unternehmen und Betriebe vor Augen, denn diese unterscheiden sich nämlich nur bezogen auf ihre speziellen Aktivitäten und damit in ihren Details und größeren Zahlen von jedem privaten Haushalt, aber nicht mehr hinsichtlich ihrer Elemente, aus denen sie sich zusammensetzen, und deren Funktionsweisen.

Gewiss spüren meine LeserInnen schon jetzt, dass die Prinzipien des globalen arbeitsteiligen Wirtschaftens, deren wichtigste Details ich im folgenden 1. Kapitel behandeln werde, tatsächlich recht einfach sind. Im 2. Kapitel werde ich mich dann sowohl mit den einfachen als auch mit den komplexeren Wirtschaftssubjekten sowie deren Elementen und - freilich nur prinzipiell - wiederum einfachen Konstruktionsprinzipien allgemeinverständlich befassen. Weil alle Subjekte auch zahlreiche *Grund- und Luxusbedürfnisse* haben, befasse ich mich im 3. Kapitel mit diesen selbst und im 4. Kapitel mit den Möglichkeiten, sie auch zu befriedigen.

Und gerade hier ist und bleibt freilich beachtlich: Nur natürliche Personen können ihre Bedürfnisse direkt äußern und befriedigen, während deren Konstrukte die ihren nur indirekt inform ihrer Reaktionen auf deren Missachtung äußern können und werden. Und erschwerend kommt hier hinzu: Alle Menschen *müssen* ihre Grundbedürfnisse überall und jederzeit alleine um ihres Überlebens willen befriedigen, während sie ihre Luxusbedürfnisse auch substituieren, aufschieben und sogar vernachlässigen können, obwohl sie diese mehrheitlich nur seltenst vernachlässigen wollen.

Doch nur mithilfe ihrer Aktivitäten können alle Menschen ihre Bedürfnisse befriedigen. Und unter wirtschaftlichen Aspekten werden diese mit jener *Funktionserfüllung* gleichgesetzt, die alles verursacht und evoliert, was alle Menschen im Ablauf ihrer Existenz- und Entwicklungszyklen überhaupt verursachen können. Aber auch deren komplexe und komplizierte Funktionsmechanismen sind prinzipiell einfach und deshalb auch leicht zu erkennen, wenngleich gerade diese alleine ihrer Vielfalt und Vernetztheit mit anderen wirtschaftlichen und gesellschaftlichen Phänomenen wegen schwerer zu erkennen und zu händeln sind. Trotzdem lernen auch hier die meisten Menschen im Ablauf ihrer Existenz- und Entwicklungszyklen mindestens die ihnen zufallenden Parts recht gut kennen und nutzen, die ich dann im 5. Kapitel für Jedefrau und Jedermann wiederum leicht verständlich behandeln werde.

Aber auch mit dem Geld und seinen Funktionen werde ich mich so leicht verständlich wie nur irgend möglich im 6. Kapitel auseinandersetzen. Und abschließend werde ich mich mit den Funktionen der Staaten sowie deren Gesellschaften im 7. Kapitel, mit der Armut und dem Reichtum im 8. Kapitel, und mit dem Recht und der Gerechtigkeit im 9. Kapitel befassen, denn letztlich hängt ja das Wirtschaftsleben der Menschheit mit deren Gesellschaftsleben unauflöslich zusammen.

Und gerade in diesen Zusammenhängen sollten Jedefrau und Jedermann schon jetzt erfahren und verinnerlichen, ...

- dass das einzig Massenwohlstand schaffende und mehrende arbeitsteilige Wirtschaften der Menschheit alleine mithilfe ihrer Funktionserfüllung seit 12.000 Jahren rund 350.000erlei Güterarten auf ihre Märkte bringen konnte, die aktuell inform von rund 45 Millionen Artikeln, Typen und Varianten angeboten und folglich auch nachgefragt werden können;
- dass es sich auch bei dieser Güterfülle prinzipiell nur um land- und forstwirtschaftliche Urprodukte, um Fischfänge und Jagdbeuten, um Grundstoffe und Energien, um Investitions-, Ge- und Verbrauchsgüter, sowie um Arbeits- und Dienstleistungen aller Arten handeln kann;
- dass sich die damit korrespondierenden Waren- und Leistungsströme, -kreisläufe und -umsatzprozesse mit Tauschhändeln (gibst du mir, dann gebe ich dir, oder Gut gegen Gut) wie noch vor 6.000 Jahren nicht mehr bewältigen lassen, und deshalb die Menschheit schon um 4.000 v.Chr. Formen von Geld erfunden und genutzt hat, und zwar wie noch heute auch schon als Tausch- und

Zahlungsmittel, Schatzbewahrer und Recheneinheit.
- dass sich erst im Ablauf dieser hier nur skizzierbaren Entwicklungsepochen immer mehr Menschen über die Jahrtausende hinweg (z.B. als selbständige und angestellte Bestimmungs-, Leitungs-, Fach- und Hilfskräfte sowohl in Arbeit- und Auftraggeber- als auch -nehmerfunktionen) spezialisiert haben, obwohl auch diese (wie übrigens alle jeweils lebenden Menschen) sogar in Personalunion Konsumenten, Produzenten, Händler, Arbeits- und Dienstleister, Anbieter oder Lieferanten und Nachfrager oder Kunden, Sparer und Schuldner geblieben sind, wenngleich nicht immer, überall und jederzeit in gleichen Maßen und Graden;
- dass die Erträge und Einnahmen aller Subjekte nur die *Endverbraucher* (und zu diesen gehören sowohl alle reichsten als auch ärmsten Menschen auf Erden von der Wiege bis zur Bahre) über die Preise aller jeweils angebotenen Güter alleine ihrer Nachfragen und Einkaufsentscheidungen wegen direkt und indirekt bezahlen;
- dass auch deshalb die *Erträge und Vermögen* der Einen stets identisch mit den *Aufwendungen und Schulden* Anderer sind;
- dass Vermögen nur bilden kann, wer von seinen Einkünften (in welchen Höhen und aus welchen Quellen auch immer) *Sparraten* erübrigen kann und will, denn nur diese können letztlich zu Vermögen werden;
- dass alle Menschen im Ablauf ihrer Lebenszyklen von der Wiege bis zur Bahre nicht nur *endverbrauchende Konsumenten* werden und bleiben müssen, sondern mehrheitlich auch *Investoren, Produzenten, Händler, Dienstleister, Sparer und Schuldner* werden und bleiben, wenngleich niemals in gleichen Maßen und Graden;
- und dass sie alle auch deshalb niemals *frei und gleich* sein, werden und bleiben können.

Alle diese haus-, betriebs-, volks- und weltwirtschaftlich relevanten Erkenntnisse und Lehren sind zwischenzeitlich in rund 5.000 Büchern auf rund 1,5 Millionen Druckseiten mit noch wachsender Tendenz verankert. Wer diese lesen will und 100 Seiten täglich schafft, braucht alleine dazu über 40 Jahre. Im Ablauf dieser Zeit wird sich aber auch das Fachliteraturangebot voraussichtlich wieder verzehnfachen, so dass Jedefrau und Jedermann sich damit bescheiden sollten, nicht mehr alles wissen, kennen und können zu wollen, sehr wohl aber die hier von mir höchst konzentriert vorgestellten Prinzipien des einzig Massenwohlstand schaffenden und mehrenden arbeitsteiligen Wirtschaftens der Menschheit sowie deren wichtigste Details.

Alle Menschen wirtschaften schon seit Menschengedenken mehr oder minder bewusst sowohl arbeitsteilig als auch global, denn nur diese Formen ihres Wirtschaftens haben ja bewirkt, dass der Massenwohlstand im Ablauf der Jahrtausende sowohl geschaffen als auch gemehrt werden konnte. Problematisch wurden und blieben aber immer wieder jene Formen der Wohlstandsverteilung, die einerseits den Bedürfnissen der Menschen entsprachen und entsprechen, und andererseits auch mehrheitlich gerecht empfunden wurden und werden. Verteilen konnte und kann die Menschheit trotzdem nur, was sie schon besitzt und jeweils aktuell wertschöpft oder produziert, denn mehr und anderes steht ihr nämlich gar nicht zur Verfügung. Utopische Bedürfnisse lassen sich also weder individuell noch kollektiv befriedigen. Sehr wohl sind und wären aber fast alle Menschen im Ablauf ihrer Lebens- und Entwicklungszyklen mindestens zeitweise fähig, eine Vielzahl ihrer bescheidenen Luxusbedürfnisse zu befriedigen, wenn ihnen überall auf Erden ihre Grundbedürfnisbefriedigung auf einem überlebensfähigen Niveau schon ermöglicht würde. Denn wem beispielsweise die Atemluft vorenthalten wird, stirbt schon binnen weniger Minuten. Wer seinen Durst nicht mehr stillen kann, stirbt binnen weniger Tage. Und wenige Wochen können auch jene Menschen nicht mehr überleben, die sich körperlich, geistig und seelisch nicht mehr gesund ernähren und erhalten können.

Trotzdem ist im Prinzip das meiste von dem, was den arbeitsteilig und global wirtschaftenden Menschen im Ablauf ihres Lebens widerfahren kann einfach, weil hier der Teufel ja fast immer und überall erst in den zudem komplexen und kompliziert vernetzten Details fast aller einfachen Prinzipien steckt. Notwendig und zweckmäßig wäre folglich mindestens für alle meine LeserInnen, sich auch mit jenen Prinzipien des globalen arbeitsteiligen Wirtschaftens bekannt und vertraut zu machen, die das Gesellschaftsleben der Menschheit jeweils aktuell prägen, denn nur dann werden sie ja fähig sein, angesichts der Abermilliarden Details des Lebens und Wirtschaftens, mit denen und deren Folgen fast alle Menschen täglich konfrontiert sind, ihr Denken, Planen, Tun und Lassen auf das jeweils Wesentliche und Zielführende zu konzentrieren.

Und nur in solchen Zusammenhängen wäre zunächst wichtig zu wissen, wie das Wirtschaftsleben funktioniert, welche Arten von Wirtschaftssubjekten es gibt, und welche Bedürfnisse diese auf welche Arten und Weisen befriedigen müssen, wollen und können. Und prinzipiell sind ja die Antworten auch auf diese Fragen ebenso einfach wie für Jederfrau und Jedermann leicht verständlich. Denn letztlich gibt es eben auf Erden nur Individuen, Gruppen und Massen sowie jene komplexeren und komplizierteren Konstrukte, die freilich nur Menschen selbst bilden und nutzen können. Aber auch das sind ja wiederum nur deren öffentliche und private Haushalte, Unternehmen, Betriebe und Märkte.

Alle Gestaltungs-, Produktions- und Verteilungsprozesse, die Menschen organisieren können, lassen sich nur im Zuge ihrer Funktionserfüllung realisieren. Doch diese setzt sich aus der permanenten Erledigung vieler Milliarden Einzelverrichtungen zusammen, von denen es dennoch nur rund 100.000erlei Arten gibt, die freilich weltmaßstäblich in rund 1,5 Millionen Varianten vorkommen, und derzeit erst in den Industriestaaten auf Erden schon in rund 350 wirtschaftlichen und 250 gesellschaftlichen Berufsbildern zusammengefasst sind. Trotzdem lassen sich auch diese im Detail kaum mehr überschaubaren Einzelverrichtungen hierarchisch in bis zu 10.000 Arbeits- oder 1.000 Aufgabenarten verdichten, die noch weiter verdichtet zu jenen rund 100 Funktionen werden, die samt und sonders neben der abstrakten Bestimmung und Leitung dem konkreten Aufbau und der Erhaltung von

Haushalten, Unternehmen, Betrieben und Märkten dienen, die wiederum mithilfe dieser alle ihre Angebote entwickeln und optimieren, Aufträge beschaffen, diese abwickeln, und dabei alles Geschehen auch finanzieren, kontrollieren und verwalten. Und weder Mehr noch Anderes als das soeben skizzierte müssen und können alle Menschen mithilfe ihrer Konstrukte prinzipiell erledigen und leisten.

Wenn es trotzdem Armut und Reichtum ebenso wie himmelschreiendes Unrecht auf Erden überhaupt noch gibt, dann wird das alles dennoch nur von allen jeweils lebenden und wirkenden Menschen ebenso aktiv wie von deren Konstrukten passiv verursacht. Schicksalsbedingt hinnehmen muss in solchen Zusammenhängen die Menschheit, dass alle Individuen nicht nur einmalig und deshalb auch unverwechselbar sind, sondern sich im Ablauf ihrer Lebenszyklen nur ihren Eltern- und Ahnenreihen, Konstitutionen, Schicksalen, Talenten, Interessen, Fähigkeiten und Erfahrungen gemäß entwickeln können, und zwar ausnahmslos und lebenslang auch in dieser Reihenfolge von hilflosen Kleinkindern über die Stadien von Großkindern, Jugendlichen, jungen und mündigen Erwachsenen zu mehr oder minder weisen oder senilen Greisen, als die sie letztlich wieder sterben, wenn sie (wie freilich immer noch die Menschenmehrheit) ihr Greisenalter überhaupt erreichen.

1. Die Prinzipien und deren Details

Schon einleitend habe ich vorbemerkt, dass die Details hierarchisch geordnet jene Prinzipien systematisch zerlegen, die der Brockhaus unter philosophischen, wissenschaftlichen und wirtschaftlichen Aspekten als das Grundsätzliche oder die grundlegenden Formen, Regeln und Voraussetzungen allen Seins und Werdens auf Erden beschreibt. Und dementsprechend bezeichnet dieser dann mit dem Detailbegriff die Hierarchie aller Zerlegungsprodukte solcher Prinzipien. Auf einer ersten Detaillierungsebene setzt sich dann beispielsweise das Prinzip >Mensch< aus seinem Körper, seinem Geist und seiner Seele zusammen, auf einer zweiten nicht nur sein Körper aus Knochen, Muskeln, Sehnen, Haut und Organsystemen, auf einer dritten nicht nur eines seiner Organsysteme, beispielsweise das Kreislaufsystem, aus Herz, Blut, Arterien und Venen, und auf einer vierten nicht nur das Blut aus roten und weißen Blutkörperchen, Blutblättchen und Plasma, und so weiter und so fort. Auch das Prinzip >Mensch< ist aber schon Detail eines übergeordneten Prinzips, nämlich dem des Lebens auf Erden. Und auch das Prinzip des Wirtschaftens der Menschheit wird solcherart primär den Haus- und Betriebswirtschaften oder mikroökonomischen, den Volkswirtschaften oder makroökonomischen, und den alles umgreifenden finanzwirtschaftlichen Elementen zugeordnet, die sich dann freilich nur mehr teilweise auf bis zu 24 Ebenen herab immer weiter detaillieren lassen.

Folgend habe ich tabelliert, was es im Wirtschaftsleben der Menschheit sowohl prinzipiell als auch bezogen auf dessen wesentliche Details nur gibt. Und nur mit dessen weiterer Detaillierung will ich folgend noch befassen.

Die Prinzipien	... und deren erste Details
Es gibt im Wirtschaftsleben der Menschheit nur **Subjekte**,	Natürliche Personen (oder Individuen, Gruppen und Massen) und deren Konstrukte (oder Haushalte, Unternehmen, Betriebe und Märkte)
... die ihre **Bedürfnisse**	Gundbedürfnisse (z.B. Atmen, Essen, Trinken, Gesunderhaltung, Kleidung, Behausung und Sozialkontakte) und Luxusbedürfnisse (z.B. Sicherheiten, Beziehungen, Anerkennung, Geltung und Selbstverwirklichung)
... nur mithilfe ihrer **Aktivitäten** befriedigen können	Alles Tun und Lassen (z.B. Arbeiten, Erwerbsarbeiten, Wachen und Schlafen, sich bewegen und ruhen, Spielen usw.) und unter wirtschaftlichen Aspekten die Funktionserfüllung

Beispielgebend für eine ebenso mögliche, aber entgegengesetzte Betrachtungsweise von Prinzipien und deren Details will ich hier das erst 1973 gefundene

>Standardmodell< der Teilchenphysik nennen, das postuliert, dass sich der zwischenzeitlich 13,7 Milliarden Jahre alte Kosmos mit seinen Milliarden Galaxien, die sich ihrerseits wiederum aus Milliarden Sonnen oder Sternen zusammensetzen, aus nur 2 x 6erlei Quarks und Leptonen besteht, die von nur 4 Kräften zusammenhalten und evoliert werden, nämlich den starken und schwachen Wechselwirkungen, dem Elektromagnetismus und der Gravitation. Ob diese Betrachtungsweise des Kosmos schon endgültig richtig oder immer noch mangelhaft ist, werden wir aktuell die Erde bevölkernde Menschen zu unseren Lebzeiten voraussichtlich nicht mehr erfahren, denn auch unsere Weltbilder haben sich ja im Ablauf der zurückliegenden 2.500 Jahre dramatisch gewandelt. So hat der griechische Philosoph Aristoteles (384-322) die Erde noch als eine von Wassern umgebene Scheibe begriffen, während Platon (427-347) rund 30 Jahre später schon die Vorstellung entwickelte, dass sowohl die Erde als auch alles Leben auf dieser aus kleinsten unteilbaren Bausteinchen, nämlich den Atomen, zusammengesetzt ist. Mit anderen Worten haben also wie noch Ptolemäus (100-160) noch 50 Jahre nach Christi Geburt geglaubt, dass die immer noch scheibenartige Erde im Mittelpunkt jenes Kosmos steht, um die sich die Sonne, der Mond und die Sterne auf Bahnen oder Schalen bewegen. Denn erst 1.400 Jahre später hat ja N.Kopernikus (1473-1543) das geozentrische Weltbild durch seine heliozentrische Weltsicht abgelöst, indem er unsere Sonne als im Mittelpunkt der Welt stehend erkannte, die von der bereits kugelförmigen Erde und weiteren Planeten mit deren Monden umkreist wird. Und dass sich die bereits von Platon erkannte atomare Struktur des Kosmos aus unterschiedlichen Atomen zusammensetzt, die ihrerseits aus Kernen bestehen, die von Protonen und Neutronen gebildet und von Elektronen umkreist werden, haben ja erst 1869 D.I. Mendelejew und J.L. Meyer gefunden, die ihre 81 Elemente ihren Gewichten entsprechend im immer noch gültigen Periodensystem zeilenweise VII Perioden und 9 Reihen, und spaltenweise VIII Gruppen sowie je 14 ergänzenden Lantaniden und Actiniden zugeordnet haben. Dass sich auch diese Atome noch spalten und wandeln lassen, haben aber erst M. Planck (1858-1947), O. Hahn (1879-1968), L. Meitner (1878-1968), A. Einstein (1879-1955) und W. Heisenberg (1901-46) mit mehr oder minder dramatischen Folgen für die weitere Menschheitsentwicklung erkannt.

Idealtypisch kann beispielsweise eine Dreieckspyramide aus ebensolchen Bausteinen (oder Elementen) zeigen, wie sich Prinzipien und Details von der Spitze zur Basis absteigend ebenso wie von der Basis bis zur Spitze aufsteigend zueinander verhalten können. Denn von oben nach unten betrachtet liegt nur der eine Schlussstein auf der ersten Ebene, und zeigt rundum betrachtet drei gleiche Flächen, während er auf der vierten Fläche ruht. Und folgend habe ich tabelliert, mit wie vielen solche Steinen eine größere Pyramide nicht nur gebaut werden könnte, sondern auch, in viele solche Steine (oder Elemente) eine große Pyramide (oder das Prinzip) im Detail Schritt für Schritt zerfällt.

Agenda	3 Schichten			6 bis 120 Ebenen oder Schichten				
Ebenen oder Schichten	1	2	3	6	12	24	60	120
Steine je Ebene	1	4	9	36	144	576	3.600	14.400
Steine insgesamt	1	5	14	91	650	4.900	73.810	583.220
davon sichtbare Steine	3	12	27	108	432	1.728	10.800	43.200

Schon eine kleine Pyramide mit 12 Ebenen oder Schichten setzt sich schon auf der zweiten Ebene aus 4, auf der dritten aus 9, auf der 6. aus 36, auf der 12. aus 144 und insgesamt aus 650 Steinen (oder Elementen) zusammen, von denen sich aber allseitige nur 432 zeigen, während 218 Steine (oder Elemente) unsichtbar im inneren der Pyramide deren Halt und Standfestigkeit garantieren.

Die Erde bevölkern aktuell rund 7,2 Milliarden Individuen mit immer noch wachsender Tendenz, die in rund 1,7 Milliarden Haushalten zusammenleben und in rund 300 Millionen Unternehmen und Betrieben arbeitsteilig zusammenwirken, um möglichst viele ihrer Grund- und Luxusbedürfnisse optimal befriedigen zu können. Und das ist das einfache Prinzip. Verfügbar haben sich diese Individuen im Ablauf von nur 12.000 Jahren Entwicklungsgeschichte aber zwischenzeitlich global wirtschaftend rund 350.000erlei Güterarten gemacht, die aktuell inform von rund 45 Millionen Artikeln, Typen und Varianten angeboten, nachgefragt und ausgetauscht werden, obwohl es sich auch bei diesen prinzipiell nur um land- und forstwirtschaftliche Urprodukte, Fischfänge und Jagdbeuten, Grundstoffe und Energien, Investitions-, Ge- und Verbrauchsgüter, sowie Arbeits- und Dienstleistungen handeln kann.

Wahrscheinlich ist zwischenzeitlich allen meinen LeserInnen klar geworden, dass diese Güterfülle einerseits nur mehr mithilfe eines wie immer gearteten Geldes ausgetauscht werden kann, aber andererseits auch nie mehr und Anderes als das schon Vorhandene und jeweils aktuell Wertgeschöpfte ausgetauscht werden kann. Denn Mehr und Anderes ist nämlich gar nicht vorhanden. Wenn trotzdem jedes Individuum im Tagesdurchschnitt nur 10 Funktionen erfüllen würde, um sich gesund ernähren und erhalten, bescheiden kleiden, behausen und am sozialen Leben der Gesellschaft angemessen beteiligen zu können, dann würde sich bereits damit im Jahresmittel die Arbeitsleistung der Weltgesellschaft aus der Erfüllung von rund 26.300 Milliarden Funktionen zusammensetzen. Es gibt aber aktuell mindestens 720 Millionen Individuen auf Erden, die im Zuge ihrer Funktionserfüllung täglich bis zu 160 jener Arbeiten erledigen, die daraus resultieren, und das sind alleine für diesen Personenkreis im Jahresdurchschnitt 58.440 solche Arbeiten von vielleicht 250erlei Art pro Kopf.

Den wirtschaftlichen Laien unter meinen LeserInnen ist wahrscheinlich schon jetzt klar geworden, dass sie sich damit begnügen müssen, die Prinzipien des globalen arbeitsteiligen Wirtschaftens der Menschheit samt deren wichtigsten Details kennen und verstehen zu lernen. Mehr als das ist aber auch nur mehr für Fachleute wichtig und nützlich. Und dabei dürfte fast immer genügen, deren Details bis herab zur 4. und maximal bis zur 7. Ebene zu kennen und zu verstehen, wenngleich nicht mehr zu beherrschen.

Wahrscheinlich wäre prinzipiell einerseits richtig, und andererseits so recht und gerecht wie menschenmöglich, wenn nicht nur alles Vermögen, sondern auch alle Einkünfte schon so gleichmäßig wie menschenmöglich verteilt wären und blieben. Dass das menschenmöglich wäre, zeigen nämlich schon die meisten kleinsten und kleinen solidarischen Gruppen, die es auf Erden gibt. Und gebildet werden diese sogar schon von uns mehrheitlich noch unvollkommenen Menschen, nämlich von den sich liebenden Paaren (freilich nur solange diese sich bedingungslos lieben), gefolgt von Familien mit Kindern, aber auch von Sippen (soweit und solange sich diese noch nicht zerstritten oder schon wieder versöhnt haben). Es zeigen uns aber auch schon wenige ausgewählte Menschen (z.B. Nonnen, Mönche und diesen vergleichbare Mitglieder kleiner und größerer Gruppen wie die Quäker, Rosenkreuzer und Freimaurer) sowohl überall auf Erden als auch aller Religionen und Konfessionen meist sogar beispielgebend, wie auch die Menschheit so recht und gerecht wie menschenmöglich zusammenleben und -wirken könnten. Es bräuchten also nur alle jeweils lebenden Menschen von der Wiege bis zur Bahre leisten, was diesen jeweils möglich ist, aber von alledem nur mehr nehmen, wessen sie jeweils zum Leben und Überleben bedürfen, und alles übrige ihren Mitmenschen für deren Leben und Überleben überlassen. Mehr als das jeweils Lebens- und Überlebensnotwendige würden und bräuchten diese dann auch nicht mehr produzieren und distributieren, so dass alleine durch ein solcherart organisiertes Sein, Wirken und Werden der Menschheit auch unsere Umwelt so naturgegeben wie möglich geschont und erhalten bliebe.

Nur weil wir Menschen mehrheitlich noch nicht so sind, wie wir nach Gottes vermutetem Willen schon sein sollten und vielleicht auch noch werden können, wirtschaften wir global und arbeitsteilig immer noch so, wie wir wirtschaften, und noch nicht so, wie wir schon wirtschaften könnten und wahrscheinlich auch wirtschaften sollten.

2. Die Wirtschaftssubjekte

Alle Menschen sind von der Wiege bis zur Bahre auch Wirtschaftssubjekte, und zwar inform von Individuen, die sich mehr oder minder bewusst, selbst- und fremdbestimmt zu Gruppen und Massen formieren müssen, um leben und überleben zu können. Und als solche sind sie, ob sie das wollen, glauben oder nicht, von der Wiege bis zur Bahre auch Konsumenten, Investoren, Sparer und Schuldner, aber auch Kunden oder Nachfrager und Lieferanten oder Anbieter, Auftrag- und Arbeitgeber und -nehmer in Personalunion, wenngleich nicht immer und überall in gleichen Graden und Maßen. Denn die *Nur*arbeitgeber und -nehmer, *Nur*investoren, -sparer oder -schuldner gibt es nämlich trotz gegenteiliger Behauptungen noch zu vieler vorgeblicher Interessenvertreter nur mangelhaft informierter Mitmenschen gar nicht. Und alleine diese Tatsache zu verinnerlichen würde vielen Menschen schon helfen, das meiste von dem, was haus-, betriebs-, volks- und weltwirtschaftlich derzeit geschieht, mindestens zu verstehen.

Dagegen gehören zu den Konstrukten der Menschen neben deren privaten und öffentlichen Haushalten, Unternehmen und Betrieben auch deren Märkte, von denen sowohl Neider als auch Verführer behaupten, dass diese zu groß oder zu klein, wirtschaftlich oder unwirtschaftlich, effizient oder ineffizient und manches andere mehr seien, oder gar verrückt spielen können und deshalb unkalkulierbare Chancen und Risiken für deren Personal, Kunden und Lieferanten in sich bergen. Solche Aussagen können aber nur von unwissenden Mitmenschen oft sogar in Spitzenpositionen der Gesellschaft oder von wissenden Lügnern verbreitet werden, denn einzige Wahrheit ist nämlich: Alle Haushalte, Unternehmen und Betriebe der Menschen sowie deren Märkte sind letztlich nur Faktorengefüge, die wiederum nur von Menschen idealerweise so konstruiert und strukturiert sind, dass der einzige in diesen zu aktiver Funktionserfüllung befähigte Faktor >Personal< nicht nur zielführend, sondern auch vernünftig handeln kann. Und verrückt spielen deshalb auch nicht die Märkte oder andere Konstrukte der Menschen, sondern nur die Menschen in und mit diesen selbst.

2.1. Die Individuen, Gruppen und Massen

Alle Menschen sind alleine ihrer Geburtsdaten und -orte, Eltern- und Ahnenreihen gemäß einmalige und damit auch unverwechselbare Wesen der irdischen Fauna, die sich zudem ab ihrer Geburt und bis zu ihrem Tod derzeit über durchschnittlich 75 Lebensjahre hinweg von hilflosen Säuglingen über die Stadien Jugendlicher, junger und mündiger Erwachsener zu mehr oder minder weisen oder senilen Greisen entwickeln. Diese Aussage habe ich der 2012 erschienen 13. Auflage jenes Büchleins entnommen, das der katholische Theologe und Philosoph Romano Guardini schon 1953 erstmals veröffentlicht hat. Sein Inhalt hat zwischenzeitlich eine Millionenauflage erreicht, und ist immer noch aktuell.

Insbesondere Gleichheit kann es folglich weder zwischen diesen Individuen noch im Ablauf ihrer individuellen und kollektiven Lebenzyklen geben.

Weiter sind alle Menschen mindestens im Ablauf ihrer ersten 14 Lebensjahre darauf angewiesen, in Gruppen integriert zu sein und innerhalb dieser aufwachsen und reüsieren zu dürfen. Die kleinsten und in aller Regel auch stabilsten Gruppen bilden seit Menschengedenken sich liebende und stützende Paare, gefolgt von Ein- und Mehrkindfamilien, Großfamilien und Sippen. Relativ stabile, wenngleich schon weit weniger solidarische Gruppen bilden aber auch noch Ansammlungen von 25 bis 150 Menschen, die einander gut kennen, schätzen und stützen, wie beispielsweise Nachbarschaften, Vereins- und Parteimitglieder, Belegschaften kleiner und mittlerer Betriebe oder Unternehmen. Dagegen sind mehr oder minder große Ansammlungen von Menschen, die einander persönlich nicht mehr kennen, sehr wohl aber Bezüge zueinander haben, schon Massen, obwohl auch diese noch, wie beispielsweise die Bevölkerungen von Staaten, Städten und Kommunen, Frauen und Männer, Reiche und Arme, Altersklassen, Rundfunkhörer, Verkehrsteilnehmer, Sportler, Arbeitgeber und -nehmer und so weiter als Gruppen bezeichnet werden. Hier wird also sicht- und spürbar, dass nicht nur die Grenzen zwischen den Gruppen und Massen fließen, sondern auch die Begriffe missbraucht werden.

2.1.1. Die Individuen

Alle Individuen sind einmalig und deshalb auch unverwechselbar, obwohl sie sich tradierten Vorstellungen folgend dennoch aus sterblichen Körpern, unsterblichen Seelen und einem Geist zusammensetzen, der es diesen erlaubt, auf immer noch geheimnisvolle Arten und Weisen mit Gott und der Welt zu kommunizieren. Mehrheitlich können diese ihre Vergangenheit erinnern, und deshalb auch ihre Zukunft bewusster als andere Lebewesen der Fauna gestalten. Dennoch werden sie alle zwar unterschiedlichst konstituiert und talentiert, aber trotzdem hilflos, wenngleich entwicklungsfähig geboren. Vom Schicksal mehr oder minder bevorzugt oder benachteiligt entwickeln sich deshalb die meisten Menschen sowohl ihren Vorbildern als auch ihren zuwachsenden Interessen, Fähigkeiten und Erfahrungen gemäß von Kleinkindern über die Stadien der Großkinder zu Jugendlichen, und im Ablauf ihrer Lebenszyklen weiter zu jungen und mündigen Erwachsenen, ehe sie alt geworden und ernüchtert als mehr oder minder weise oder senile Greise wieder sterben.

Durchschnittlich leben wir Menschen derzeit 75 Jahre, die Frauen freilich etwas länger als die Männer, aber auch die Bevölkerungen der Industriestaaten im Durchschnitt etwas länger als die der Schwellen- und Entwicklungsländer. Wiederum durchschnittlich stehen von den weltweit absolut gleichmäßig verteilten 24 Tagesstunden allen Menschen rund 16 wache Stunden zur mehr oder minder freien Verfügung, während sie lebenslang rund 8 Stunden täglich verschlafen. Fast alle

Menschen brauchen ab ihren 5. bis 8. Lebensjahren mehr oder minder bewusst drei bis 4 Stunden, um sich zu ernähren und körperlich fit zu halten, so dass diesen zwischen 12 und 13 wache Stunden sowohl zum Lernen, Beten, Kommunizieren, Meditieren und Arbeiten als auch zum Faulenzen oder Zeitvergeuden verbleiben.

Von Vorteil wäre, wenn alle Menschen ab ihrem Jugendalter schon wüssten, wie wir Menschen strukturiert sind, wie wir uns entwickeln, wie wir funktionieren, und was wir folglich im Ablauf des Lebens sowohl individuell als auch kollektiv erreichen können, und was nicht. Ich will hier neben mein Schulwissen das wichtigste vom dem zu verbreiten versuchen, was ich mir im Ablauf meines Lebens aus zahlreichen Fach- und Sachbüchern unsystematisch angelesen und ausprobiert habe, und auch deshalb jetzt erinnere.

Ab dem Augenblick, in dem sich eine männliche Samenzelle mit einer weiblichen Eizelle verbindet, beginnt sich im Uterus einer Frau der Körper eines neuen Menschen programmatisch alleine durch Zellteilungen und damit -vermehrung zu entwickeln, so dass im Ablauf von nur neun Monaten aus zwei Zellen ein überlebens- und fortentwicklungsfähiger Säugling wird, der im Geburtszeitpunkt schon rund 50 cm lang und 3,5 kg schwer ist, obwohl er im Zeugungszeitpunkt noch weniger als ein Gramm wog und seine kugelige Gestalt nur einen Durchmesser von weniger als einem Millimeter hatte. Worüber Philosophen, Theologen und Mediziner immer noch streiten ist dagegen die Frage, ob ein Menschenleben erst mit seiner Beseelung beginnt oder schon zuvor, und weiter, ob ein werdender menschlicher Körper schon bei seiner Zeugung im Mutterleib oder erst bei seiner Geburt beseelt wird. Unter moralischen und wirtschaftlichen Aspekten ist und bleibt dennoch beachtlich, dass befruchtete Eizellen ohne die Bereitschaft ihrer Mütter sie auszutragen und zu gebären, keine Säuglinge werden könnten, und weiter, dass auch Säuglinge ohne ihre Mütter und Familien (oder Ersatzmütter und -familien) ein Alter von 7 bis 14 Jahre nicht erreichen würden, denn erst ab diesem Alter hätten diese vielleicht auch ohne Eltern (oder Ersatzeltern) schon geringe Überlebenschancen. Offen bleiben in diesen Zusammenhängen trotzdem die nur theologisch relevanten Fragen nach dem Woher und Wohin unserer Körper und Seele. Denn was wir Menschen schon sicher wissen, ist nämlich nur: Jeder neu geborene Mensch trägt nachweislich das Genom von einem Eltern-, zwei Großeltern- 4 Urgroßeltern und 8 Ururgroßelternpaaren, also das von mindestens 30 Individuen seiner Ahnenreihe in sich. Mindestens von diesen wurde er fremdbestimmt gezeugt, geboren und erzogen. Mit einer an Sicherheit grenzenden Wahrscheinlichkeit ist seine Ahnenreihe aber wesentlich länger, denn was wir auch schon relativ sicher wissen, ist zudem das folgende: Vormenschen und Menschen gibt es auf der 4,6 Milliarden Jahre alten Erde, die selbst erst seit 1,1 Milliarden Jahren biologisch belebt ist, ja erst seit 3,2 Millionen Jahren. Aber auch deren Ahnen waren schon die rund 30 Millionen Jahre älteren Primaten, die ihrerseits Abkömmlinge der rund 200 Millionen Jahre älteren Säugetiere sind. Dagegen gibt es den Homo sapiens, der vom Homo Heidelbergiensis abstammt und mit seinen mongoliden, negroiden und europiden Rassen als die einzige überlebende Menschenart die Erde aktuell bevölkert, erst seit rund 50.000 Jahren. Denn die letzten mit dieser Art rivalisierenden Menschenarten (z.B. die Homi neandertalensis, heidelbergiensis, erectus, ergaster, rudolfensis, habilis, africanus und aethiopius) sind nämlich seit spätestens 20.000 Jahren schon wieder ausgestorben. Und trotzdem ist damit die Frage noch unbeantwortet, ob wir aktuell lebende Menschen aus dem Nichts, oder von einem wie immer gearteten Gott kommen?

Ihre dramatischsten Wachstums- und Entwicklungsphasen haben befruchtete menschliche Eizellen also im Ablauf von 9 Monaten schon im Mutterleib hinter sich gebracht, denn bis zu ihrem 14. bis 17. Lebensjahr werden Kleinkinder ja nur mehr 3,5- bis 4mal größer, und bis zu ihrem 100. Lebensjahr maximal nur mehr bis zu 150 kg schwer, was wiederum nur dem 40fachen ihres Geburtsgewichts entspricht, das sie hälftig als Normalgewicht aber schon zwischen ihrem 17. und 19. Lebensjahr erreicht haben. Denn wessen Körper ein Gewicht um 150 kg überhaupt erreicht, ist ja bereits fettleibig, obwohl auch die normalgewichtigen Menschen tagesdurchschnittlich rund 4,5 kg Umwelt inform von Nahrung, Flüssigkeiten und Atemluft in sich aufnehmen und wieder ausscheiden. Pro Jahr wiegt dieser Zu- und Umsatz aber rund 1,6 Tonnen, und im Ablauf von durchschnittlich 75 Lebensjahren sogar 120 Tonnen oder das 1.600fache eines erwachsenen Durchschnittsmenschen. So wenig und doch soviel sollten Jedefrau und Jedermann von sich und ihren Entwicklungen im Allgemeinen auch dann wissen, wenn sie solche Dinge des Lebens im Besonderen nicht weiter interessieren.

Im Gegensatz zu den Körpern der Menschen, die normalerweise ab ihren 14. Lebensjahren an Länge und Gewicht nur mehr mäßig zulegen und idealerweise ab ihren 21. Lebensjahren Länge und Gewicht stabilisieren, folgt deren geistige und seelische Entwicklung anderen Regeln. Denn der Körper, der Geist und die Seele eines jeden Menschen bilden lebenslang eine ebenso mysteriöse wie unauflösliche Einheit, und so wie der Geist an Wissen, Können und Erfahrung lebenslang zunimmt, beeinflusst dieser auch die Entwicklung der Fähigkeiten und Fertigkeiten des Körpers. Und in diesem wohnt trotz rivalisierender Überzeugungen anderer wissend und weise gewordener Menschen meiner Überzeugung folgend zeitlebens eine ebenso unsterbliche wie wissende, mächtige und weise Seele, die von Gott kommt, nicht nur mir leben und überleben hilft, und nach dem Zusammenbruch meines Körpers am Ende meines irdischen Lebens in Gottes wie immer geartetes Reich zurückkehrt, aus dem sie wahrscheinlich sogar als eine Entität Gottes auch gekommen ist. Ob dieser oder ein anderer Glaube Wahrheit oder nur eine Illusion ist, kann und werde ich freilich ebenso wenig wie jeder andere Mensch jemals wissen, denn auch die Atheisten glauben ja nur, dass es keinen wie immer gearteten Gott und ewig lebende menschliche Seelen gibt und geben kann.

Alle Menschen leben und wirken auf Erden im Kontinuum von Raum und Zeit, weil sie ihrer individuellen Programmierung gemäß auf jene Reize, die sie andauernd von innen und außen kommend treffen, dem Lust-/Unlustgesetz folgend reagieren. Neueren und neuesten Erkenntnissen der Hirnforschung, Psychologie und Soziologie folgend verfügen wir Menschen also noch über keinen freien Willen, der es uns erlauben würde, überall und jederzeit tun oder lassen zu können, was wir wollen oder sollen. Denn wir alle müssen nämlich mit Bedacht auf künftige Handlungsfolgen gegenwärtig immer noch tun, was uns Lust bereitet, und vermeiden, was uns Unlust zu bereiten droht. Wer gerne tut, was getan werden soll und muss, weil gerade dieses Tun und Lassen vermeintliche oder tatsächliche Vorteile bringt, hat Glück und damit auch bessere Entwicklungschancen im Leben. Wer dagegen unlustbetont nur um des Einkommens oder gar nur um des Überlebens willen erwerbsarbeitet, weil nur dieses erlaubt, es in der Freizeit lustverheissend wieder auszugeben, verbraucht erheblich mehr Energie, denn auch die jeweils gegenwärtige Unlustüberwindung kostet ja Energien, die selbst für den Freizeitgenuss nicht mehr verfügbar sind. Alleine zu wissen, wie all unser Tun und Lassen zustande kommt, und weiter, was dieses der Art und Menge nach bewirkt, könnte uns folglich schon veranlassen, im Ablauf der Zeit etwas wissender, weiser, besser und zufriedener wenigstens werden zu wollen.

Wären wir Menschen mehrheitlich schon so, wie wir nach Gottes vermutetem Willen sein sollten, nämlich fleißig, wissend, mildtätig, gerecht, barmherzig, dankbar und aufrichtig, dann könnten wir uns den Himmel auch auf Erden schon schaffen und erhalten. Stattdessen sind wir aber immer noch zu eitel, unbeständig, schwach, unwissend, anmaßend und urteilsschwach. Und eine qualifizierte Minderheit unter uns - und zu dieser gehören leider noch zu viele partiell elitäre Mitmenschen in Macht- und Führungspositionen - frönt sogar noch jenen übelsten aller Leidenschaften, die letztlich nur ins Verderben führen können, nämlich der Habgier, der Rach- und Verschwendungssucht, die grausam, geizig, neidisch und gierig machen.

2.1.2. Die Gruppen und Massen

Die kleinsten und in aller Regel auch stabilsten Gruppen bilden Paare, Ein- und Mehrkindfamilien, Großfamilien, Sippen und Wohngemeinschaften, die nicht nur miteinander leben, sondern füreinander auch einstehen. Verdient beispielsweise ein verliebter Mann 5.000 € netto im Monat und seine Geliebte nur 3.000 € oder weniger, dann teilt dieser mit dieser sogar gerne solange und soweit, bis beide auf annähernd gleichem Niveau miteinander leben können. Menschen also, die beklagen, dass der Fiskus zur Erfüllung seiner auch ihnen zugute kommenden Aufgaben zwischen 15 und 50 % ihrer Bruttoeinkünfte haben will, investieren vergleichbare Summen durchaus anstandslos in die Luxusbedürfnisbefriedigung ihrer liebsten Verwandten mindestens solange, bis Partnerschaften solcherart abkühlen oder zerbrechen.

Werden wohlsituierte Durchschnittspaare, denen zunächst 5.000 + 3.000 = 8.000 € Nettoeinkünfte im Monat verfügbar waren, mit zwei bis drei Kindern gesegnet, die oft bewirken, dass das Familieneinkommen trotz zusätzlichem Kindergeld und Steuerermäßigungen um 1.500 auf 6.500 € sinkt, dann teilt auch diese Familie ihre verminderten Einkünfte noch gerne in Verhältnissen, die sich über lange Zeit wie 1.800 : 1.700 + 2 x 1.500 € oder gar wie 1.700 : 1.500 + 3 x 1.100 € zueinander verhalten. Der Haupt- oder Alleinverdiener verzichtet also dabei zugunsten seiner geliebten Familie sogar auf bis zu 70 % dessen, was er alleine für diese und sich erarbeitet, während der gleiche Mensch - Solidarität und Gerechtigkeit hin oder her – lauthals lamentiert, wenn sein Arbeitgeber einem Kollegen für vergleichbare Arbeiten 5 % mehr bezahlt, oder gar streikt, wenn die Arbeitgeberseite einer Lohnforderung seiner Gewerkschaft ein nur um wenige Prozentpunkte niedrigeres Angebot entgegensetzt.

Je weiter Eltern, Kinder, Geschwister, Groß- und Schwiegereltern voneinander getrennt leben und wirken, sinken die Bereitschaften fast aller, direkt füreinander einzustehen und zu sorgen. Die Feststellung, dass 5 Kinder von dem, was deren Eltern für diese opfern oder geopfert haben, bedeutend besser leben können, als deren bedürftig gewordene Eltern von dem, was diesen ihre 5 Kinder zurückzugeben bereit sind, hat also durchaus ihre Berechtigung. Und daraus folgt, dass die meisten Menschen eben doch nur erweiterte Egoisten und noch keine Altruisten sind. Denn nur für ihre Liebsten und Nächsten sind sie nämlich mehrheitlich noch bereit, wahre Opfer zu bringen, aber kaum mehr für ihre weiterschichtigen Verwandten und Bekannten, und mehrheitlich nur mehr in geringsten Maßen für entferntere Mitmenschen im Staatsvolk, dessen Mitglieder sie sogar selbst noch sind und bleiben.

Trotzdem sind - wenngleich nur in Maßen und engen Grenzen – wahre Gruppen noch solidarisch, auch wenn sich, wie Marx und Engels das in ihren Schriften freilich schon von Massen gefordert haben, die Proletarier aller Welt nicht vereinigen und ihre vorgeblichen Ausbeuter das Fürchten lehren wollten. Im tieferen Wortsinn verhalten sich nämlich sogenannte Gruppen, die wie Mitglieder von Gewerkschaften oder Arbeitgeberverbänden in Wahrheit ja schon Massen sind, keineswegs mehr solidarisch, sondern verfolgen bereits gruppenegoistische Interessen, wenn beispielsweise die Metaller den Chemikern die besseren Abschlüsse neiden, oder die Assistenzärzte ihren leitenden Kollegen deren höhere Einkünfte, obwohl sie alle als systemische Massen schon besser gestellt sind wie ihre dennoch unverzichtbaren AssistentInnen und HelferInnen. In kleineren Gruppen, wie sie beispielsweise Klassenverbände, Mitglieder in Sport- und Kulturvereinen, oder Belegschaften in Klein- und Mittelbetrieben repräsentieren, wird Solidarität sogar zwischen Angestellten und Arbeitern, und zwischen ArbeitnehmerInnen und -geberInnen insbesondere dann praktiziert, wenn letztere noch vor- und mitarbeiten. In meinen Funktionen als Projekt- und Krisenmanager habe ich sogar erfahren, dass über längere Zeit unbezahlbare Mehrarbeit oder gleiche Arbeit zu verminderten Löhnen auch mitverantwortet von Betriebsräten und Gewerkschaftlern vereinbart werden konnten, wenn solche Maßnahmen einerseits Arbeitsplätze erhalten halfen, obwohl sich andererseits gerade damit für andere UnternehmerInnen und deren Beschäftigte der Konkurrenzdruck erhöht hat oder mindestens erhalten blieb.

Charakteristisch insbesondere für Gruppen, deren Mitglieder einander nicht nur kennen, sondern auch noch gleiche und ähnliche Interessen verfolgen, ist ihr mehr oder minder ausgeprägter Solidaritätssinn, der auch praktiziert wird. Je größer die Gruppen werden und damit trotz gleicher und ähnlicher Interessen langsam aber sicher Massencharakter annehmen, schwindet aber auch die Solidarität. Ein klassisches Beispiel für die Richtigkeit gerade dieser Aussage liefern bevorzugt in den Industriestaaten die autonomen Tarifparteien, die einander als Arbeitgeber- und -nehmerinteressenvertreterInnen wie Feinde gegenübertreten, obwohl alle ihre Schutzbefohlenen in einem Boot sitzen und nur gemeinsam erfolgreich sein können, was diese selbst sogar wissen. In zwischenzeitlich ritualisierten Kämpfen stellen deren vorgebliche InteressenvertreterInnen dennoch verhandlungsunfähige Forderungen und Angebote einander gegenüber, um wenigstens ihre Apparatschiks noch mobilisieren, Streiks und Aussperrungen androhen und gegebenenfalls auch durchführen zu können. Dabei ließen sich die jeweils möglichen Abschlüsse auch ohne einen solchen Theaterdonner erreichen, wahrscheinlich aber viele ihrer Mitglieder nicht mehr bei der Stange halten, und damit auch die Streikkassen nicht mehr füllen. Müssten nämlich die UrabstimmerInnen, die mit satten Mehrheiten um 95 % Streiks zur Durchsetzung irrealer Forderungen noch beschließen, die in dramatisierten Verhandlungen erreichten vernünftigen Abschlüssen nur mit einer einfachen Mehrheit noch billigen, dann kämen auf solche Arten und Weisen keine Abschlüsse mehr zustande. Und auch deshalb werden sogar satzungsgemäß solche Abschlüsse schon rechtskräftig, wenn diese nur mehr von einem Viertel der zuvor mit Lügen verführten Betroffenen gebilligt werden.

Von Massen ist unter gesellschaftlichen und wirtschaftlichen Aspekten die Rede, wenn sich deren Mitglieder mehrheitlich nicht mehr persönlich kennen, obwohl sie trotz aller oft auch gravierenden Unterschiede noch gleiche Interessen verfolgen oder gewisse Merkmale charakterisieren. So sind beispielsweise alle Menschen überall und jederzeit Konsumenten, aber zeitgleich nicht mehr alle auch Kunden oder Nachfrager und Anbieter oder Lieferanten, Investoren, Sparer und Schuldner. Rund 50 % der jeweils lebenden Menschen sind und bleiben aber Frauen oder Männer. Rund 70 % dieser sind gleich welchen Geschlechts und Alters zwischen 14 und 75 Jahre alt und befinden sich damit mehrheitlich im erwerbsarbeitsfähigen Alter und Zustand. 1,5 Milliarden von diesen leben und wirken derzeit in den 61 Industriestaaten, 2,5 Milliarden in 58 sogenannten Schwellenländern und damit rund 3,2 Milliarden noch den 80 Entwicklungsländern. Sie alle bevölkern derzeit fast 100-%ig jene 196 souveränen Staaten auf Erden, die einander als solche auch anerkennen. Aber nur ein Prozent jener gut 7 Milliarden Menschen, die derzeit mit immer noch wachsender Tendenz die Erde bevölkern, gehören zu den Superreichen, rund 9 % zu den Reichen, rund 30 % zu den besser und rund 40 % zu den schlechter situierten Durchschnittsmenschen, und nur die restlichen 20 % zu den ärmeren bis bettelarmen Mitmenschen. Ein Prozent von 7 Milliarden Menschen sind aber immer noch 70 Millionen, und damit auch schon eine Masse, die fast das Volumen der gegenwärtigen Gesamtbevölkerung Deutschlands erreicht.

Die Zuordnung der Menschen zu Massen unter Aspekten, wie ich diese soeben vorgenommen habe, geschieht sogar ohne deren Zutun und Zustimmung. Sie können sich dieser auch nicht entziehen. Denn wenn wie derzeit gut 7 Milliarden Menschen im Durchschnitt 75 Jahre auf Erden leben, dann werden eben täglich fast 19,2 Millionen und stündlich noch knapp 800.000 Menschen neu geboren, während zeitgleich fast ebenso viele sterben, und damit weit mehr jeweils Gleichaltrige nebeneinander existieren. Von anderer Qualität sind dagegen ebenso große gleichartige Massen, die sich immer wieder in Theatern und Kinos, auf Sportplätzen oder sogar in getrennten Räumen versammeln, um gemeinsam zu erleben, was diesen unterschiedlichste Akteure über Medien anbieten. Ähnliche Massen bilden also auch die Rundfunkhörer und Fernsehzuschauer, und nur zeitlich differenzierter die Leser gleicher und ähnlicher Zeitungen, Zeitschriften und Bücher, oder die Googler und Twitterer aller Arten.

Betriebs- und Volkswirte interessiert in solchen Zusammenhängen, wie Massen auf ihre Angebote reagieren, denn davon hängt nämlich ab, ob sie mit diesen reüssieren und prosperieren können oder eben nicht. Obwohl fast alle Menschen an unterschiedlichen Orten und zu unterschiedlichen Zeiten Konsumenten, Investoren, Produzenten, Händler und Dienstleister, Sparer und Schuldner, Arbeit- und Auftraggeber und -nehmer in Personalunion sind, sind sie das alles doch meist in unterschiedlichsten Maßen und Graden kaum zeitgleich. Dennoch wäre von Vorteil, wenn schon mehreren Mitmenschen bewusst wäre, dass die größere Masse der nominalen ArbeitnehmerInnen die realen Auftrag- und damit auch die realen ArbeitgeberInnen ihrer nominalen ArbeitgeberInnen sind, denn nur, was diese ihren realen ArbeitgeberInnen abkaufen, lässt sich von diesen an diese direkt oder indirekt auch verkaufen. Und wenn - wie es nach der Wiedervereinigung Deutschlands 1989 im Eisenacher Trabbiwerk tatsächlich geschehen ist - nicht einmal mehr die Beschäftigten dieses Werkes Trabbis kaufen wollten, sondern die besser beurteilten Westautos bevorzugten, dann brauchten diese auch keine Trabbis mehr produzieren, und verloren so ihre Arbeitsplätze ebenso wie ihre ArbeitgeberInnen ihre Existenzgrundlagen. Gerade hier wurde offensichtlich und für viele wirtschaftliche Laien auch einsichtig, was allgegenwärtig geschieht und dennoch meist unbemerkt bleibt, nämlich die Tatsache, dass im Wirtschafts- und Gesellschaftsleben sogar der Menschheit alles mit allem zusammenhängt und korrespondiert, und folglich das Eine ohne das korrespondierende Andere auch niemals geschieht.

Jede Menschenmasse setzt sich trotzdem aus Individuen zusammen, die ihrerseits nicht nur zahlreichen, sondern auch wechselnden Gruppen und Massen angehören. Und charakteristisch allerdings nur für Massen ist, dass sich in diesen die best- bis mindestqualifizierten und -motivierten Gestaltungs-, Bestimmungs-, Leitungs-, Fach- und Hilfskräfte, die UnternehmerInnen und Selbständigen, die Arbeitgeber- und -nehmerInnen, und die Reichsten und Mächtigen ebenso wiederfinden wie die Ärmsten und Ohnmächtigen. Ihren Verhaltensmustern entsprechend sind die Mitglieder aller Massen dennoch zu rund 85 % Nachahmer und demnach nur mehr zu rund 15 % Pioniere, aus deren Reihen sich wiederum jene wenigen einflussreichen Vorbilder rekrutieren, deren Leistungen ebenso wie deren Untugenden und Fehlleistungen sowohl die Pioniere als auch die Nachahmer wieder zu kopieren versuchen. Was wir Menschen als Trends wahrnehmen, ist also nur das, was die elitären Massen der Vorbilder und Pioniere ermöglichen und zeigen, so dass das mögliche Gezeigte wahrhaft massenhaft auch nachgeahmt werden kann. Und Regel dabei ist leider immer noch, dass die Untugenden ebenso wie die attraktiven Fehlleistungen fast immer bedeutend mehr Nachahmer finden als die wahren Tugenden und Gutleistungen vieler Menschen.

2.2. Die Haushalte, Unternehmen und Betriebe

Im Gegensatz zu den Individuen, Gruppen und Massen, die samt und sonders persönlich handeln, sind jene Haushalte, Unternehmen und Betriebe, die ja nur von natürlichen Personen erdacht und gebildet werden, nur deren Konstrukte oder Faktorengefüge, die wiederum nur deren Funktionserfüllung sowohl ermöglichen als auch erleichtern sollen. Konstrukte dieser Art sind aber im engeren Wortsinn alle kleinen und großen privaten und öffentlichen Haushalte, Unternehmen und Betriebe bis hin zu den multifunktional und international aktiven Konzernen und Trust, und im weiteren Wortsinn sogar deren Märkte bis hin zum konkretisierten Weltwirtschafts- und Währungssystem. Fürs erste soll hier dennoch genügen zu verinnerlichen, dass alle diese Konstrukte (oder Faktorengefüge) neben dem Faktor (oder Produktionsfaktor) Personal, der als einziger Faktor (oder Produktionsfaktor) Funktionen aktiv erfüllen kann, nur noch die weiteren Faktoren *Vermögen* oder Aktiva und *Finanzierung* oder Passiva kennt.

Vermögensgegenstände aber können nur immaterielle Werte, Grundstücke und Bauten, technische Anlagen und Maschinen, Einrichtungen und Ausstattungen, sowie Finanzanlagen (oder Gegenstände des Anlagevermögens), und Vorräte, Forderungen, Bar- und Buchgeldbestände sowie sonstige Vermögensgegenstände (oder Gegenstände des Umlaufvermögens) sein, die mit Eigen- und Fremdkapital (oder Schulden) ebenso finanziert sind wie deren Aktivitäten. Denn nur mithilfe ihrer Funktionserfüllung setzen ja deren Beschäftigte alle jene Aktivitäten, die wiederum alle Erträge und Einnahmen, alle Aufwendungen und Ausgaben, und damit auch alle Gewinne, Verluste, Renditen und Liquiditäten arbeitsteilig erwirtschaften können und müssen, wenn sie nicht scheitern wollen. Niemals mehr, oft aber sehr viel weniger als das soeben skizzierte, kennzeichnet wahrhaft alle wirtschaftlichen Konstrukte der Menschen vom privaten Einpersonenhaushalt bis zum multinational und -funktional operierenden Konzern ebenso wie vom Gemeindehaushalt über die Länder- und Staatshaushalte hinweg bis hin zu jenen Konstrukten, wie sie beispielsweise inform von EU, UN, Euroland, EZB, Weltbankgruppe und IWF, G7/8- und G20-

Staaten existieren. Mit anderen Worten müssen die meisten privaten Haushalte weder besitzen noch können und leisten, was Konzerne und Staatshaushalte letztlich ausmacht, prinzipiell brauchen und leisten aber auch diese weder mehr und anderes als das soeben skizzierte.

Was Menschen ohne (oder mit noch zu geringen) wirtschafts- und sozialwissenschaftlichen Grundkenntnissen und -informationen immer noch schreckt und verwirrt, können also kaum diese einfachen und deshalb auch leicht fasslichen und verständlichen Konstruktionsprinzipien aller komplexeren und komplizierteren Wirtschaftssubjekte sein, sondern nur deren gigantische Zahlen, Rechts- und Organisationsformen, Verflechtungen und Vernetzungen, zu denen ich mich auch deshalb folgend noch äußern will. Denn diese entsprechen eben fast ausnahmslos gesetzten Rechtsnormen als Personen- oder Kapitalgesellschaften, auch wenn diese oft an den Rändern der Legalität operieren, doch diese trotzdem nur seltenst verletzen. Und wäre das nicht so, dann wären ja beklagten Gestaltungsmissbräuche, Steuerverkürzungen und -hinterziehungen, Korruptionen, Bestechungen, Protektionen und Diskriminierungen, die weltmaßstäblich das Wirtschafts- und Gesellschaftsleben der Menschheit leider immer noch charakterisieren, längst überwunden und unbekannt.

Insbesondere meine einschlägig interessierten wirtschaftlichen Laien und Kritiker bedauernswerter Zustände will ich gerade an dieser Stelle bitten zu bedenken, dass es einerseits mindestens 10mal mehr Konzerne und Trusts als souveräne Staaten (nämlich aktuell nur 199 Staaten, aber rund 2.500 Konzerne und Kartelle) auf Erden gibt, deren Regierende andererseits nicht nur politisch mächtiger, sondern auch gestaltungsmächtiger als die Zentralvorstände (oder -geschäftsführer) einzelner oder aller Konzerne und Trusts mit insgesamt nur rund 15 % aller abhängig Beschäftigten in allen Volkswirtschaften auf Erden sind. Alleine in Deutschland gibt es unter den 2,7 Millionen Wirtschaftsunternehmen und -betrieben nur 20 solche, die mehr als 100.000 MitarbeiterInnen beschäftigen. Und diesen folgen dann rund 100 Unternehmen mit bis zu 10.000, 1.000 Unternehmen mit bis zu 1.000, 10.000 Unternehmen mit bis zu 350, und 100.000 Unternehmen mit bis zu 100 ArbeitnehmerInnen im Einzelfall. Dagegen sind in 2,6 Millionen Klein- und Kleinstbetrieben (und das sind 96 % aller Unternehmen und Betriebe in der BRD) immerhin noch 20 % aller ArbeitnehmerInnen beschäftigt, und damit im Durchschnitt je Betrieb freilich nur mehr 3,5 ArbeitnehmerInnen mit ihren meist mitarbeitenden ArbeitgeberInnen. Ohne Not machen aber trotzdem die aktuell 2.425 Parlamentarier (davon 1.875 in den 16 Bundesländern) und deren jeweils Regierende (z.B. eine Kanzlerin, 16 MinisterpräsidentInnen und 163 Bundes- und LandesministerInnen) Gesetze, die 1.000 TopmanagerInnen, 25.000 MittelmanagerInnen, 250.000 DirektorInnen und 50.000 Aufsichts- und BeirätInnen mit Erfolgsverantwortung in 1.000 Groß- und in 10.000 bedeutenden Mittelstandunternehmen den Vorstellungen der jeweils Regierenden folgend so handeln sollten, dass deren Gesetzesmurks unentdeckt bleibt. Ich meine dagegen, dass diese rund 300.000 auch nur erst- nis drittklassig qualifizierten Wirtschaftsführer in der BRD sowohl zugunsten ihrer Belegschaften als auch ihrer rund 50 Millionen Aktionäre, Gesellschafter und sonstigen Eigner ebenso richtig wie recht und gerecht handeln, wenn sie die Gesetzeslücken und -mängel zu ihren und ihrer Schutzbefohlenen Gunsten ausnützen, denn nicht sie, sondern die jeweils Regierenden sind ja, wenngleich zurecht auch gewaltengeteilt, sowohl für die Gesetzgebung als auch die Exekution und Judizierung ihrer eigenen Gesetze verantwortlich, und eben nicht die von diesen zu Unrecht Gescholtenen.

2.2.1. Die Konstrukte der Menschen

Es gibt derzeit 195 souveräne Staaten auf Erden, auf deren Territorien jene rund 7,2 Milliarden Menschen leben und wirken, die derzeit die Erde mit immer noch wachsender Tendenz bevölkern. Denn Schätzungen der UN folgend werden die Erde um 2050 rund 9,3 (+/- 5 %) und um 2100 rund 10,1 (+/- 10 %) Milliarden Menschen bevölkern.

Rund 70 % oder 4,9 Milliarden dieser Menschen befinden sich jeweils im arbeitsfähigen Alter und Zustand. Von denen sind jedoch nur rund 80 % oder 3,9 Milliarden in jenen rund 300 Millionen Produktions-, Handels- und Dienstleistungsunternehmen und -betrieben tatsächlich tätig, die es auf Erden derzeit gibt.

Weltmaßstäblich leben, wirken, rasten und rosten von den derzeit rund 7,2 Milliarden Menschen, wenn man deren Zuordnung an den Pro-Kopf-BNE orientiert, rund 1,5 Milliarden schon in den 61 Industriestaaten, während 2,5 Milliarden noch in den 58 Schwellen- und 3,2 Milliarden in den 80 Entwicklungsländern beheimatet sind. Aber auch solche Staatenzusammenfassungen und -strukturierungen sind ja nur Konstrukte der Menschen und als solche dennoch sehr komplexe Wirtschaftssubjekte mit Grund- und Luxusbedürfnissen, die befriedigt werden wollen, auch wenn diese nur von deren Bevölkerungen formuliert und auch nur von diesen selbst mithilfe ihrer weiteren Konstrukte (z.B. Unternehmen, Betrieben und Märkten) befriedigt werden können.

Gemessen am BNE pro Kopf der Bevölkerungen in den Industriestaaten, Schwellen- und Entwicklungsländern verhielten sich deren durchschnittliche Wohlstände im Mittel der zurückliegenden 10 Jahre wie 24:5:1 zueinander. Oder es stand mit anderen Worten dem Durchschnittsbürger eines Industriestaates fast 5 mal mehr als einem solchen in einem Schwellenland, und 24 mal mehr als einem solchen in einem Entwicklungsland zur Verfügung. Aber auch einem Durchschnittsbürger in einem Schwellenland ging es schon fünfmal besser als einem solchen in einem Entwicklungsland. Doch zu den Skandalen neuzeitlicher Wohlstandsentwicklungen gehört ohne jeden Zweifel, dass den 100 bestsituierten Individuen auf Erden pro Lebensminute (und davon hat das Durchschnittsjahr genau 525.960 Minuten) zukommt, wovon jährlich 10 Millionen ärmste Mitmenschen in den 15 ärmsten Entwicklungsländern nicht mehr überleben können. Gewiss sind Menschen, die aus solchen Ländern zu uns kommen, weil sie nicht verhungern wollen, keine politisch verfolgten Menschen und deshalb auch ohne Asylrechtsanspruch nicht nur in Deutschland. Dürfen aber diesen Menschen nur deshalb unsere Grenzen verschlossen bleiben? Und dürfen jene, die diese Grenzen illegal schon überwunden haben, von uns in den Hungertod zurückgeschickt werden?

In Wahrheit sind die öffentlichen Haushalte, von denen es weltweit rund 500.000, und alleine in Deutschland rund 30.000 gibt, ihren Arten entsprechend schon Unternehmen und keine Haushalte mehr, obwohl sie sich prinzipiell leider noch so wie diese verhalten und finanzieren, und nicht schon so wie die auf Dauer angelegten Unternehmen auch bilanzieren. M.E. sollten auch Privathaushalte schon wie Dienstleistungsbetriebe strukturiert und geführt werden. Denn jene wenigen Personen, die sich schon entschlossen haben, die ihren so zu strukturieren und zu führen, sind ja auch von Privatinsolvenzen weniger bedroht, weil sie eben nicht mehr wie noch die meisten Menschen in ihren Privathaushalten (und leider auch noch in den meisten Staatshaushalten) nur von der Hand in den Mund, sondern mit Blick auf eine mindestens 10 Jahre, idealerweise aber 25 bis 50 Jahre in die Zukunft reichende Vorsorge leben. In Deutschland sind das beispielsweise die Haushalte des Bundes und der Länder, gefolgt von denen der Regierungsbezirke, Städte, Landkreise und Gemeinden, und wenigen weiteren wie denen der Sozialversicherung, Arbeitsagentur, Sondervermögensverwaltungen und Justiz. Insgesamt sind das in Deutschland also alleine rund 30.000 öffentliche Haushalte, oder durchschnittlich solch ein Haushalt für je 2.710 Bürger und Gäste.

Dagegen gibt es weltmaßstäblich rund 1,7 Milliarden private Haushalte, in den derzeit rund 7,2 Milliarden Menschen zusammenleben und wirken, womit sich also einen Durchschnittshaushalt wiederum gut 4,2 Frauen, Männer und Kinder teilen. Doch nur der vielen Singlehaushalte wegen, die es in Deutschland und in weiteren G7-Staaten derzeit schon gibt, leben aber hier durchschnittlich nur mehr zwischen 1,9 und 2,5 Personen in einem Privathaushalt zusammen. Trotzdem operieren die offiziellen Statistiken in den Industriestaaten immer noch mit den Einnahmen, Ausgaben, Einrichtungen, Ausstattungen, weiteren Vermögensgegenständen und Schulden nach Arten und Werten, die sie theoretisch an nur drei privaten und zwei öffentlichen Haushaltstypen orientieren, die es praktisch kaum mehr gibt, nämlich an den 4-Personenhaushalten mit mittleren und höheren Einnahmen, gefolgt von einem Zweipersonenhaushalt mit geringen Einnahmen, den Staatshaushalten des Bundes, der Länder und Kommunen, und allen übrigen öffentlichen Haushalten. Realitäten spiegeln deshalb die hier ausgewiesenen Zahlen schon seit Jahrzehnten nicht mehr wider. Und um praktisch mit den real durchaus enormen Staatsvermögenswerten besser umgehen zu können, haben auch Regierende wesentliche Teile ihrer Infrastrukturaktivitäten wie den Betrieb von Eisenbahnen, Post, Medien wie den Rundfunk und das Fernsehen, des öffentlichen Verkehrs, der Energie- und Wasserversorgung, der Abwasser- und Müllentsorgung und ähnliches >privatisiert<, auch wenn sie solche Unternehmen und Konzerne noch 100-%ig besitzen, aber schon wie Kapitalgesellschaften managen und führen lassen.

Alle privaten und öffentlichen Haushalte, Unternehmen und Betriebe sind und bleiben trotzdem nur mehr oder minder komplexe und komplizierte Konstrukte der Menschen, die sich prinzipiell dennoch nur aus einfachen Wohn- und Arbeitsplätzen zusammensetzen, die freilich nur in den größeren unter diesen zu Stellen, Abteilungen und Leistungsbereichen, und in den größten noch weiter in Filialen, Niederlassungen, verbundene Unternehmen, oder wie bei Staaten in Ministerien und Verwaltungskonglomeraten zusammengefasst sind. Trotzdem funktionieren alle diese Konstrukte prinzipiell ebenso einfach wie deren einfachste und kleinsten Teile, weil auch diese nur In- und Outputs kennen, zwischen denen die Sachbearbeitung und damit der Umsatz oder die Wandlung der Inputs in Outputs liegt. Aber auch deren In- und Outputs sind nur unterschiedlichste Informationen, Order, Güter und Gelder.

Die meisten Konzerne und Trusts vereinigen aktuell unter Holding- und Managementgesellschaften zahlreiche verbundene Unternehmen und solche, an denen sie maßgebend (oder mit mehr als 25 %) beteiligt sind. Ihrer Art nach sind aber auch die von einer Holdinggesellschaft jeweils bis zu 100-%ig abhängigen Gesellschaften auch nur Produktions-, Handels- und/oder Dienstleistungsunternehmen unterschiedlicher Branchen und Größenordnungen, die wie alle übrigen vergleichbaren Unternehmen im In- und Ausland nicht nur operativ die unterschiedlichen Rechtslagen und -praktiken ihrer Heimat- und Gastländer nutzen, sondern von den Holdingvorständen (oder -geschäftsführern) strategisch auch mitbestimmt werden. Wo folglich die Zuordnung dieser Unternehmen zu Wirtschaftsregionen, Staaten oder Kontinenten zweckmäßig erscheint, werden diese auch entsprechend zugeordnet. Und um Einheitlichkeit und Ordnung innerhalb solcher Konzerne garantieren zu können, werden eben unter einem zentralen Vorstandsvorsitzenden auch Zentralvorstände etabliert, die strategisch die Personalführung, das Marketing, die Forschung und Entwicklung, den Einkauf, die Logistik, die Produktionen, das Controlling und die Verwaltungen übergeordnet mitbestimmen und leiten. Und trotzdem sind auch diese mächtigen Holdingvorstände (oder -geschäftsführer) mit all ihrem Tun und Lassen immer noch deren Eignern, Aufsichts- und Beiräten verantwortlich, die diese ebenso bestellen, bestimmen, kontrollieren und abberufen können wie deren Aktionärs- oder Gesellschafterversammlungen nicht nur der Großunternehmen, Konzerne und Trusts ihre Räte den jeweils geltenden Gesetzesnormen gemäß wählen und bestimmen.

2.2.2. Der Aufbau und die Funktionsweisen der Konstrukte

Die kleinsten Teile aller Haushalte, Unternehmen und Betriebe sind also die unbesetzten, ein- oder mehrfach mit Voll- oder Teilzeitkräften besetzten Wohn- und Arbeitsplätze, deren Hüllen von Gegenständen des Anlagevermögens gebildet und mithilfe von Eigenkapital und Schulden finanziert sind. Und letztlich sind nur sie es, die mit der arbeitsteilig organisierten Funktionserfüllung ihres Personals auch den Erfolg oder Misserfolg solcher Konstrukte verursachen. Solche Wohn- und Arbeitsplätze sind in privaten Haushalten die Dielen, Wohn-, Schlaf-, Kinder- und Arbeitszimmer, die Küchen, Keller und Hobbyräume, die Nasszellen und Außenanlagen. Und in Produktions-, Handels- und Dienstleistungsunternehmen und -betrieben gibt es von diesen fast so vielerlei Arten wie es Berufsbilder gibt, nämlich rund 350 wirtschaftlich und 250 gesellschaftlich relevante. Wer hier nur an Autofabriken oder Werften, Transport- oder Verkehrsbetriebe, die Energie- oder Wasserversorger, die eisenschaffende und -verarbeitende Industrie, Krankenhäuser und Kliniken, den Einzelhandel, die Hoch-, Tief- und Wasserbauunternehmen, die Land-, Forst-, Vieh- und Gartenwirtschaft, die Schulen und Universitäten, die Banken und Versicherungen denkt, wird schnell eine Vorstellungen von der trotzdem prinzipiell einfachen Vielfalt der hier versammelten Arbeitsplätze entwickeln können. Denn prinzipiell gleichen sie alle ja einem Gebilde, das wie ein Mensch oder sein Magen funktioniert. Der Magen kann einen Input empfangen und stauen, bis dieser spezifisch bearbeitet und nach seiner Bearbeitung wieder ausgeschieden werden kann. Und der Mensch symbolisiert in solchen Zusammenhängen schon einen funktionstüchtigen Betrieb mit mehreren unterschiedlichen Arbeitsplätzen, die intern gut vernetzt zusammenarbeiten, um beispielsweise Umwelt wie Nahrung und Atemluft über den Mund, die Nase und die Haut aufnehmen und so aufbereiten zu können, dass diese in die Lungen und den Magen zur weiteren Be- und Verarbeitung weitergegeben werden kann. Denn nur so sorgt ja das bereits komplex und komplizierter vernetzte Stoffwechsel-, Blut- und Kreislaufsystem vom Gehirn und Rückenmarkt gesteuert dafür, dass einerseits Lunge und Herz mithilfe des Blutes, und andererseits Magen, Bauchspeicheldrüse, Nieren, Leber, Milz, Gallenblase, Gedärme, Blase und After arbeitsteilig für die jeweils spezifische Umweltverarbeitung im Körper sorgen können. Denn prinzipiell nichts anderes als hier die Menschen machen auch die Bestimmungs-, Leitungs-, Fach- und Hilfskräfte unterschiedlichster Qualifikationen, Leistungs- und Motivationsgrade nicht nur in allen Haushalten, Unternehmen und Betrieben, sondern auch in deren Zusammenfassungen zu Branchen, Regional- und Volkswirtschaften bis hin zum Weltwirtschafts- und Währungssystem sowohl mit den eingehenden als auch mit den ausgehenden Informationen, Ordern, Gütern und Geldern.

Denn schon jeder Einmannbetrieb muss sich bereits mit der Beschaffung und dem Absatz seiner Güter befassen, braucht deshalb auch Einsatz- und Absatzläger, produziert mit deren Hilfe irgendwelche Waren oder Leistungen, deren Absatz ihm wiederum mit Aufwendungen verbundene Erträge einbringen soll, und diese erfordern wiederum das Führen von Geschäftsbüchern mit Debitoren-, Kreditoren-, Bar- und Buchgeldkonten. Nicht weniger sollte auch schon ein gut geführter privater Einpersonenhaushalt leisten. Aber auch in keinem Staatshaushalt und in keinem multifunktional und international operierenden Konzern erledigen deren Beschäftigte prinzipiell andere als die hier soeben skizzierten Massenverrichtungen auf ihren zu entsprechenden Leistungsbereichen zusammengefassten Arbeitsplätzen.

Aber auch hier kennt beispielsweise der *Beschaffungsbereich* nur Bestellungsausgänge an Lieferanten, die adäquate Liefereingänge nach sich ziehen, und in diesem zu Beständen laufender Bestellungen auf Dauer der passiven Lieferzeiten werden. Und gegenteilig kennt der *Absatzbereich* nur Auftragseingänge von Kunden, die adäquate Lieferausgänge nach sich ziehen, und in diesem Bereich Bestände laufender Aufträge auf Dauer der aktiven Lieferzeiten erzeugen.

Alle Liefereingänge sind aber einerseits auch mit Waren- und/oder Leistungseingängen in den *Lager- oder/und Produktionsbereichen*, und anderseits mit Rechnungseingängen im *Kreditorenbereich* verbunden, die wiederum mit Zahlungs- und Geldausgängen aus *Kassen* und von *Konten bei Banken und Kreditinstituten* ebenso wieder aufgelöst werden wie die GüterAusstöße der *Produktions- oder Lagerbereiche* an Kunden diese wieder entlasten.

Die GüterAusstöße der *Produktions-* oder *Lagerbereiche* an Kunden sind aber auch mit Rechnungsausgängen an diese im *Debitorenbereich* verbunden, die nach Ablauf der vereinbarten Zahlungsfristen wieder zu Zahlungs- und Geldeingängen in deren *Bargeldkassen* oder auf *Konten bei Banken und Kreditinstituten* werden.

Die *Einsatz- und Absatzläger* kennen in solchen Zusammenhängen Warenein- und -ausgänge, zwischen denen sich unterschiedlichste Roh-, Hilfs- und Betriebsstoffbestände, fertige und unfertige Erzeugnisse sowie Handelswaren auf Dauer ihrer Liege-, Bewahr- oder Reifezeiten ansammeln. In den mehr oder minder komplex und kompliziert strukturierten *Produktionsbereichen* unterschiedlichster Produktions-, Handels- und Dienstleistungsunternehmen und -betriebe fallen aber auch nur Waren- und Leistungseinsätze an, die im Verlauf der mehr oder minder komplexen und komplizierten Produktionsprozesse in Zwischenprodukte und Absatzgüter gewandelt und als solche wieder ausgestoßen werden. Aber auch die *Debitoren- und Kreditorenbereiche* kennen nur Ein- und Ausgangsrechnungen, die sie auf Dauer der eingeräumten und beanspruchten Fristen bewahren, und durch jene Zahlungsein- und -ausgänge wieder auflösen, um auch diese wiederum in adäquate Geldzu- und -abflüsse zu wandeln, damit die betroffenen Wirtschaftssubjekte auch liquide bleiben.

Auf das Prinzip reduziert und konzentriert kann also auch für alle komplexeren Wirtschaftssubjekte festgehalten werden, dass sie nur unterschiedlichste Informations-, Order-, Güter- und Geldströme verbinden, die sich mehr oder minder autodynamisch zu Kreisläufen formieren und innerhalb aller Subjekte alleine durch die Sachbearbeitung des dort tätigen Personals umgesetzt werden. Und dabei führt wiederum nur der Informationsaustausch über deren Angebote und Nachfragen sowie deren Preise und Konditionen zu Bestellungsausgängen und Auftragseingängen, denen adäquate Liefer-, Waren- und Leistungsein- und -ausgänge folgen, zwischen denen die damit wiederum korrespondierenden Transport-, Ein- und Auslagerungsvorgänge liegen. Denn alle dazwischen liegenden Produktions- und Distributionsprozesse, die wiederum alle Investitions- und Einsatzgüter in Absatzgüter wandeln und wieder Ausstoßen, sind ja prinzipiell auch nur In- und Outputbewegungen unterschiedlichster Arten, obwohl sich gerade zwischen diesen rund 85 % aller Arbeits- und Dienstleistungen konzentrieren.

2.3. Die Märkte

Auch Märkte sind nur Konstrukte handelnder Menschen und als solche weder gut noch schlecht, sondern nur notwendig und zweckmäßig, um letztlich allen Menschen im Rahmen ihres globalen arbeitsteiligen Wirtschaftens, das übrigens seit Menschengedenken einzig geeignet ist, die Massenwohlstandsmehrung so gerecht wie möglich zu verteilen. Und dabei sollte allgemein erkannt und auch anerkannt werden: Der Begriff >Gerechtigkeit< wandelt seine Bedeutungen und Inhalte, wenn er mit unverzichtbaren Attributen wie Bedarf, Beteiligung, Markt, Leistung und Verteilung verbunden wird, denn was bedarfs- und beteiligungsgerecht wäre, ist eben nur selten auch leistungs- und verteilungsgerecht. Der Begriff Gerechtigkeit kann folglich nur mithilfe zahlreicher akzeptabler Kompromisse seinen wahren Wert entfalten. Folglich können auch Märkte, wie es allzuoft und dennoch falsch behauptet wird, weder verrückt spielen noch die einen begünstigen und andere benachteiligen, weil nämlich auch auf Märkten nur jene Menschen aktiv handeln können, die als Kunden und Lieferanten deren Marktseiten besetzen, um zu versuchen, ihre Nachfragen und Angebote idealerweise nur zu marktgerecht schwankenden Preisen und Konditionen auszutauschen. Und wer hier belogen und betrogen oder übers Ohr gehauen wird, wird eben nicht von den Märkten, sondern nur von seinen auf diesen agierenden Mitmenschen solcherart misshandelt.

2.3.1. Prinzipiell können Märkte real oder virtuell sein und funktionieren oder eben nicht. Und dabei versammeln reale Märkte Ladengeschäfte und Verkaufsständen auf Marktplätzen, an Straßen und in Gebäuden, während sich virtuelle Märkte nur mehr per Telefon, Post oder Internet präsentieren. Ortsungebundene reale Märkte inform von Ladengeschäften und Verkaufsständen können ebenso wie Messen und Ausstellungen nur an ihren Betriebstagen und während ihrer Öffnungszeiten frequentiert werden, während sich die virtuellen Märkte fast immer mithilfe von Prospekten, Katalogen und sogar über Kommunikationsautomaten rund um die Uhr an allen Tage jeden Jahres erreichen lassen.

Wahrhaft funktionstüchtig sind jedoch nur freie und vollkommene Märkte, denn nur diese ermöglichen es allen Kunden oder Einkäufern und Lieferanten oder Verkäufern ihre Nachfragen und Angebote zu prüfen und idealerweise über jeweils marktgerecht schwankende Preise und Konditionen auch auszutauschen. Frei und vollkommen sind aber nur legale Märkte, die *erstens* während ihrer Öffnungszeiten für Jedefrau und Jedermann frei zugänglich sind, *zweitens* über ein transparentes Angebot verfügen, aus dem sich alle Nachfrager zu stets gleichen Preisen und Konditionen bedienen können, und *drittens* ihre Kunden und Lieferanten weder bevorzugen noch benachteiligen. Fehlt einem Markt auch nur eines dieser Attribute, ist er nicht mehr frei und vollkommen. Prototypen freier und vollkommener Märkte sind deshalb die Börsen, die überall und jederzeit Jedefrau und Jedermann nur über Broker zu identischen Preisen und Konditionen bedienen. Und Prototypen unfreier und unvollkommener Märkte sind die meisten Arbeitsmärkte in den Industriestaaten auch deshalb, weil diese ja Anbietern und Nachfragern nur mehr erlauben, berufsbildqualifizierte Arbeitnehmerleistungen zu reglementierten und tarifierten Preisen und Konditionen anzubieten, nachzufragen und auszutauschen, und leider nicht mehr auch andere. Illegal sind dagegen in aller Regel die meisten Schwarz-, Grau-, Waffen-, Drogen- und Sklavenmärkte.

2.3.2. Auch freie und vollkommene Märkte funktionieren aber nur dann optimal, wenn auch ihre Marktseiten mit Anbietern und Nachfragern gleichwertig besetzt sind, denn nur unter diesen Bedingungen herrscht fairer Wettbewerb, während dieser schon beschränkt ist, wenn einer oder wenige Anbieter (oder Nachfrager) auf der einen Marktseite mehreren oder vielen Nachfragern (oder Anbietern) auf der anderen Marktseite gegenüber stehen. Denn die einen gegenüber mehreren oder vielen sind bereits Monopolisten, und die wenigen gegenüber vielen sind Oligopolisten.

Regionale, nationale und internationale Monopolisten und Oligopolisten können fast überall und jederzeit ihre Vorzugsstellungen auf Märkten schon missbrauchen, obwohl sie das nicht immer tun. Beachtenswert ist und bleibt aber, dass sich Monopolisten und Oligopolisten nur selten eindeutig identifizieren lassen, weil die meisten lokalen Monopolisten regional schon zu Oligopolisten und national zu Anbietern und Nachfragern unter vielen werden können, die im mehr oder minder fairen Wettbewerb mit vielen Konkurrenten um ihre Daseinsberechtigungen kämpfen müssen.

Allgemein werden unter jeweils 1.000 Anbietern oder Nachfragern jene als Monopolisten identifiziert, die alleine mehr als 30 % eines Marktes kontrollieren, während selbst ihre nächsten Konkurrenten nur mehr drei oder weniger Prozente vom Gesamtmarkt kontrollieren können. Dagegen sind Anbieter oder Nachfrager Oligopolisten, die zu zweit mehr als 35 %, zu dritt mehr als 40 %, und zu siebent mehr als 45 % eines Marktes kontrollieren, denn in allen Fällen müssen sich ja die jeweils verbleibenden 998, 997 oder 993 Konkurrenten rund 65, 60 oder 55 % des verbleibenden Restmarktvolumens teilen.

Wahrhaft konkurrenzlose Monopolisten waren m.E. also nur Religionsstifter wie Jesus von Nazareth, Wissenschaftler wie Albert Einstein oder Künstler wie Leonardo das Vinci und Michelangelo, denen zu deren Leb- und Wirkzeiten keine Konkurrenten das Wasser reichen konnten. Dagegen wären die aktuell als Monopolisten und Oligopolisten bekannten Erdöl- und Erdgasexploratoren und -verarbeiter, Energieproduzenten und -lieferanten, Verkehrs- und Handelsriesen samt und sonderst schon regulier- und beherrschbar, wenn die jeweils Regierenden der 199 souveränen Staaten auf Erden deren wettbewerbsfeindliche Aktivitäten ernsthaft schon kontrollieren und regulieren wollten.

2.3.3. Auch freie und vollkommene Märkte funktionieren selbst dann nicht ohne Ethik und Moral, wenn sie zudem auf beiden Marktseiten gleichwertig besetzt sind. Denn zwischenzeitlich werden nämlich auch die noch relativ freien und vollkommenen Märkte schon von zu vielen regional, national und international operierenden Monopolisten und Oligopolisten anstatt von den jeweils Regierenden souveräner Staaten kontrolliert und reguliert. Dabei wären einzig die derzeit leider noch zu uneinigen und egoistisch programmierten Regierenden souveräner Staaten fähig, ein wettbewerbsfeindliches Marktverhalten der Monopolisten und Oligopolisten zu verhindern, und notfalls bis zu deren Existenzverlust auch zu sanktionieren.

Trotzdem ist die autodynamische Entstehung und Entwicklung von Monopolen und Oligopolen gerade im Rahmen marktwirtschaftlicher Ordnungen unvermeidlich, und deshalb auch hinzunehmen. Denn gerade diese fördern ja auch den einzig Massenwohlstand schaffenden und mehrenden Wettbewerb im Zuge des arbeitsteilig und global organisierten Wirtschaftens der Menschheit, von dem letztlich alle, und insbesondere gerade die minderqualifizierten und leistungsschwachen Mitmenschen profitieren, wenngleich nicht gleichmäßig wie die jeweiligen Hoch- und Höchstleistungsträger jeder Gesellschaft, und auch nicht und gleichzeitig mit diesen. Es gibt nämlich keine Monopolisten und Oligopolisten, die diesen Status auf anderen Wegen als durch allgemein akzeptierte Besser- und Bestleistungen erreichen konnten, sehr wohl aber schon zu viele, die diesen Status, wenn er erst einmal erreicht ist, mit ethisch-moralisch verwerflichen Mitteln, Maßnahmen und Methoden sogar umwelt- und sozial*un*verträglich zu behaupten, zu expandieren und zu vererben versuchen, wenn sie gerade daran von den jeweils Regierenden nicht gehindert werden.

2.3.4. Das einzig Massenwohlstand schaffende und mehrende globale arbeitsteilige Wirtschaften der Menschheit kann theoretisch sowohl plan- als auch marktwirtschaftlich geordnet gleichermaßen erfolgversprechend organisiert werden. Trotzdem hat sich praktisch gezeigt, dass die höheren fachlichen, sachlichen, zeitlichen, ethischen und moralischen Anforderungen an die Planwirtschaftler, um vergleichbare Effekte wie die Marktwirtschaftler erzielen zu können, von den mehrheitlich noch unterentwickelten Eliten der Menschheit nicht zu erwarten sind. Dagegen haben die Marktwirtschaftler schon praktisch bewiesen, dass sie zugunsten aller interessierten Menschen Mehr und Besseres als die Planwirtschaftler liefern und leisten konnten und immer noch können. Die zuletzt versuchten globalen Experimente, die Menschen in der UdSSR zwischen den Jahren 1917 und 85, in China zwischen den Jahren 1949 und 83, und in der DDR zwischen den Jahren 1949 und 89 planwirtschaftlich fortzuentwickeln, sind jedenfalls bedingt durch die noch zu allgemein verbreiteten Leistungsschwächen auch der partiell schon elitären Menschen gescheitert.

Damit will ich freilich nicht behaupten, dass die Marktwirtschaftler alles richtig oder gar besser gemacht haben und noch machen, denn auch diese waren ja nur dank der partiell erfolgsfähigeren Methodik ihres Handelns erfolgreicher, und haben damit in der Vergangenheit im Vergleich zu den Planwirtschaftlern nur rund dreimal mehr *äußeren* Wohlstand für alle hervorbringen können. Insbesondere die minderqualifizierten und leistungsschwächeren Mitmenschen haben sie damit aber keinesfalls glücklicher gemacht.

2.3.5. Unterschiedlichst begründet gibt es aktuell reine Marktwirtschaftssysteme ebenso wie reine Planwirtschaftssysteme nirgendwo mehr auf Erden, denn beide Systeme wurden zwischenzeitlich in jedem Staat mit mehr oder minder vielen systemwidrig wirksamen Elementen des jeweils konkurrierenden Systems angereichert und kombiniert, so dass zwischenzeitlich theoretisch und praktisch nur mehr die charakteristischen Systembestandteile der einen oder anderen Ordnung bestimmen, wie die jeweils herrschende Ordnung offiziell bezeichnet wird. Trotzdem bilden sich auch im Rahmen sozial flankierter marktwirtschaftlicher Ordnungen nur auf freien und vollkommenen Märkten massenhaft auch gerecht empfundene Marktpreise und -konditionen für fast alle Güter, die einerseits den Wettbewerb fördern, und andererseits ebenso neue wie erweiterte Angebote und Nachfragen stimulieren. Denn wer auf solchen Märkten anzubieten hat, was nur wenige anbieten können oder wollen, aber viele nachfragen, der erzielt eben für seine Lieferungen und Leistungen wohl auch zurecht höhere Preise als jene, die nur anbieten und können, was zu viele anbieten und zu wenige nachfragen. Dieser autodynamisch funktionstüchtige Mechanismus ist systembedingt gewollt und soll bewirken, dass lukrative Angebote Konkurrenten mobilisieren, die solche Angebote vermehren und damit für eine Senkung zu hoch empfundener Preise sorgen, während zu niedrige Preise Lieferanten veranlassen sollen, ihre Angebote zu verknappen, damit deren Preise alleine der Angebotsverknappung wegen wieder steigen können, oder – wenn das nicht mehr möglich ist - mit diesen von den Märkten verschwinden.

Auch die Marktpreise aller Güter müssen dennoch deren Produktions- und Distributionskosten stets angemessen überdecken. Sinken diese nämlich unter deren Voll- oder gar Grenzkosten, werden sie ja nur mehr für deren Nachfrager attraktiver, während sie deren Anbieter verarmen. Niedrige Preise sollen also die potenziellen Nachfrager stimulieren, mehr nachzufragen und damit für einen angemessenen Preisauftrieb zugunsten der Anbieter sorgen, während hohe Preise potenzielle Konkurrenten veranlassen sollen, deren hochpreisige Angebote so weit und solange zu vermehren, bis alleine der Wettbewerb zwischen Anbietern und Nachfragern wieder akzeptable Preissenkungen erzwingt. Relativ gerecht und deshalb auch sozialverträglich wäre meines Erachtens, wenn die Anbieter zu knapper Güter auf die volle Ausschöpfung ihrer Hochpreisbildungen zugunsten derer freiwillig verzichten würden, die mit den Erträgen ihrer Angebote ihre Existenzgrundlagen nicht mehr sichern können.

2.3.6. Stellt man zwei Wirtschaftssubjekte einander gegenüber und verbindet diese mit deren In- und Outputs, dann werden nicht nur alle Informations-, Order-, Güter- und Geldströme sichtbar, die diese mit- und untereinander verbinden, sondern auch jene Kreisläufe, zu denen sich diese Ströme autodynamisch formieren. Und dabei können Informationen nur die sinnlich vermittel- und wahrnehmbaren

Reden, Schriften und Ereignisse sein, die aktiv und passiv sowohl im Kosmos als auch auf Erden und in der Umwelt aller Wirtschaftssubjekte kursieren. Unter wirtschaftlichen Aspekten sind das dann allerdings nur mehr *Informationen* über deren Angebote und Nachfragen, Preise und Konditionen wie Liefer- und Zahlungsbedingungen. *Order* solcherart sind einerseits die ausgehenden Bestellungen und Rechnungen, die wiederum identisch mit den eingehenden Aufträgen und Rechnungen in allen verbundenen Subjekten sind. Zu den damit bewegten *Gütern* gehört alles, was solcherart geliefert und geleistet werden kann, also letztlich alle Waren und Leistungen, von denen es derzeit rund 350.000erlei Arten gibt, die aktuell inform von rund 45 Millionen Artikeln, Typen und Varianten vorkommen, auch wenn es sich bei diesen letztlich wiederum nur um land- und forstwirtschaftliche Urprodukte, Fischfänge und Jagdbeuten, Grundstoffe und Energien, Investitions-, Ge- und Verbrauchsgüter, sowie Arbeits- und Dienstleistungen handeln kann. Und *Gelder* laufen derzeit weltweit inform von rund 140 Währungen um, wobei im Inland der 199 souveränen Staaten jeweils nur eine Landeswährung gültig ist oder dominiert, aber in geringen Umfängen auch noch Gegenlieferungen und -leistungen, die an Zahlungsstatt noch gefordert und angenommen werden.

2.3.7. Jene Umsatzprozesse, die strömende und kreisende Investitions- und Einsatzgüter in allen Wirtschaftssubjekten mithilfe ihrer Funktionserfüllung in Absatzgüter, Schadstoffe und Abfälle verwandeln, finden freilich nur innerhalb aller komplexeren Subjekte statt. Doch diese können wiederum nur kleine und große Haushalte, Unternehmen und Betriebe sein, die dem öffentlichen und privaten Sektor zugeordnet sind. Und mehr oder minder gekonnt, bewusst und unbewusst können diese Umsatzprozesse wiederum nur die Menschen in solchen Subjekten aktiv gestalten und bewältigen, wozu diesen allerdings auch deren weitere Faktoren wie Vermögensgegenstände und Finanzierungsverhältnisse dienen. Aber auch umzusetzen (oder zu wandeln) gilt es in solchen Zusammenhängen trotzdem nur Informationen in Aktivitäten wie Order, Order in Investitions- und Einsatzgüter, Einsatzgüter in Absatzgüter, und alle diese Güter weiter in Lieferungen und Leistungen, Ein- und Ausgangsrechnungen, und diese wiederum in adäquate Zahlungsmittelzu- und -abflüsse.

Im Weltwirtschaftssystem stehen prinzipiell stets zwei Subjekte einander gegenüber, wobei das *Subjekt I* sowohl ein Individuum als auch eine Gruppe oder Masse, ein Haushalt, Unternehmen oder Betrieb sein kann, während sich im *Subjekt II* stets alle Kunden und Lieferanten des wie immer gearteten Subjekts I versammeln. Und weil sich damit in allen Subjekten I und II sowohl alle jeweils lebenden Menschen als auch deren Konstrukte versammeln, wird hier auch wirtschaftlichen Laien schnell klar, dass im Wirtschaftsleben der Menschheit wahrhaft alles mit allem direkt und/oder indirekt zusammenhängt.

Selbstverständlich kommunizieren die Subjekte I und II miteinander, indem diese im Verkehr unter- und miteinander Informationen, Order, Güter und Gelder anbieten, nachfragen und austauschen, während sie im Zuge ihrer Funktionserfüllung intern alle Inputs in Outputs wandeln und wieder Ausstoßen. Und dabei sind wiederum die Inputs der einen mit den Outputs anderer Subjekte absolut identisch, wobei sich zeigt, dass Begriffe wie Zu- und Abgänge, Erträge und Aufwendungen, Einnahmen und Ausgaben, Anleihen und Ausleihungen je nach Anbieter- oder Nachfrager-, Kunden- oder Lieferantenstatus janusgesichtig, und als Produkte oder Phänomene absolut identisch sind.

Umgesetzt (oder gewandelt) werden aber alle diese Produkte (oder Phänomene) nur innerhalb der Subjekte I und/oder II. So informieren beispielsweise potenzielle Arbeitnehmer potenzielle Arbeitgeber über ihre Qualifikationen und Interessen, und tauschen damit ihre Angebote und Nachfragen aus, um zu Vertragsabschlüssen zu kommen, die dann Arbeitnehmer verpflichten, ihren Arbeitgebern Leistung zu liefern, und die Arbeitgeber diese wie vereinbart zu bezahlen. Oder es werden Konsumenten und Investoren von potenziellen Lieferanten entsprechender Güter über deren Nutzen und Preise informiert, so dass Erstere bestellen können, was Letztere liefern und berechnen, und Erstere abschließend bezahlen.

...Nur in solchen Zusammenhängen entstehen dann extern und weltumspannend gewaltige Informations-, Order-, Güter- und Geldkreisläufe, die intern umgesetzt (oder gewandelt) werden. Und wer in solchen Zusammenhängen auf die soeben skizzierten Arten und Weisen nur sein eigenes wirtschaftliches Tun und Lassen aufmerksam beobachtet und analysiert, wird schon nach wenigen Tagen das seine, nach Wochen das der meisten seiner Kunden und Lieferanten, und spätestens nach einem Jahr sowohl das akzeptable als auch das inakzeptable fast aller Subjekte im Weltwirtschaftssystem verstehen.

2.3.8. Wer im Rahmen marktwirtschaftlicher Ordnungen liefern und leisten kann, was viele nachfragen, aber nur wenige anbieten können oder wollen, wird für seine Lieferungen wohl auch zurecht mehr erlösen können wie jemand, der nur anbieten kann oder will, was zu viele anbieten und zeitgleich zu wenige nachfragen. Und dass es sowohl Menschen als auch Subjekte gibt, die Mehr und Besseres auch nachhaltig liefern und leisten können, und nur deshalb auch mehr erlösen und verdienen können wie ihre weniger leistungsfähigen und -willigen Mitmenschen, ist nach Meinung der Marktwirtschafter hinzunehmen, denn nur kommunistisch und sozialistisch programmierte Planwirtschafter glauben ja, diesen Marktmechanismus ignorieren oder gar überwinden zu können.

Dennoch ist und bleibt richtig:
- Alle Menschen sind und bleiben von der Wiege bis zur Bahre Konsumenten, und werden im Ablauf ihrer Existenz- und Entwicklungszyklen mehrheitlich auch zu Investoren, Produzenten, Anbietern oder Lieferanten und Nachfragern oder Kunden, Sparern und Schuldnern, wenngleich nicht überall und jederzeit in gleichen Maßen und Graden.
- Alle Menschen werden hilflos geboren, und können sich über die Stadien von Klein- und Großkindern, Jugendlichen, jungen, mündigen und ernüchterten Erwachsenen nur ihren Konstitutionen, Talenten, Schicksalen, Interessen,

Fähigkeiten und Erfahrungen entsprechend zu mehr oder minder weisen oder senilen Greisen entwickeln, ehe sie wieder sterben.
- In solchen Zusammenhängen wäre auch gut zu wissen und akzeptieren zu lernen, ...
- dass fast alle Menschen im Ablauf ihrer ersten 7 bis 14 Lebensjahre zwingend darauf angewiesen sind, von Eltern (oder Ersatzeltern) zu deren Lasten ernährt, gesund erhalten, bekleidet, behaust und erzogen zu werden;
- dass diese erst ab ihrem 14. bis 21. Lebensjahr fähig werden, gegen Entgelt zu arbeiten und so auch jenes Geld zu verdienen, das ihnen wiederum erlaubt, sich (und gegebenenfalls auch weitere Mitmenschen) gesund zu ernähren und zu erhalten, zu bekleiden, zu behausen, und sich so auch im sozialen Leben der Gesellschaft zu behaupten;
- dass alle Menschen zu rund 15 % erfinderische Pioniertypen sind, während rund 85 % mehrheitlich nur nachahmen wollen und können, was sie von Pionieren lernen oder einflussreichen Vorbildern abschauen;
- dass nur rund 10 % aller jeweils lebenden Menschen im erwerbsarbeitsfähigen Alter und Zustand fähig und willens sind, auch als ArbeitgeberInnen aktiv zu werden, während rund 90 % oft lebenslang darauf angewiesen sind und bleiben, von Mitmenschen abhängig als ArbeitnehmerInnen beschäftigt zu werden;
- und dass je 1.000 Menschen rund 300 nicht nur zum Erwerbsarbeiten noch zu jung (z.B. Kinder), schon zu alt (z.B. Greise) oder vorübergehend ungeeignet (z.B. Kranke und Behinderte), sondern auch die verbleibenden 700 unterschiedlichst qualifiziert und motiviert sind, in Arbeitgeber- und -nehmerfunktionen (z.B. als Bestimmungs-, Leitungs-, Fach- und Hilfskräfte) aktiv zu werden.

2.4. Der öffentliche und private Sektor

Sowohl Haushalte, Unternehmen und Betriebe als auch Märkte können einerseits dem öffentlichen und andererseits dem privaten Sektor zugeordnet sein. Dabei gehören dem privaten Sektor alle Konstrukte solcher Arten an, die von Individuen, Gruppen und/oder Massen gebildet, finanziert und genutzt werden, während sich im öffentlichen Sektor jene versammeln, die von Persönlichkeiten des öffentlichen Lebens mithilfe öffentlicher - in aller Regel also mit Steuermitteln - gebildet, finanziert, geleitet und genutzt werden. Typische Staatshaushalte, -unternehmen, -betriebe und -märkte sind demnach beispielsweise in Deutschland die des Bundes, der Länder und Kommunen, der Lastenausgleichsfonds, Sondervermögensverwaltungen, die Rentenversicherung, Bundesagentur für Arbeit, Bundeswehr, Polizei, Justiz und Bundesbank. Dagegen gehören alle übrigen Haushalte, Unternehmen, Betriebe und Märkte der Form nach zum privaten Sektor, auch wenn diese wie beispielsweise in Deutschland die Bundesbahn noch 100-%ig, oder die Bundespost noch mehrheitlich dem Staat gehören. Typische Mischbereiche mit

Staatsanteilen zwischen 5 und 95 % sind in vielen Staaten noch (oder schon wieder) die Montanindustrien, die Energie-, Trink- und Brauchwasserversorgungen, Schulen und Hochschulen, der Rundfunk und das Fernsehen, der Verkehrswege- und Wohnungsbau, der öffentliche Verkehr, die Schadstoff-, Müll- und Abwasserentsorgung, das Gesundheitswesen, die Sparkassen, andere Kreditinstitute und Banken. Dabei sind an solchen Unternehmen in den Rechtsformen von AG und GmbH sowohl der Bund als auch die Länder und Kommunen beteiligt, zu denen sich im Rahmen der privatwirtschaftlich organisierten und finanzierten Konstrukte neben den Selbständigen auch Personen- und Mischgesellschaften wie die GbR, OHG, KG, GmbH & Co. KG, KG a.A. und eGmbH gesellen, um nur die wichtigsten zu nennen, die es unter anderen Namen mit nur geringen Normabweichungen von diesen in fast allen souveränen Staaten auf Erden massenhaft gibt.

2.5. Die Aufgabenteilung zwischen den Staaten und deren Bürgern

Nach Heller repräsentieren alle Staaten jene höchstorganisierte Ordnungseinheit menschlichen Zusammenlebens, die wesentlich drei Elemente, nämlich das *Staatsvolk*, das *Staatsgebiet* und die *Staatsgewalt* kennzeichnen. Rechtstechnisch ist demnach jeder Staat eine juristische Person, die nach den Arten ihrer Zweckbestimmung und der Wahrnehmung ihrer Aufgaben immer noch viele Formen von Staaten unterscheidet, obwohl es derzeit auf Erden nur mehr 220 solche Ordnungseinheiten gibt, die Souveränität für sich beanspruchen. Von diesen haben sich bisher jedoch nur 195 wechselseitig anerkannt, und nur 196 in den UN zusammengeschlossen.

Die UN wurden nach dem 2. Weltkrieg 1945 gegründet und so erweiterter Ersatz für den schon 1918 nach dem 1. Weltkrieg gegründeten Völkerbund. Nichtmitglieder der UN sind von den 199 wechselseitig fast 1oo-%ig anerkannten Staaten derzeit nur noch die Republik Taiwan, das Kosovo und die Vatikanstadt.

2.5.1. Laut UN-Charta ist das wichtigste Ziel der Organisation zugunsten aller Staatsbürger in allen Staaten auf Erden die Wahrung des Weltfriedens und der internationalen Sicherheit. Als weitere Ziele nennt der Artikel 1 der Charta die Entwicklung freundschaftlicher Beziehungen zwischen den Staaten, die internationale Zusammenarbeit zur Lösung internationaler Probleme, und die Förderung der Menschenrechte. Und bei der Verwirklichung dieser Ziele gelten die im Artikel 2 der Charta vereinbarten Grundsätze der souveränen Gleichheit aller Mitgliedsstaaten, der friedlichen Streitbeilegung, das Gewaltverbot, und die Achtung der territorialen Unversehrbarkeit aller Staaten. Von diesen Grundsätzen sind nur das Recht auf Selbstverteidigung im Artikel 51 sowie die vom Sicherheitsrat der UN beschlossenen friedenssichernden oder -schaffenden Maßnahmen nach Kapitel VII der Charta ausgenommen.

Zwingend müssen die Regierenden aller Staaten sowohl ihre Grenzen und Souveränität selbst sichern, als auch ihre idealerweise nur friedliche Zusammenarbeit mit- und untereinander aktiv und passiv gestalten, so dass auch ihre Bevölkerungen ebenso friedlich zusammenleben und -wirken können. Dementsprechend unterhalten diese einerseits auch Außen- und Entwicklungsministerien, und andererseits Botschaften und Konsulate nicht nur in Staaten, mit denen sie mehr kooperieren als rivalisieren, denn immer noch kennzeichnen ja die internationale Zusammenarbeit der Regierenden fast aller Staaten Protektionen und Diskriminierungen bevorzugt zugunsten ihrer eigenen Bevölkerungen und Interessen, und nicht nur notfalls auch zulasten der Interessen und Bevölkerungen anderer Staaten. Und im Inneren der Staaten begründen, erhalten und nutzen deren jeweils Regierende mehr oder minder effizient mithilfe weiterer Ministerien und Verwaltungsapparate, dass sie ihren Willen, den ihrer Eliten und/oder den ihrer Bevölkerungsmehrheiten durchsetzen können.

2.5.2. In der demokratisch verfassten und föderativ organisierten BRD mit ihren 16 Bundesländern sind das derzeit die Ministerien für Arbeit und Soziales, für Inneres und Äußeres, für Justiz, für Finanzen, für Wirtschaft und Technologie, für Ernährung, Landwirtschaft und Forsten, für Verteidigung, für Familie, Senioren, Frauen und Jugend, für Gesundheit, für Verkehr, Bau und Stadtentwicklung, für Umwelt, Naturschutz und Reaktorsicherheit, und für Bildung und Forschung unter der Spitze des Staates, den die BundespräsidentInnen repräsentieren, die Bundestags- und LandtagspräsidentInnen als oberste Repräsentanten der Parlamente verantworten, und die BundeskanzlerInnen und MinisterpräsidentInnen mithilfe ihrer Bundes- und LandesministerInnen sowie deren Verwaltungsapparaten regieren.

2.5.3. Idealerweise werden noch unterentwickelte Staatsvölker von weisen Monarchen regiert, weil nur von solchen erwartet werden kann, dass sie ebenso ethisch und moralisch wie langfristig denkende, planende und handelnde Eliten um sich versammeln, die mit Zug und Druck ihre Bevölkerungen Schritt für Schritt zu dem entwickeln, was aus diesen mindestens drei Generationen übergreifend im Wettbewerb mit bereits höher entwickelten Staatsvölkern noch werden kann. Denn nicht nur Diktatoren sondern auch die meisten Demokraten neigen nämlich dazu, sowohl dem Machterhalt als auch der Machtakkumulation für sich, ihre Wähler und Parteigänger Priorität gegenüber jener Funktionserfüllung einzuräumen, die deren Untertanen und Schutzbefohlenen auch mittel- bis längerfristig allumfassend nützen würde.

Wenn insbesondere unterentwickelte Staatsvölker schon von Demokraten regiert werden sollen, die sich wiederum nur von diesen zyklisch neu wählen oder in ihren Ämtern bestätigen lassen müssen, dann erfüllen eben auch diese schon zu viele unvernünftige Wünsche ihrer Wähler, und vernachlässigen zeitgleich zu viele zukunftsfähige Investitionen zu deren Gunsten. Mit anderen Worten säen und ernten Demokraten wie Ackerbauern Jahr für Jahr nur, was sich auch jährlich (oder im Ablauf einer Legislaturperiode) aus- und einbringen lässt. Sie legen also noch nicht wie schon weise Diktatoren den Obst- und Weinbauern vergleichbar Plantagen an, die erstmals nach drei bis 5 Jahren, doch dann freilich rund 35 Jahre lang, jährlich ihre

Früchte liefern. Und Wälder, wie sie weise Erbmonarchen und nur noch wenigste Diktatoren den Forstwirten vergleichbar anlegen, obwohl deren Früchte erst deren Enkeln lange nach ihrem eigenen Tod wahrhaft nützen, haben Demokraten in der Vergangenheit noch nie angelegt, denn jene künftigen Generationen, die diese sogar über viele Jahrhunderte hinweg universell nutzen könnten, können nämlich jenen weitschauend vorsorgenden Demokraten noch nicht danken, indem sie diese wählen.

2.5.4. Demokraten sind meinen Erfahrungen entsprechend nur geeignet, entweder bereits mündigen Wählern zu helfen, mit zukunftsfähigen Projekten für deren noch unmündige Kinder und ungeborene Enkel und Urenkel vorzusorgen, oder ihre noch unmündigen Wählermehrheiten mit kurzfristig verfügbaren Wohltaten so attraktiv zu verwöhnen, dass diese sich nur von diesen weiter regieren lassen wollen. Sie taugen auch, mündig werdenden Bürgern benachbarter Staaten zu helfen, sich vom Joch unfähiger Monarchen und brutaler Tyrannen zu befreien, aber noch nicht dazu, nach solchen Taten an deren Stellen selbst besser zu regieren oder regieren zu lassen. Was sich also politisch derzeit in Ägypten, Tunesien und Syrien, zuvor aber auch schon in Mittel- und Südamerika und -afrika ereignet hat und weiter ereignet, bestätigt nur den Wahrheitsgehalt meiner soeben gemachten Aussagen.

2.5.5. Die Großtaten weniger wahrer Demokraten, aber auch die ebenso qualifizierter weiser Monarchen und Diktatoren, beschränken sich aktuell auf die Schaffung, Entwicklung und Erhaltung ebenso leistungsfähiger wie schlanker Staaten, auf den Schutz dieser gegen Angriffe von außen und innen, und auf die Allgemeinbildung ihrer Bürger und Gäste, so dass diese ihre Bedürfnisse so selbstbestimmt wie möglich mithilfe eigener Aktivitäten befriedigen können. Und um dabei keinen Wildwuchs zuzulassen, und auch keine kaum zu rechtfertigende Bereicherung und Bemächtigung der Eliten unter diesen über jene Mitmenschen, die von deren Vorleistungen abhängig sind und bleiben, müssen diese deren Aktivitäten sowohl ordnen als auch rahmen, kontrollieren und regulieren, ohne sich freilich wie derzeit noch allzu häufig praktiziert in deren detaillierte Funktionserfüllung einzumischen. Leider beschäftigen sich sowohl in Deutschland als auch im übrigen Europa noch zu viele regierende und opponierende Demokraten lieber populistisch mit der Deckelung der Managergehälter, der gesetzlichen Mindestlohnfixierung, der Miet- und Energiepreisbeschränkung, und der Kopftuch- und Badekleiderordnung für muslimische Mädchen beim verpflichtenden Schwimmunterricht, während sie die Finanzmarktregulierung, die Besteuerung der gemeinwohlgefährdenden Börsen- und Finanzmarktgeschäfte, die längst überfälligen Gesundheits-, Pflege-, Renten- und Pensionsversicherungsreformen noch ebenso sträflich vernachlässigen wie die ebenso überfälligen Steuer-, Aus- und Fortbildungsreformen.

Gerade für die ärmsten der armen, minderqualifizierten und leistungsschwachen Mitmenschen im arbeitsfähigen Alter und Zustand denken sie darüber nach, wie sie diese mit menschenverachtenden Mitteln und Maßnahmen fordern und fördern können, obwohl sie nicht nur diesen, aber gerade diesen am besten helfen könnten, wenn sie allen ihren Bürgern und Gästen bedingungslos ein Existenzminimum zur Verfügung stellen würden, von dem diese sich gesund ernähren und erhalten, bescheiden kleiden, behausen, und am sozialen Leben der Gesellschaft angemessen beteiligen könnten. Denn nur dann würden nämlich gerade die Ärmsten und Schwächsten zu überall und jederzeit bezahlbaren Marktlöhnen auch hinzuverdienen können, was sie gerne hätten, und müssten nicht nachhaltig erwerbsarbeitslos bleiben, weil sie den gesetzlichen Mindestlohn nicht verdienen können und nur deshalb auch keine Erwerbsarbeit mehr finden.

2.5.6. Auch ein schlanker Staat muss alle Aufgaben und Arbeiten, die nur von dessen jeweils Regierenden und deren Verwaltungsapparaten erledigt werden können und sollen, mindestens 15 % der jeweils arbeitsfähigen und -willigen Staatsbürger und -gäste in seinen Haushalten, Unternehmen und Betrieben beschäftigen, zur Herstellung und Erhaltung der öffentlichen Ordnung mindestens 25 % des BNE oder BIP auch in die dazu erforderlichen Infrastrukturen investieren, und deshalb auch Steuern (und sonstige öffentliche Abgaben, Beiträge und Gebühren) erheben. Doch schon an deren Schaffung und Entwicklung könnten dessen jeweils Regierende schon ihre Bürger und Gäste beteiligen, während sie darüber hinaus die Sorgen um deren weiteres Fortkommen diesen schon selbst überlassen könnten. Mit anderen Worten müssen Straßen nicht von Staatsbeamten gebaut werden, und auch den öffentlichen Verkehr brauchen nicht nur Beschäftigte im öffentlichen Dienst überwachen oder gar selbst bewältigen. Regierende souveränen Staaten dürften sich also durchaus darauf beschränken, nur die hoheitlich undelegierbaren Aufgaben wie den Polizei-, Militär- und Justizdienst ebenso wie die Staats- und Finanzverwaltung mit öffentlich Bediensteten zu erledigen, während sie die Energie- und Wasserversorgung, die Müll- und Abwasserentsorgung, den Wohnungs- und Siedlungsbau, und selbst die Aufgaben um Bildung und Volksgesundheit bereits den Initiativen ihrer Bürger und Gäste selbst überlassen könnten. Denn Professoren und Lehrer erfüllen ja ebenso wie Ärzte, Bahn- und Busfahrer, Brief- und Paketpostboten, Piloten und Kapitäne keinesfalls hoheitliche Funktionen wie Polizisten und Soldaten, und bräuchten deshalb auch keine Staatsbeamte und -angestellte mehr sein.

2.5.7. Staatsziele zu setzen, und in der Folge davon auch Rahmenbedingungen zu schaffen und zu erhalten, die diese mithilfe aller interessierten gesellschaftlichen und wirtschaftlichen Kräfte realisierbar machen, wäre m.E. die vornehmste Pflicht aller jeweils Regierenden. Und Teilziele, die dabei einander widersprechen, und sich deshalb niemals absolut, sondern nur von vernünftigen Kompromissen durchsetzt optimal erreichen lassen, werden idealerweise ebenso von den jeweils Regierenden modifiziert. Denn es ist eben einerseits durchaus sinnvoll, das einzig Massenwohlstand schaffende und mehrende Wirtschaftswachstum bei zeitgleicher Preisstabilität, Vollbeschäftigung und außenwirtschaftlicher Gleichgewichtigkeit zum Staatsziel zu erheben. Es muss aber in solchen Zusammenhängen andererseits auch erkannt und im Rahmen der Teilzielmodifikationen berücksichtigt werden, dass die bevorzugte Realisierung eines Teilzieles nicht einmal mehr die optimale Realisierung aller weiteren Teilziele ermöglicht. Denn stetes Wirtschaftswachstum und Vollbeschäftigung wie derzeit noch in Deutschland gefordert, sind zu stabilen Preisen eben nicht zu haben, und außenwirtschaftliche Gleichgewichte zu halten ermöglichen eben nur gleichwertige Importe und Exporte wiederum nur zulasten der Vollbeschäftigung und des Wirtschaftswachstums im eigenen Land. Folglich sollten in solchen Zusammenhängen die jeweils Regierenden nur noch bestimmen, wie viel Erwerbsarbeitslosigkeit hingenommen werden muss, um mit einer gerade noch akzeptablen Inflationsrate zudem noch eine Wirtschaftsentwicklung zu ermöglichen, die zeitgleich vergleichbare Interessen kooperierender und rivalisierender Staaten nicht empfindlich stört.

Die jeweils Regierenden sollten folglich mit den jeweils Opponierenden vereinbaren, welche Grundsätze und Prinzipien sie wechselseitig niemals mehr verletzen werden, so dass künftig nur noch über die Ausformung ihrer Details gestritten werden kann. Und dabei sollten wiederum Grundsätze wie diese unverletzlich sein:

- Sowohl die demokratisch etablierte Grundordnung als auch die vitalen Menschenrechte dürfen nie mehr infrage gestellt werden.
- jede geldwerte Forderung der Opposition muss auch beziffert werden.
- Und es dürfen alle notwendig und zweckmäßig erscheinenden Reformen, deren Realisierung finanzielle Mitteleinsätze und Zeit erfordern, nur mehr zeitlich und finanziell klar definiert gefordert werden.

2.5.8. Um den mit unfairen bis kriminellen Machtkämpfen zwischen den jeweils regierenden und opponierenden Demokraten zulasten der jeweils Regierten ein Ende zu setzen, ist möglicherweise eine Demokratiereform notwendig und zweckmäßig, die beispielsweise bestimmt: Eine Partei, die bei freien und geheimen Wahlen die meisten Stimmen auf sich vereinigen kann, darf die Regierungschefin (oder den Regierungschef) stellen, muss aber Mitglieder aller gewählten Parteien, die mitregieren wollen, an der Regierung auch beteiligen. Und auch dabei müssen sich Mitglieder aller gewählten Parteien, die 10 und mehr Prozente aller Stimmen auf sich vereinigen konnten, an der jeweiligen Regierung ihren Stimmanteilen entsprechend beteiligen, denn nur gewählte Parteien, die weniger als 5 % aller Stimmen auf sich vereinigen konnten, sollten noch (regierungsverantwortungslos) opponieren dürfen.

Nicht nur ich verspreche mir von solch einem Demokratieverständnis eine bedeutend verbesserte Regierungsarbeit, bei der auch die Phantasten und Irrealisten klassischer Oppositionen unter Realitätendrücken stets mitregieren müssen, und auch dann noch Realitätendrücken ausgesetzt sind und bleiben, wenn sie wie beispielsweise derzeit nur große Koalitionen Mitglieder aller jener gewählten Parteien mitregieren lassen müssen, die mitregieren wollen. Insbesondere verspreche ich mir von solch einer Demokratiereform mehr vernünftige und weniger emotionalisierte Regierungsarbeit, die nicht nur über zwei bis drei, sondern mindestens über 7 bis 10 Legislaturperioden (oder über 28 bis 50 Jahre) Kontinuität in ihre deutlich leisere und effizientere Regierungsarbeit bringen wird.

2.5.9. Ordnung könnte unter solchen Rahmenbedingungen auch in die Methodik der Staatsverschuldung und den aufgelaufenen Staatsschuldenabbau gebracht werden. Denn es ist m.E. keineswegs falsch, wenn die jeweils Regierenden mit Darlehen und Krediten notwendige und zweckmäßige Investitionen in Projekte finanzieren, die entweder im Ablauf ihrer Nutzungszyklen mit laufenden Einnahmen auch wieder abgezinst und getilgt werden können, oder künftigen Generationen vergleichbare Investitionen ersparen, solange diese abzinsungs- und tilgungsbedürftig bleiben. Dagegen müssen m.E. alle Staatsschulden, die künftigen Generationen keinen Nutzen mehr bringen, aus laufenden Einnahmen abgezinst und getilgt werden. Und keinesfalls sollten noch Staatsaktivitäten mit Anleihen finanziert werden dürfen, die weniger bringen als sie kosten. Denn künftigen Generationen wie derzeit noch üblich die Lasten für ein gegenwärtiges Wohlleben zu vieler Bürger und Gäste des Staates aufzubürden, ist m.E. bereits kriminell und deshalb auch mit Nichts zu rechtfertigen.

3. Die Bedürfnisse aller Subjekte

3.1. Verteilen kann die Menschheit nur, was sie schon besitzt und jeweils aktuell wertschöpft, denn mehr und anderes steht ihr nicht zur Verfügung. Utopische Bedürfnisse lassen sich also weder individuell noch kollektiv befriedigen. Sehr wohl sind aber fast alle Wirtschaftssubjekte im Ablauf ihrer Existenz- und Entwicklungszyklen mindestens zeitweise fähig und willens, eine Vielzahl ihrer Luxusbedürfnisse zu befriedigen, wenn ihnen ihre Grundbedürfnisbefriedigung individuell und Kollektiv schon gelungen ist. Und nur in solchen Zusammenhängen stellen sich auch die Fragen nach den Arten der Subjekte und Bedürfnisse, die es überhaupt gibt.

Prinzipiell sind die Antworten auf diese Fragen einfach und für Jedefrau und Jedermann leicht verständlich. Denn letztlich gibt es eben einerseits nur bedürftige Individuen, Gruppen, Massen, und andererseits jene bedürftigen Konstrukte, die wiederum nur diese bilden und nutzen können. Und das sind wiederum nur deren öffentliche und private Haushalte, Unternehmen, Betriebe und Märkte bis hin zum immer noch mangelhaft aufgestellten Weltwirtschafts- und Währungssystem.

3.2. Alle Bedürfnisse, die Menschen haben und entwickeln können, lassen sich wiederum leicht auch in dieser Reihenfolge auf- oder absteigend den Grund-, Sicherheits-, Beziehungs-, Geltungs- und Selbstverwirklichungsbedürfnissen zuordnen. Aber nur die nachhaltige Befriedigung der *Grundbedürfnisse* (z.B. das Atmen, Trinken, Essen, Schlafen, Wachen, Bewegen, Kleiden, Wohnen, Lieben und Nächstenlieben) ist überlebensnotwendig. Dagegen genügt es, alle übrigen Bedürfnisse, die ich deshalb pauschal den einfachen bis anspruchsvollsten *Luxusbedürfnissen* zuordne, sowohl schrittweise als auch in Graden zu befriedigen, wobei allerdings die jeweils erreichten Befriedigungsgrade bei den meisten Menschen das Streben nach höherrangiger und -gradiger Bedürfnisbefriedigung auslösen. Und auch deshalb scheinen die Bedürfnisse der Menschen grenzenlos zu sein, was sie jedoch weder sind noch jemals sein können. Denn auf die Luxusbedürfnisbefriedigung können sowohl bescheidene als auch weise Menschen leicht verzichten, und alle Menschen können deren Befriedigung auch aufschieben oder substituieren.

Wer also seine Grundbedürfnisse auf dem jeweils überlebensnotwendigen Niveau schon gesichert hat, strebt oft bis meist nach Mehr und Besserem von alledem, was schon vorhanden ist, also nach reinerer Luft, feinerem Essen, modischer Kleidung und luxuriöser Behausung, und letztlich auch nach immer mehr Sicherheit, Macht, Anerkennung und Selbstverwirklichung. Wäre ein solches Streben der Menschheit nicht eigen, hätten schon unsere Urahnen vor 12.000 Jahren ihr Leben als Sammler, Jäger und Fischer vom freien Zuwachs der Natur den Primaten (und allem übrigen Leben in der Flora und Fauna folgend) niemals aufgegeben. Was sie zur Aufgabe dieser Lebensformen veranlasst hat, wissen wir noch nicht. Äußerlich betrachtet kann es m.E. aber nur ihre dramatische Vermehrung, der nachlassende freie Zuwachs ihrer Lebens- und Überlebensmittel, oder eine Kombination aus alledem gewesen sein, was sie veranlasst hat, ihr bescheidenes Dasein im Schlaraffenland gegen das globale arbeitsteilige Wirtschaften zunächst als Hirten, Ackerbauern und Viehzüchter, im Ablauf der Zeit aber auch als Handwerker, Händler, Krieger und Wissenschaftler, Lehrer und Schüler, Konsumenten, Investoren, Produzenten, Sparer und Schuldner, Kunden und Lieferanten, Arbeitgeber und -nehmer, Obrigkeiten und Untertanen einzutauschen. Vielleicht hat sie aber auch nur die Langeweile getrieben, zu viele Früchte von den Bäumen der Erkenntnis zu essen, von denen schon Adam und Eva den Empfehlungen ihres Schöpfers folgend niemals hätten essen sollen. Denn selbst unsere nächsten Verwandten in der Fauna, die Primaten, sind ja noch unfähig, instinktwidrig zu handeln und solcherart ihre wahrhaft grundlegenden Lebens- und Überlebensinteressen zu verletzen. Solche Fehlleistungen sogar massenhaft zu institutionalisieren hat also nicht nur m.E. *Gott* bisher nur uns Menschen befähigt, obwohl er uns zum Selbstschutz auch geboten hat, diese nicht maß- und grenzenlos aufzutürmen.

3.3. Es liegt mir fern, an dieser Stelle die Geschichte des Kosmos und der Menschheit auszubreiten. Trotzdem wäre nicht nur m.E. für Jedefrau und Jedermann gut zu wissen, dass es dem aktuellen Wissensstand entsprechend die Menschheit ohne den vermutlich 13,7 Milliarden Jahre alten Kosmos mit seinen Milliarden Galaxien und deren Milliarden Sternen oder Sonnen gar nicht gäbe. Denn dann gäbe es ja auch jene rund 12 Milliarden Jahre alte Galaxie mit ihren 100 Milliarden Sonnen, die wir Milchstraße nennen, und am Rande dieser jenes 4,6 Milliarden Jahre alte Sonnensystem mit seinen Planeten, und unter diesen eben auch unsere Erde mit ihrem Mond und mit uns Menschen nicht. Aber auch unsere 4,6 Milliarden Jahre alte Erde ist ja erst seit 1,1 Milliarden Jahren von Einzellern belebt, seit 800 Millionen Jahren von zweigeschlechtlichen Pflanzen und Tieren, seit 140 Millionen Jahren von Säugern, seit 10 Millionen Jahren von Primaten, seit 3,2 Millionen Jahren von Vormenschen, und seit 50.000 Jahren von Menschen jener einzigen Art, die noch heute die Erde bevölkert, bewohnt. Denn alle übrigen Vor- und Mitmenschenarten (und zuletzt die Neandertaler erst vor 20.000 Jahren) sind nämlich schon wieder ausgestorben. Erst seit 12.000 Jahren kennen wir Menschen vom Typ Homo sapiens unsere Geschichte. Erst um 3200, 2200, 1200 und 800 v.Chr. begannen sich jene Staaten Ägypten, China, Griechenland und Rom zu formieren, die über 4.500 Jahre hinweg die Weltgesellschafts- und -wirtschaftsentwicklung bestimmt haben, und heute noch existieren. Dagegen formierten sich die europäischen Staaten, die weltwirtschaftlich und -politisch nur 1.500 Jahre dominierten, erst ab 500 v.Chr., und die aktuelle Weltmacht USA formierte sich ja erst zwischen 1776 und 89 mithilfe europäischer Kolonisten in Nordamerika.

Die ersten Herrscher auf Erden waren selbsternannte oder von ihren Schutzbefohlenen gewählte Stammesführer, gefolgt von siegreichen Feldherren, Monarchen vorgeblich von Gottes Gnaden und Diktatoren, denn von ersten Versuchen im antiken Griechenland und Rom einmal abgesehen gibt es nämlich Demokraten erst seit dem Zeitalter der Aufklärung, das wiederum erst im 18. nachchristlichen Jahrhundert in Europa heimisch wurde, und von den Ideen der Philosophen Locke, Hume, Voltaire, d'Alembert, Diderot und Wolff, und wirtschaftspolitisch auch von Adam Smith (1723-90), Immanuel Kant (1724-1804) und Gotthold Ephraim Lessing (1729-81) geprägt wurde. Obwohl zwischenzeitlich alle hochentwickelten Industriestaaten auf Erden von Demokraten regiert werden, die zudem ihre Volkswirtschaften tendenziell marktwirtschaftlich organisiert und privatkapitalistisch finanziert haben, gibt es dennoch keine einzige Volksherrschaft, die einer anderen wahrhaft gleichen würde. Zwar vermuten Wissenschaftler und Historiker heute, dass die Demokratie die derzeit beste aller möglichen Regierungsformen (und besser als jede mit dieser Regierungsform noch konkurrierende Monarchie oder Diktatur) ist, aber in ihren aktuellen Erscheinungsformen nicht mehr die denkbar beste zur Lösung der weltmaßstäblich herausfordernden Bevölkerungs-, Umwelt-, Finanz- und Sozialprobleme auch in dieser Reihenfolge.

3.4. Die Bedürfnisse der Menschen scheinen zwar grenzenlos zu sein, weil gleich oder ähnlich situierte Individuen, Gruppen und Massen mehrheitlich nur mit jenen Wohlständen zufrieden und glücklich zu sein scheinen, die einander gleichen und ähneln. Trotzdem wollen weder Untertanen leben und wirken wie Herrscher, noch Armen wie Reichen, oder Dummen wie Weisen. Sehr wohl orientieren sie alle aber als Individuen, Gruppen und Massen ihre Ansprüche an dem, was ihren jeweiligen Nachbarn schon zukommt, wenn sie selbst auf vieles von dem noch verzichten müssen. Wenn also der Herr schon ein Auto hat, seine Knechte und Mägde aber noch keines, dann wird der massenhafte Wunsch nach einem Auto bei letzteren erst spürbar, wenn sich wenige Knechte und Mägde auch schon ein solches leisten können. Wenn aber rund 15 % aller Knechte und Mägde (oder Durchschnittsbürger und -gäste eines Staates) schon ein Auto (ein Fernsehgerät oder Handy) haben, dann wollen von den verbleibenden 85 % mindestens 75 % auch ein Auto (Fernsehgerät oder Handy) haben, und jene rund 25 %, für die ein Auto (Fernsehgerät oder Handy) nicht nur außer Reichweite ist sondern auch bleibt, fühlen sich abgehängt und benachteiligt, obwohl sich ihr tradierter Wohlstand auch ohne solche >Wohlstandssymbole< keinesfalls verschlechtert hat. Sehr wohl aber neiden diese ihren StandesgenossInnen deren vermeintlich verbesserten Wohlstand.

Was ich hier am Beispiel des Autos (Fernsehgeräts oder Handys) zu skizzieren versuchte, gilt sinngemäß für alle Güter, die das globale arbeitsteilige Wirtschaften der Menschheit allen jeweils lebenden und wirkenden Menschen direkt und indirekt anzubieten hat. Prinzipiell sind das zwar nur rund 350.000erlei Arten land- und forstwirtschaftlicher Urprodukte, Fischfänge und Jagdbeuten, Grundstoffe, Energien, Investitions-, Ge- und Verbrauchsgüter, Arbeits- und Dienstleistungen, obwohl auch diese schon inform von rund 45 Millionen Artikeln, Typen und Varianten nachgefragt und ausgetauscht werden können. Und von diesem nur vermeintlich großen Kuchen wollen eben alle ihre Stücke auch deshalb haben, weil ihnen die Politik gestaltenden Kräfte und deren Lobbyisten vorgaukeln, dass nicht nur ihre Ansprüche berechtigt seien, sondern stetes Wirtschaftswachstum auch möglich sei. Ebenso unbedacht wie unerwähnt bleibt dabei freilich, dass alles Wachstum seine Grenzen hat, und alle Schöpfung, zu der auch die Wertschöpfung gehört, in Wahrheit nur ein massenhaftes Kommen, Werden, Wandeln und wieder Vergehen ist. Und viele Güter, die dabei immer wieder auch neu entstehen, bleiben leider knapp oder einmalig, denn nur die wenigsten von diesen lassen sich auch beliebig, preiswert und umweltverträglich, und damit auch massentauglich vervielfältigen. Ein einmaliges Gut (z.B. die Nachtwache von Rembrandt), das 10.000 Menschen gerne hätten, kann aber nur einem Menschen (oder einem Museum) zukommen, und dessen Besitzer wird eben selbst in einem gerecht strukturierten Bieterverfahren jener, der dafür das meiste bezahlen kann und will (es sei denn, er wäre ein Räuber). Und was ich hier über ein beliebiges einmaliges Gut (also einen Rembrandt) ausgesagt habe, gilt in abgeschwächten Formen auch für alle übrigen knappen Güter auf Erden (z.B. Juwelen, Schlösser und Villen) und deren jeweilige Besitzer (z.B. würdige und unwürdige Reiche und Mächtige). Denn in Besitz nehmen können solche Güter auch nur jene, die sich diese leisten können und wollen.

Was ich soeben für einmalige und knappe materielle Güter ausgesagt habe, das gilt auch für die immateriellen, mit deren Hilfe fast alle Menschen wohl auch zurecht versuchen, über ihre Grundbedürfnisse hinaus ihre wachsenden Luxusbedürfnisse zu befriedigen, zu denen insbesondere ihre Sicherheits-, Beziehungs-, Geltungs- und Selbstverwirklichungsbedürfnisse gehören. Die meisten Menschen wünschen sich also zunächst nur in einem sicheren Staat zu leben, einen sicheren Arbeitsplatz und ein sicheres Einkommen zu haben, dann aber auch ein Militär, das die Grenzen ihres Staates vor Begehrlichkeiten seiner Feinde schützt, und eine Polizei, die ihnen Lügner, Betrüger, Diebe und Räuber vom Leibe hält, einen geregelten Verkehr, loyale Beamte, gute Gesetze, gerechte Richter und so weiter und so fort.

Fühlen sich aber Menschen schon hinreichend sicher, dann erstreben sie neben befriedigenden Beziehungen zu Nachbarn und Kollegen, Lehrern und Schülern, Parteifreunden und -feinden bessere zu ihren persönlichen FreundInnen und beste zu ihren PartnerInnen und Kindern. Und kommt ihnen auch dieses alles schon in ausreichenden Maßen zu, dann wünschen sie sich sogar mehrheitlich von alledem noch Mehr und Besseres, denn aus den schon realisierten Maßen der Luxusbedürfnisbefriedigung erwachsen nämlich weitere Luxusbedürfnisse höherer Arten, zu denen sich sowohl nacheinander als auch zeitgleich die Geltungs- und Selbstverwirklichungsbedürfnisse gesellen. Geltung verschaffen sich Menschen durch Taten und Unterlassungen gleichermaßen, die ihnen ihre Mitmenschen nicht mehr schulden, sehr wohl aber entgegenbringen, wenn sie diesen helfen, deren tatsächliche und vermeintliche Probleme zu lösen. Und weil es fast immer mehr Probleme als Problemlöser zu geben scheint, können sich wiederum nur rund 15 % der jeweils lebenden und wirkenden Menschen Anerkennung und Geltung verschaffen, und damit auch diese Bedürfnisart befriedigen. Dagegen gelingt ohnehin nur rund zwei Prozent aller jeweils lebenden und wirkenden Menschen, sich selbst zu verwirklichen, wenn als Selbstverwirklichung die Fähigkeit dieser Menschen verstanden wird, sich fast alle Wünsche, die sich Menschen überhaupt erfüllen wollen, nicht nur selbstbestimmt, sondern auch mit den ihnen gemäßen Mitteln und Maßnahmen erfüllen zu können. Zwei Prozent von 7,2 Milliarden sind aber auch schon wieder eine auffällige Masse von 144 Millionen Menschen.

Geeignete Mittel zur Bedürfnisbefriedigung sind beispielsweise neben Talenten und Interessen der Menschen weitere Fähigkeiten, Fertigkeiten, Beziehungen und Gelder, die freilich nicht nur sicher, human, wirtschaftlich, umwelt- und sozialverträglich, sondern auch unvernünftig eingesetzt werden können. Denn wer von seinem Streben nach Anerkennung, Geltung und Selbstverwirklichung gestresst, kriminalisiert oder gar getötet wird, hat sich in Wahrheit eben nicht mehr selbst verwirklicht, sondern sich vom eigenen Ehrgeiz (oder von Mitmenschen) in Positionen treiben lassen, die individuell unangemessen waren und auch nur deshalb fremdbestimmt erreicht werden konnten.

3.5. Charakteristisch für Bettler ist, dass sie in relativer Armut nur von Almosen ihrer Mitmenschen leben, und für Reiche, dass ihnen schon massenhaft verfügbar ist, was auch Arme gerne hätten. Weil aber zu viele der massenhaft begehrten Güter knapp sind, kann alles Begehrte nicht allen Menschen gleichermaßen verfügbar gemacht werden. Trotzdem gibt es auf Erden ebenso viele Bettler, die mit ihrem Schicksal zufrieden sind, wie Reiche, die mit ihrem Schicksal noch hadern. Beeindruckt und belehrt haben mich in diesen Zusammenhängen sowohl eine Fabel als auch eine fernöstliche Lebensweisheit über die subjektive Empfindung von Reichtum und Armut, die ich folgend vorstellen will, obwohl ich ihre Urheber nicht kenne, weil sie trotzdem allgemeinverständlich zeigen, wie gleiche Güter subjektive Bedürfnisse objektiv befriedigen können, wenngleich nicht müssen.

Die Fabel: Einst wurde ein König entmachtet und aus seinem Palast vertrieben, aber nicht getötet, sondern nur mit einem Diener und einer Apanage versehen in eine Villa mit Garten verbannt, die am Rande einer Kleinstadt seines einstigen Reiches lag. Diese Stadt durfte er zwar nicht mehr verlassen, sehr wohl aber durfte er mit seinem Nachbarn kommunizieren. Doch dieser war ein Bettler, dem die Bürger dieser Stadt nicht nur eine gleiche Villa mit Garten neben der des entmachteten Königs zur Verfügung stellten, sondern auch einen Diener und eine gleiche Apanage. Die objektiv nun gleichgestellten Nachbarn empfanden ihr Dasein dennoch höchst unterschiedlich. Der einstige König glaubte, von nun an wie ein Bettler seine Tage in einer Hütte gefangen fristen zu müssen, während der einstige Bettler glaubte, von nun an wie ein König einen Palast mit Park bewohnen und nutzen zu dürfen.

Und die 3.500 Jahre alte Weisheit lehrt: Ein Mensch, dem Gott Reichtümer gegeben hat, und den er zudem mit Verstand segnete, diese recht zu gebrauchen, war besonders bevorzugt unter den Menschen. Voll Freude schaute dieser auf seinen Reichtum, weil er ihm erlaubte, Gutes damit zu bewirken. Er beschützte die Armen, denen Unrecht geschah, und duldete nicht, dass die Mächtigen die Schwachen unterdrückten. Er suchte jene, die seines Mitleids bedurften, erforschte die Ursachen ihrer Nöte und stand ihnen mit Rat und Tat zur Seite, ohne sich dessen zu rühmen. Und solcherart half er auch große Werke zu vollenden, seine Mitmenschen zu beschäftigen und damit den Wohlstand seiner Heimat zu mehren. Den Überfluss seines Tisches betrachtete er als das Eigentum der Armen in seiner Nachbarschaft und überließ diesen davon gerne die diesen auch zustehenden Anteile. Seine Wohltaten minderten dennoch nicht seinen Besitz, der ihn erfreute, und diese Freude ist auch nicht zu tadeln. - Doch wehe dem, der Reichtümer ohne Maß anhäufte, sich an dessen Besitz alleine erfreute, und die Armen missachtete. Denn dieser verdankte seinen Reichtum ja nur der gefühllosen Unterdrückung seiner Brüder und Schwestern. Sein Herz war verhärtet durch seine Gier nach Reichtum, und die Angst, diesen zu verlieren, verfolgte ihn Tag und Nacht. - Wie milde ist dagegen das Elend der Armut, verglichen mit dem, was einem solchen Reichen das Herz zernagt. Lasst deshalb die Armen ruhig sich selber trösten und freuen am Nichts, das sie haben, solange sie nicht hungern und verdursten müssen. Denn sie sind auch nicht umgeben von Menschen, die von ihnen abhängen, und werden von Bettlern nicht belästigt. Ihr karges Brot können sie in Frieden essen, und ihr Tisch ist nicht umlagert von Schmeichlern und Schmarotzern. Zwar sind sie ausgeschlossen vom Wohlleben der Reichen, aber sie quälen auch nicht deren Krankheiten und Leiden. Das Brot, das sie essen, und das Wasser, das sie trinken, stillt zudem ihren Hunger und Durst viel gesünder als die erlesensten Genüsse des Überflusses die Reichen. Arbeit erhält ihre Gesundheit und verschafft ihnen einen Schlaf, der allen Müßiggängern fremd ist. - Darum sollten weder die Reichen auf ihre Besitztümer pochen, noch die Armen ihrer Bedürftigkeit wegen verzweifeln, denn Gott teilt ja beiden Glück und Leid gleichermaßen zu.

4. Die Bedürfnisbefriedigung

4.1. Alle Bedürfnisse der Menschen können nur mithilfe der jeweils verfügbaren immateriellen und materiellen Güter befriedigt werden. Dabei sind materiell jene rund 350.000 land- und forstwirtschaftlichen Urprodukte, Fischfänge und Jagdbeuten, Grundstoffe, Energien, Investitions-, Ge- und Verbrauchsgüter sowie Arbeits- und Dienstleistungen, die es weltmaßstäblich derzeit inform von rund 45 Millionen Artikeln, Typen und Varianten gibt. Mit Ausnahme des Geldes sind die meisten materiellen Güter Wertschöpfungsprodukte der erwerbsarbeitenden Menschen, nur selten einmalig, aber oft schon so knapp, dass diese nur mehr wenigen Nachfragern zukommen können, während alle übrigen auf diese vielleicht sogar zeitlebens verzichten müssen. Denn nur gut 25 % der materiellen Güter stehen allen Nachfragern fast überall und jederzeit manchmal sogar in Mengen zu Verfügung, die nicht einmal mehr nachgefragt werden. Knapp 75 % aller materiellen Güter werden damit zwischen diesen Extremen angeboten, und können folglich auch abgestuft nur zwischen 25- und 99-%ig nachgefragt und ausgetauscht werden.

Zu den immateriellen Gütern, die ebenso angeboten und nachgefragt werden, gehören neben den Sicherheits-, Beziehungs-, Geltungs- und Selbstverwirklichungsbedürfnissen auch Phänomene wie Glaube, Hoffnung und Liebe, und dazu alle übrigen Tugenden und Laster, die zu liefern und zu leisten Menschen überhaupt willens und fähig sind. Unter diesen ist wiederum die Liebe das einzige Phänomen, das allen Menschen sogar kostenlos in höheren Maßen als in jenen zuwächst, in denen sie diese verschenken. Trotzdem knausern die meisten Menschen - ausgenommen die jeweils verliebten Paare, die meisten Eltern sowie deren Kinder - mit der Verbreitung der Liebe, als sei gerade sie das knappste Gut auf Erden, obwohl gerade diese nicht nur grenzenlos, sondern auch üppiger als weitere derzeit noch kostenlos verfügbare Massengüter (z.B. die Atemluft, das Klima und das Wetter) allgegenwärtig verfügbar wäre.

Nur die privatkapitalistisch finanzierten und marktwirtschaftlich organisierten Produktions- und Distributionsprozesse bewirken, dass die Menschheit global und arbeitsteilig das Optimum dessen produzieren und distribuieren kann, soweit und solange dieses zu kostenüberdeckenden Preisen und Konditionen auch nachgefragt wird. Denn die staatskapitalistisch finanzierten und planwirtschaftlich organisierten Produktions- und Distributionsprozesse haben schon in der Vergangenheit bewiesen, dass sie nur Bruchteile dessen zu liefern und zu leisten vermögen, was Menschen im Rahmen marktwirtschaftlicher Ordnungen nicht nur leisten und liefern können, sondern fast überall und jederzeit tatsächlich auch liefern und leisten.

Geld, über dessen Funktionen ich im folgenden 6. Kapitel gesondert referieren werde, ist angesichts der Güterfülle, die derzeit angeboten, nachgefragt und ausgetauscht werden kann, als Tausch- und Zahlungsmittel auch deshalb unverzichtbar geworden, weil ohne dieses alle Anbieter und Nachfrager spezieller Gütern gezwungen wären, den jeweils wünschenswerten Güteraustausch im Rahmen ebenso komplexer wie komplizierter Drei- bis Vielecksgeschäfte zu organisieren, die mehr als den daraus resultierenden Nutzen wieder aufzehren würden. Denn nur Geld erlaubt es ja, Güter von A bis Z nicht mehr so oft und solange gegeneinander tauschen zu müssen, bis die Lieferanten der Güter A, B oder Z auch auf deren adäquate Kunden, und gegenteilig die Kunden auf deren adäquate Lieferanten treffen.

Nur Marktwirtschaftsordnungen können bewirken, dass alle Menschen im arbeitsfähigen Alter und Zustand nur noch tun brauchen, was sie schon können, noch lernen wollen, und zudem liebstens machen. Denn nur freie und vollkommene Märkte erlauben ihnen im Rahmen solcher Ordnungen, für alle ihre Angebote Nachfrager zu suchen, zu finden, und auch alle ihre Angebote *freilich nur zu jeweils marktgerechten Preisen und Konditionen* auch auszutauschen. Kein Mensch bräuchte dann mehr selbst produzieren, wessen er bedarf, wenn andere seine Bedürfnisse *freilich nur gegen entsprechenden Entgelt* befriedigen können und wollen. Und so können sich beispielsweise die Autobauer auf die Autoproduktion konzentrieren, und sich mithilfe der Erlöse für ihre Autolieferungen ernähren, kleiden, wohnen und vergnügen. Sie brauchen also selbst nicht mehr gärtnern, schneidern und mauern, um besser leben zu können, obwohl auch sie weder ihre Autos noch das Geld, das sie damit verdienen, *direkt* fressen, anziehen oder verwohnen können.

Nur freie und vollkommene Märkte bewirken, dass jene Menschen, die anbieten können und wollen, was viele nachfragen, aber nur wenige anbieten, für ihre Angebote höhere Preise erwirtschaften wie jene, die nur anbieten können oder wollen, was zu viele anbieten, aber zeitgleich zu wenige nachfragen. Und wenn die Nachfragen die Angebote soweit unterdecken, dass deren Austausch zu kostenüberdeckenden Preise nicht mehr möglich ist, werden solche Angebote von den Märkten ebenso verschwinden wie deren Anbieter. Es bewirken aber andererseits freilich nur solche Märkte auch, dass von den Nachfragern zu hoch empfundene und deshalb auch nicht mehr bezahlte Preise für zu knappe Güter die Vermehrung solcher Güter soweit und solange fördern, bis deren Preise wieder auf ein allgemein akzeptabel empfundenes Niveau gesunken sind.

4.2. Preise und Konditionen beeinflussen sich damit wechselseitig, weil sich die Weltgesellschaft darauf verständigt hat, die Rentabilität ihrer Geschäfte von der Liquidität dominieren zu lassen. Rentabel sind dabei alle Geschäfte, deren Erträge die damit korrespondierenden Aufwendungen überdecken, aber liquide sind und bleiben nur jene Wirtschaftssubjekte, denen es gelingt, ihre Zahlungsmittelbestände um Zuflüsse aus allen ihren Ertrags- und Bezugsquellen stets soweit zu erhöhen, dass sie taggenau alle ihre vereinbarten Auszahlungsverpflichtungen auch erfüllen können. Wenn also Arbeitgeber mit ihren Arbeitnehmern vereinbaren, dass diese den Lohn für einen Monat Arbeit erst am Ende jeden Arbeitsmonats ausbezahlt bekommen, dann verschaffen sich diese damit ebenso Liquidität wie andere, die ihren Kunden zwei oder 5 % Skonto auf ihre Listenpreise einräumen, wenn diese deren Lieferungen und Leistungen bar oder voraus bezahlen. Und gegenteilig können aber auch Kunden, die überflüssiges Bargeld haben, ihre Renditen erhöhen, wenn sie ihren Lieferanten Bar- und Vorauszahlungen für deren Lieferungen und Leistungen gegen Preisnachlässe, gegebenenfalls aber auch längerfristige Finanzierungen ihrer Einkäufe gegen zusätzliche Zinszahlungen, oder auch Wechselgeschäfte anbieten.

4.3. Letztlich können aber nur Individuen, Gruppen und Massen, und damit natürliche Personen ihre Bedürfnisse benennen, und diese auch nur mithilfe ihrer eigenen Aktivitäten zu befriedigen versuchen, obwohl auch juristische Personen, die sich in deren privaten und öffentlichen Haushalten, Unternehmen, Betrieben und Märkten manifestieren, Bedürfnisse haben, die befriedigt sein wollen. Deren Bedürfnisse können aber wiederum nur jene natürlichen Personen formulieren und befriedigen, die deren Faktoren >Personal< bilden. Und solche sind in privaten Haushalten wiederum nur Eltern und Kinder, in öffentlichen Haushalten regierende und opponierende PolitikerInnen, Beamte und Angestellte, Polizisten, Soldaten, Richter und Bänker, und in allen öffentlichen und privaten Produktions-, Handels- und Dienstleistungsunternehmen und -betrieben jeder Branche und Größenordnung sowohl deren selbständige als auch angestellte Bestimmungs-, Leitungs-, Fach- und Hilfskräfte, oder deren UnternehmerInnen, Arbeitgeber- und -nehmerInnen.

Alle juristischen Personen sind somit wie andere und weitere Konstrukte der Menschen nur Faktorengefüge aus Vermögensgegenständen und Finanzierungsverhältnissen, die idealerweise darauf angelegt sind, mithilfe ihrer Faktoren >Personal< Funktionen zu erfüllen, über die ich erst im folgenden 5. Kapitel detaillierter referieren werde. An dieser Stelle soll folglich genügen zu verinnerlichen, dass deren Beschäftigte gezwungen sind, zunächst deren Leistungsbereitschaften aufzubauen, zu erhalten und Angebote zu entwickeln, um wiederum mit deren Hilfe jene Erträge erwirtschaften zu können, die nach Abzug der damit korrespondierenden Aufwendungen jene Gewinne belassen, mit deren Hilfe wiederum deren Faktorengefüge liquide gehalten und rentabel gemacht und erhalten werden. Und alles das leisten aber wiederum nur Menschen mehr oder minder bewusst nur, weil sie selbst Bedürfnisse aller Arten haben und entwickeln, die sie wiederum nur solcherart besser und schneller befriedigen können. Dagegen äußern deren Konstrukte ihre Bedürfnisse nur indirekt, indem beispielsweise Motoren stehen bleiben, wenn ihnen der Treibstoff ausgeht, Wäsche zu riechen beginnt, wenn sie nicht gewaschen wird, und Bauten verfallen, wenn ihnen die Wartung und Pflege nicht zukommt, die sie brauchen, um funktionstüchtig zu bleiben.

5. Die Funktionen und deren Erfüllung

Alle Gestaltungs-, Produktions- und Verteilungsprozesse, die Menschen organisieren können, lassen sich nur im Zuge ihrer Funktionserfüllung realisieren. Und diese setzt sich wiederum aus der Erledigung vieler Milliarden Einzelverrichtungen zusammen, von denen es nach Arten dennoch nur rund 100.000 gibt, die weltmaßstäblich in rund 1,5 Millionen Varianten vorkommen, und derzeit (freilich nur in den Industriestaaten) in rund 350 wirtschaftlichen und 250 gesellschaftlichen Berufsbildern variierend zusammengefasst sind. Wenn ich unterstelle, dass die Erledigung jeder Verrichtung durchschnittlich eine Minute dauert, dann könnten die rund 4,5 Milliarden Erwerbstätigen auf Erden je Arbeitsstunde schon über 270 Milliarden solche Verrichtungen erledigen, und davon alleine die 44 Millionen Erwerbstätigen in Deutschland schon rund 2,6 Milliarden. Trotzdem arbeiten die Vollzeitbeschäftigten in den Industriestaaten jährlich nur zwischen 1.500 und 3.000 Stunden pro Kopf, und zu viele Menschen im arbeitsfähigen Alter und Zustand sind hier noch erwerbsarbeitslos, oder sie werden gegen ihren Willen nur teilzeitig beschäftigt, und das, weil sie mehrheitlich weder fähig noch willens sind, sich selbständig zu beschäftigen. Zudem bleibt zu berücksichtigen, dass nur wenigste Menschen jede Arbeitsminute optimal nutzen können oder wollen. Und auch deshalb leistet die Menschheit bei den ehrgeizigsten Höchstleistungsträgern beginnend bis zu den leistungsschwächsten Hilfskräften absteigend stets weniger als das maximal Mögliche.

5.1. Die Struktur der Funktionen

Unter wirtschaftlichen Aspekten sind Funktionen Aufgaben- und Arbeitskomplexe, die einerseits weiter in Verrichtungsarten vieler Arten weiter vereinzelt, und andererseits zu Komplexen vereinigt oder zusammengefasst werden können.

Die folgenden Tabelleninhalte lassen erkennen, wie sich auch wirtschaftliche Laien die Struktur sowohl der Funktionen als auch deren Erfüllung leicht vorstellen können.

Funktionskomplexe	Funktionen	Aufgaben	Arbeiten	Verrichtungen
Bestimmung und Leitung	5 bis 15	30 bis 100	150 bis 500	750 bis 2.500
Betriebsaufbau und -erhaltung	10 bis 15	50 bis 100	250 bis 750	1.250 bis 2.000
Angebotsentwicklung	5 bis 10	30 bis 100	150 bis 500	750 bis 5.000
Arbeits- und Auftragsbeschaffung	5 bis 10	30 bis 60	150 bis 300	750 bis 1.500
Einkauf und Logistik	5 bis 10	30 bis 50	150 bis 250	750 bis 1.500
Auftragsabwicklung	5 bis 25	30 bis 510	400 bis 7.500	2.000 bis 85.500
Controlling und Verwaltung	10 bis 15	50 bis 80	250 bis 700	1.250 bis 3.500
Insgesamt	**45 bis 100**	**250 bis 1.000**	**1.500 bis 10.000**	**7.500 bis 100.000**

Im ersten Diagramm wird sichtbar, wie die 10 Komplexe der einen Funktionserfüllung hierarchisch geordnet in bis zu 100 Funktionen, 1.000 Aufgaben, 10.000 Arbeits- und 100.000 Verrichtungsarten zerfallen können. Und dabei fällt auch auf, dass die Regel, aus 1 wird 10, aus 10 100, aus 100 1.000 und so fort bezogen auf deren betriebsindividuelle und branchenbezogene Gliederung zunehmend an Bedeutung verliert.

Funktionen/Bereiche	Gesamt, davon ...	%	Top-Management	Forschung und Entwicklung	Verkauf	Einkauf und Logistik	Produktion und Distribution	Controlling und Verwaltung
Bestimmung und Leitung	70	7,0	30	3	5	4	22	6
Betriebsaufbau und -erhaltung	50	5,0	10	1	1	1	34	3
Angebotsentwicklung	90	9,0	5	50	6	3	23	3
Arbeits- und Auftragsbeschaffung	70	7,0	5	1	58	1	1	4
Einkauf und Logistik	50	5,0	5	2	0	25	12	6
Auftragsabwicklung	520	52,0	5	2	15	40	446	12
Controlling und Verwaltung	150	15,0	10	1	5	6	42	86
Insgesamt	1.000	100,0	70	60	90	80	580	120
%	100,0		7,0	6,0	9,0	8,0	58,0	12,0

Im zweiten Diagramm ist gezeigt, wie die gesamte Funktionserfüllung (gemessen in 1.000stel Einheiten und Prozenten) auf die Leistungsbereiche eines beliebigen Unternehmens delegiert werden kann. Solche Delegationsformen sind charakteristisch und können auf alle privaten und öffentlichen Haushalte ebenso sinngemäß übertragen werden wie auf alle Produktions-, Handels- und Dienstleistungsunternehmen und -betriebe jeder Branche und Größenordnung, obwohl das praktisch derzeit leider noch zu selten geschieht.

Sowohl haushalts- und betriebsindividuell als auch branchentypisch lassen sich aber die zu erfüllenden Funktionen und die daraus resultierenden Aufgaben und Arbeiten nach Arten und Mengen auch noch ihren Verrichtungszyklen zuordnen, wie es in der noch folgenden Tabelle dargestellt ist. Und dazu will ich noch anmerken: Wie Funktionen im Allgemeinen und Besonderen strukturiert und delegiert werden, ist schon für Schüler und Studenten von Wert, denn sie selbst sind ja wie die meisten Menschen im beschulungs- und arbeitsfähigen Alter und Zustand sowohl innerhalb ihrer Familien und privaten Haushalte als auch in Schulen, Hochschulen, Unternehmen, Betrieben und öffentlichen Haushalten mindestens mit ihrer eigenen arbeitsteiligen Funktionserfüllung befasst.

Von allen Arbeiten, die insgesamt anfallen (= 100 %), fallen durchschnittlich an pro ...								
Funktionen/Bereiche	Insgesamt		Tag	Woche	Monat	Quartal	Jahr	bei Bedarf
Bestimmung und Leitung	21 nach	Arten	4,5	2,0	3,0	3,0	8,5	-
	6 nach	Mengen	2,5	0,5	0,5	1,0	1,5	-
Betriebsaufbau und -erhaltung	15 nach	Arten	2,0	1,0	2,5	2,0	6,5	1,0
	5 nach	Mengen	0,5	0,5	1,0	0,5	2,5	0,5
Angebotsentwicklung	16 nach	Arten	-	-	3,0	2,5	10,5	-
	4 nach	Mengen	-	-	1,0	0,5	2,5	-
Arbeits- und Auftragsbeschaffung	12 nach	Arten	3,5	1,0	1,0	2,0	4,5	-
	7 nach	Mengen	4,5	0,5	1,0	0,5	0,5	-
Einkauf und Logistik	6 nach	Arten	1,0	1,0	1,0	1,0	2,0	-
	4 nach	Mengen	2,0	0,5	0,5	0,5	0,5	-
Auftragsabwicklung	12 nach	Arten	2,0	1,5	1,5	1,5	4,5	1,0
	67 nach	Mengen	55,0	4,5	2,5	1,5	1,0	2,5
Controlling und Verwaltung	18 nach	Arten	2,0	2,5	3,0	3,0	7,5	-
	7 nach	Mengen	2,0	0,5	0,5	0,5	3,5	-
Insgesamt	100	Arten	15,0	9,0	15,0	15,0	44,0	2,0
	100	Mengen	66,0	7,0	7,0	5,0	12,0	3,0

Ehe ich folgend die zu erfüllenden Funktionen nach Komplexen geordnet liste und zum Nachlesen benenne, will ich noch vorbemerken:

Alle Menschen leisten immer dann das Optimale, wenn sie die delegierten Aufgaben und Arbeiten nicht nur interessieren, sondern diese auch schon gut beherrschen, noch perfektionieren wollen, und gerne erledigen. Von diesem Ideal sind – im Gegensatz zu den personenbezogenen funktionalen Matrixorganisationsformen oder FOE - die klassischen Organisationssysteme oder KOS allerdings noch weit entfernt. Und Folgen davon sind, dass die Beschäftigen in den klassisch organisierten Unternehmen und Betrieben mehrheitlich unterfordert werden, während die in den funktional organisierten ihre Potenziale auch wechselseitig nützlich schon besser ausschöpfen können.

Bestimmung: Formal- und Leistungsziele setzen; Standort(e) bestimmen; Handlungsgrundsätze fixieren; Eigenkapital bereitstellen, Vorstände oder Geschäftsführer bestellen, einsetzen, beraten, beaufsichtigen und kontrollieren; Zielverwirklichung überwachen; und über die Ergebnisverwendung oder Verlustdeckung entscheiden (Die Erfüllung dieser Funktionen ist ausschließlich Unternehmern, Aufsichts- und Beiräten vorbehalten, obwohl sie in größeren privaten Haushalten auch deren VorständInnen schon erfüllen sollten).

Leitung: Funktionen in Aufgaben und Arbeiten gliedern, listen, interpretieren, qualifizieren, quantifizieren und delegieren; Funktionserfüllung überwachen; MitarbeiterInnen anleiten; Arbeiten der MitarbeiterInnen koordinieren; Außergewöhnliches in den Delegationsbereichen der MitarbeiterInnen erledigen; Betriebs- ge-

genüber Individualinteressen vertreten; und künftige Leistungskontinuität sichern
(Die Erfüllung dieser Funktionen obliegt in allen Unternehmen und Betrieben der Führungskräftehierarchie vom Vorarbeiter bis zum Topmanager, während sie selbst in privaten Einpersonenhaushalten schon zur Selbstorganisationsaufgabe der übrigen Funktionserfüllung werden könnte).

Leistungsaufbau und -erhaltung: Strukturen und Abläufe in Haushalten, Unternehmen, Betrieben und Märkten organisieren; Bauten und Betriebsmittel gestalten, aus dem Marktangebot wählen, investieren oder beschaffen; Bauten und Betriebsmittel pflegen, warten und reparieren; Ein- und Ausgänge sichern; Anlagen sichern; Personal beschaffen, einsetzen, aus- und fortbilden, fördern, entwickeln, entlohnen und verwalten.

Angebotsentwicklung und -optimierung: Produkt- und Angebotsprobleme technisch-wissenschaftlich erforschen; Produkte und Angebote entwickeln; Sortimente bündeln; Produkte, Angebote und Sortimente optimieren; eigene Schutzrechte begründen und fremde Schutzrechte beachten.

Auftragsbeschaffung: Absatzmärkte und deren Nachfragen erforschen; Nachfragen und Nachfrager listen; Konkurrenz beobachten; Kunden gewinnen, listen und erhalten; Werben; Verkaufen; den Verkauf fördern; Aufträge abschließen und bestätigen; die Auftragsabwicklung verfolgen.

Einkauf und Logistik: Beschaffungsmärkte und deren Angebote erforschen; Lieferanten und deren Angebote listen; Beschaffungsbedarf ermitteln; Einkaufen; den Waren- und Rechnungseingang verfolgen und prüfen; intern und extern Lagern und Transportieren.

Auftragsabwicklung: Kunden- in Betriebsaufträge umordern; Güter- und Leistungsbedarf ermitteln; Arbeit vorbereiten; Kapazitätsnutzung disponieren; Produzieren und Finalisieren; Distribuieren; Produktionsdaten erfassen und verrechnen; Rechnung legen und Inkasso verfolgen.

Controlling: Das gesamte Betriebsgeschehen strategisch und operativ planen; Abläufe finanzieren; Buch führen; Kosten-/Leistungs- oder Betriebsabrechnungen erstellen; Bilanzieren; die ISTs mit den SOLLs vergleichen, Abweichungen analysieren, Plan- und/oder Handlungskorrekturen veranlassen; Statistik führen; steuerliche und andere öffentliche Pflichten erfüllen.

Verwaltung: Rechts-, Wirtschafts- und Steuerfragen bearbeiten; EDV- und Verwaltungsdienste (z.B. Schreiben, Rechnen, Zeichnen, Vervielfältigen und Drucken) leisten; Archivieren; Registrieren; Post machen; interne und externe Kommunikation sichern; Sach- und Finanzanlagen verwalten.

Es erkennen angesichts solcher Zusammenhänge und Zahlen wahrscheinlich Jedefrau und Jedermann sehr schnell, dass von jeweils 100 Menschen im arbeitsfähigen Alter und Zustand maximal 10 geeignet sind, sich an der Gestaltung und Organisation der globalen arbeitsteiligen Funktionserfüllung aktiv zu beteiligen, während 90 von diesen sogar nachhaltig darauf angewiesen sind und voraussichtlich auch bleiben, von potenziellen Arbeit- oder AuftraggeberInnen in Arbeit- oder Auftragnehmerfunktionen an deren Gestaltungs-, Produktions- und Verteilungsprozessen beteiligt zu werden. Und weil nur potenzielle Arbeit- und Auftraggeber auch in Arbeit- und Auftragnehmerfunktionen tätig werden können, während der Arbeitnehmermehrheit der umgekehrte Weg alleine ihrer fehlenden Qualifikationen und Motivationen wegen versperrt ist, beanspruchen die ArbeitgeberInnen mehrheitlich wohl auch zurecht, für ihre unverzichtbaren Sonderleistunen auch besonders bezahlt zu werden. Und tatsächlich verdienen die meisten ArbeitgeberInnen auch besser als ihre ArbeitnehmerInnen, es sei denn, dass entweder diese selbst oder regierende Kommunisten und Sozialisten entscheiden, die Einkünfte aller erwerbsarbeitenden Menschen zwangsweise zu nivellieren. Weil aber auch diese unverzichtbaren Leistungsträger jeder Masse noch nicht so edel und solidarisch handeln wie beispielsweise schon Nonnen und Mönche in ihren Klöstern und Sozietäten, reagieren diese mehrheitlich auf die zwangsweise Minderung ihrer Marktpreise durch Regierende mit adäquaten Leistungsverweigerungen gemäß der Formel: >Wenn wir nicht beanspruchen dürfen, was wir unseren Selbsteinschätzungen gemäß wert sind, dann leisten wir eben nur noch, was man uns zu bezahlen bereit ist.< Und auch deshalb bringen die Bevölkerungen solcherart regierter Staaten auch nur mehr zwischen 25 und 65 % dessen hervor, was den Regierenden marktwirtschaftlich geordneter Staaten zur Verteilung an ihre minderqualifizierten und leistungsschwächeren Bürger und Gäste noch zur Verfügung steht.

5.2. Die Wirkweisen des Kausalgesetzes

Funktionen werden erfüllt, indem die daraus resultierenden Aufgaben und Arbeiten von deren Funktionsträgern (z.B. Bestimmungs-, Gestaltungs-, Führungs-, Fach- und Hilfskräften, in privaten Haushalten aber auch von Eltern und Kindern) möglichst zielführend erledigt werden. Und dabei ist und bleibt beachtlich:
- Alle Wirkungen entsprechen ihren Ursachen. Wer also wenige Nägel schlampig einschlägt,darf als Folge solchen Tuns nicht viele saubere Verschraubungen erwarten.
- Alles Tun und Lassen ist nur gegenwärtig möglich und irreversibel, denn nichts kann gestern noch getan werden oder morgen schon erledigt sein.
- Der einzig mögliche Handlungszeitpunkt >Gegenwart< dauert aber nur theoretisch zu Planungszwecken Tage, Monate und Jahre, oder Stunden, Minuten und Sekunden, denn praktisch ist er der zeitlos fließende Übergang der stets dunklen und leeren Zukunft in die mit Realitäten aller Arten angefüllte Vergangenheit.

Und wer genagelt anstatt geschraubt hat, kann zwar während künftiger >Gegenwarten< mit einem neuen Aufwand an Zeit und Geld Nägel wieder entfernen und durch Schrauben ersetzen, niemals aber seine Nagelei und deren Folgen ungeschehen machen. Und zudem gibt es Realitäten, die niemals mehr korrigiert werden können. So können beispielsweise zerstörte Gebäude wieder aufgebaut, getötete Menschen und Tiere aber nicht mehr lebendig gemacht, gefällte Bäume nicht mehr aufgerichtet, und verbrauchte Ressourcen nicht wiedergewonnen werden.

Mehr oder minder bewusst kommt den Wünschen der meisten erwerbsarbeitenden Menschen entgegen, wenn sie die persönlich zu erledigenden Aufgaben und Arbeiten nicht nur interessieren, sondern auch so selbständig wie nur irgend möglich erledigen dürfen. Und bewährt hat sich hier die von Prof. Dr. R. Höhn schon vor Jahrzehnten entwickelte Personalführungstechnik mithilfe von Stellenbeschreibungen, Pflichtenheften oder Budgets, die integrierte Bestandteile von Anstellungs- oder Arbeitsverträge werden, und mit einer Allgemeinen Führungsanweisung verklammert sind. In den *Anstellungs- oder Arbeitsverträgen* werden dabei nur noch die reinen Rechtsverhältnisse (z.B. Vertragsparteien, Vertragsbeginn und -ende, Beschäftigungs- und Bezahlungsrahmen, Kündigungsfristen usw.) fixiert. In den *Stellenbeschreibungen* werden neben den Stellenbezeichnungen, Stelleninhabern, Rangordnungen, aktiven und passiven Stellvertretungen sowohl die Ziele der Stellen als auch jene daraus resultierenden Aufgaben und Arbeiten delegiert, die nach Arten und Mengen täglich, wöchentlich, dekadisch, monatlich, quartalsweise, jährlich und sporadisch bei Bedarf selbständig zu erledigen sind. Was in den Anstellungsverträgen und Stellenbeschreibungen prinzipiell auf längere Dauern fixiert ist, wird in den damit korrespondierenden *Pflichtenheften oder Budgets* Jahr für Jahr neu qualifiziert und quantifiziert. Und alle diese Verträge und Vereinbarungen werden letztlich mithilfe einer *Allgemeinen Führungsanweisung* verklammert, die nicht nur das Führungsprinzip in Unternehmen oder Betrieben beschreibt, sondern auch die Rechte und Pflichten der MitarbeiterInnen gegenüber ihren Vorgesetzten und umgekehrt verbindlich regelt, dann die Fragen der Stellvertretungen, die Anwendung von Lob, Tadel und Kritik, die Zusammenarbeit von Stabs- und Linienbereichen, die Führung von Dienst- und Mitarbeitergesprächen und -besprechungen und so fort.

Die Funktionserfüllung bewirkt mithilfe aller Vermögensgegenstände und Finanzierungsverhältnisse alle Erträge, Aufwendungen und Ergebnisse sowie die daraus resultierenden Einnahmen und Ausgaben, und damit auch die Liquidität, Rentabilität und Prosperität der Wirtschaftssubjekte. Die *Vermögensgegenstände* (z.B. Immaterielle Werte, Grundstücke und Bauten, Maschinen und technische Anlagen, Einrichtungen und Ausstattungen, Ausleihungen, Finanzanlagen, Vorräte, Forderungen, Bar- und Buchgeldbestände und sonstige Aktiva) und die *Finanzierungsverhältnisse* (z.B. mit Eigenkapital, Rückstellungen, Anleihen, Darlehen, Krediten, übrigen Schulden und sonstige Verbindlichkeiten) werden auf den Aktiv- und Passivseiten von **Bilanzen** gelistet. In **Gewinn- und Verlust-** oder **Erfolgsrechnungen** werden die *Erträge* (z.B. Umsatzerlöse, aktivierte Eigenleistungen und sonstige Erträge), die *Aufwendungen* (z.B. Material- und Personalkosten, Abschreibungen, Betriebs-, Vertriebs- und Verwaltungskosten, Zinsen und Steuern), und die *Ergebnisse* (z.B. Gewinne und Verluste) verankert.

Rentabel sind und bleiben Wirtschaftssubjekte, wenn es deren Personal gelingt, gewinnbringend zu arbeiten, während sie unrentabel werden und letztlich auch untergehen, wenn sich ihre Aufwendungen mit Erträgen nachhaltig nicht mehr überdecken lassen. *Liquide* oder *zahlungsfähig* werden und bleiben Wirtschaftssubjekte aber nur, wenn es deren InhaberInnen und/oder Beschäftigten gelingt, deren Bar-

und Buchgeldbestände täglich mit Einnahmen soweit zu erhöhen, dass diese wiederum taggenau alle verbindlich vereinbarten Ausgaben auch tätigen können. Gelingt das nämlich nicht mehr, sind diese ohne weitere fremde Hilfen pleite. Und diese Aussage gilt für einen Staatshaushalt wie beispielsweise den Griechenlands ebenso wie für alle übrigen öffentlichen und privaten Haushalte, Unternehmen und Betriebe.

Prosperieren können nur Haushalte, Unternehmen und Betriebe, deren Beschäftigten es gelingt, nicht nur liquide zu bleiben, sondern nachhaltig auch rentabel zu arbeiten, so dass auch deren Vermögen, Eigenkapital, Kunden- und Lieferantenzufriedenheit dynamisch wächst. Von 1.000 Gründungen eines Jahres erreichen derzeit in den Industriestaaten ihren ersten >Geburtstag< leider nur mehr 200, ihren 10. nur mehr 50, ihren 100. nur mehr 5, und älter als 100 Jahre sind auf Erden insgesamt nur rund 100 Unternehmen. Verschuldet werden diese Mängel allerdings nur von jenen jeweils handelnden Menschen, die zu viele spielentscheidende Fehler selten vorsätzlich, allzuoft aber fahrlässig machen.

Erfolgsentscheidend ist und bleibt also unausweichlich:
- Alle Wirkungen entsprechen stets ihren Ursachen.
- Alles Tun und Lassen ist nur gegenwärtig möglich und irreversibel.
- Und der einzig mögliche Handlungszeitpunkt >Gegenwart< dauert nur theoretisch Tage, Monate und Jahre, (oder Stunden, Minuten und Sekunden,) denn praktisch ist er nur der zeitlos fließende Übergang der leeren Zukunft in die mit Realitäten aller Arten angefüllte Vergangenheit, von denen freilich viele (z.B. Hoch-, Tief- und Wasserbauten; Investitionen in weitere Gegenstände des Anlage- und Umlaufvermögens; Wissen, Können, Erfahrungen, Gewohnheiten und Machtstrukturen; Rechte und Pflichten; Tugenden und Laster) auch weit in die Zukunft hineinragen, aber nur so deren freie Gestaltung auch mitbestimmen.

5.3. Die Wirkweisen des Lust-/Unlustgesetztes

Es nützt jedem Menschen, nicht nur sein Leben und seine Arbeit optimal zu gestalten, sondern auch das seiner hilfsbedürftigen Mitmenschen, und in solchen Zusammenhängen die Wirkweisen des Kausalgesetzes ebenso wie die des Lust-/Unlustgesetzes (GLU) nicht nur zu kennen, sondern auch zu verstehen und zu beachten. Denn nur so wird es diesem leichter fallen, langfristig fixierten Zielsetzungen und Planungen folgend sein jeweils gegenwärtiges Tun und Lassen nur noch planmäßig zu vollziehen. Zwar höre ich die mir nahe stehenden Mitmenschen oft klagen, dass dadurch jegliches spontane Handeln be- und verhindert wird, und so die Freiheit, Augenblicksentscheidungen spontan zu fällen, verloren geht.

Ohne jeden Zweifel ist diese Erkenntnis richtig. Richtig ist aber auch, dass ein *selbstbestimmt* hoch und weit gestecktes Ziel nur erreicht werden kann, wenn dieses auch beharrlich verfolgt wird. Wer also von A nach Z kommen will, kommt beim Z nicht an, wer sich nur (oder überwiegend) von jenen Reizen treiben lässt, die alle Menschen im Dreisekundentakt (und damit jährlich rund 10,5millionenmal) zufällig treffen, und so nur zwischen den Buchstaben A bis C rotieren lassen. Und so kann auch, wer beispielsweise reich oder erfolgreich (oder etwas beliebig anderes) werden will, das nur werden, wenn in die Zielverwirklichung sowohl sachlich als auch zeitlich, emotional und finanziell beharrlich investiert, anstatt nur konsumiert wird, was sich gerade bietet. Denn wir Menschen sind in unserem Tun und Lassen keineswegs so frei, wie wir meinen, weil sich nämlich all unser Tun und Lassen nur aus unseren programmatischen Reaktionen auf die uns zufällig von innen (z.B. Kreislauf und Stoffwechsel) und außen (z.B. Umwelt und Klima) treffenden Reize zusammensetzt. Wir müssen uns also, wenn wir hoch und weit gesteckte Ziele erreichen wollen, bewusst auch programmieren und disziplinieren. Und wenn wir das unterlassen, dann auferlegen wir uns damit selbst die Konsequenzen solchen Handelns ebenso autodynamisch wie unvermeidlich.

Die folgende Tabelle zeigt schematisch und statisch das prinzipiell mögliche dynamische Reaktionsrepertoire aller Menschen auf die sie lebenslang treffenden Reize:

Gefühle und Gefühlsfrachten in der ...				Handlungsmuster und -intensitäten		
Gegenwart	Energiefracht	Zukunft	Energiefracht	Energiesummen	Energiesalden	Handlungsspektrum
LUST	**50**	**LUST**	**50**	**100**	**100**	**handelt 100-%ig**
LUST	**50**	Lust	5	**55**	**55**	handelt sicher
LUST	**50**	Unlust	-5	**55**	**45**	handelt sicher
LUST	**50**	**UNLUST**	**-50**	**100**	**0**	**ist sehr unentschieden**
Lust	5	**LUST**	**50**	55	55	handelt sicher
Lust	5	Lust	5	10	10	handelt
Lust	5	Unlust	-5	10	0	ist unentschieden
Lust	5	**UNLUST**	**-50**	55	-45	unterlässt sicher
Unlust	-5	**LUST**	**50**	55	45	unterlässt sicher
Unlust	-5	Lust	5	10	0	ist unentschieden
Unlust	-5	Unlust	-5	10	-10	unterlässt
Unlust	-5	**UNLUST**	**-50**	55	-55	unterlässt sicher
UNLUST	**-50**	**LUST**	**50**	**100**	**0**	**ist sehr unentschieden**
UNLUST	**-50**	Lust	5	**55**	**-45**	unterlässt sicher
UNLUST	**-50**	Unlust	-5	**55**	**-55**	unterlässt sicher
UNLUST	**-50**	**UNLUST**	**-50**	**100**	**-100**	**unterlässt 100-%ig**

Was J. Hirt im Grundwerk >Das Gesetz von Lust und Unlust< seiner Hirt-Methode prinzipiell schon vor 60 Jahren erkannt hat, bestätigt auch die zwischenzeitlich fortgeschrittene Hirnforschung auch detaillierter immer mehr, nämlich: Menschen können *nicht* tun und lassen, was sie wollen oder sollen, sondern handeln stets programmatisch auf die sie lebenslang sowohl im Wach- als auch im

Schlafzustand treffenden Reize reagierend. Aber auch auf diese können sie nur ihrer mnemischen Programmierung entsprechend so reagieren, dass ihnen dabei sowohl gegenwärtig als auch künftig mehr Lust- als Unlustgefühle erwachsen. Wenn also jemand einerseits gerne gut lebt und viel verdienen will (gegenwärtig 15+20=35 Lustgefühle), aber andererseits nicht gerne arbeitet und deshalb auch weniger verdient (gegenwärtig 20+15=35 Unlustgefühle), dann stellt das GLU mehr oder minder bewusst vor Probleme, die gelöst sein wollen. Denn nur mehr Geld (= 35 Lustgefühle) ermöglicht ja ein besseres Leben, und zwingt dennoch zeitgleich länger und/oder besser zu arbeiten (= 30 Unlustgefühle). Dieser Mensch entschließt sich freilich bei einem Gesamtenergieeinsatz von 35+30=65 Energieeinheiten mit einem höchst unbefriedigenden Saldo von nur +5 Energieeinheiten zu arbeiten, um mehr Geld zur Finanzierung eines besseren Wohllebens verdienen zu können. Und weil dieser Zustand, der andauerndes Schicksal der meisten Menschen ist, keineswegs befriedigt, erstreben rund 90 % aller erwerbsarbeitenden Menschen auf Erden lebenslang Besserungen, die freilich nur rund 15 % dieser Menschen mehr oder minder gut gelingen.

Ich habe beispielsweise von großartigen väterlichen Freunden und Lehrern geleitet und beraten auf rund 30 % eines maximal möglichen Lebensstandards freiwillig verzichtet, den ich mir im Rahmen meiner Fähigkeiten nur *ungeliebt* erwerbsarbeitend hätte erwirtschaften können. Stattdessen haben ich (und meine Familie) entschieden, zu 65 % auch beruflich nur noch zu arbeiten, was ich auch unentgeltlich gearbeitet hätte, weil ein solches Tun nur mehr mit rund 25 %, und nicht mehr mit bis zu 90 % ungeliebter >Fronarbeit< verbunden war. Dafür habe ich aber inkauf nehmen müssen, nur mehr 50 % dessen verdienen zu können, was ich mit 90 % *ungeliebter* Erwerbsarbeit hätte verdienen können. Diese Entscheidung zu treffen fiel freilich mir bedeutend leichter als der Mehrzahl erwerbsarbeitender Mitmenschen, weil das damit korrespondierende verminderte Einkommen immer noch 2,5mal höher als das Durchschnittseinkommen der erwerbsarbeitenden Bevölkerung in der BRD lag, und auch ich mit diesem immer noch zu den Besserverdienern gehörte, wenngleich nicht mehr zu jenen 0,1 % Bestverdienern, deren Durchschnittseinkünfte noch dreimal höher als die meinen lagen.

Auch gebe ich gerne zu, dass sich Durchschnittsverdiener mit Einkommensverzichten zugunsten geliebterer Erwerbstätigkeiten schwerer tun. Und wahrhaft übel sind jene Mitmenschen im arbeitsfähigen Alter und Zustand dran, die sowohl schicksalsbedingt als auch aufgrund ihrer Minderqualifikationen und Leistungsschwächen nur mehr mit ungeliebten Arbeiten, die ihnen die SachbearbeiterInnen der Agentur für Arbeit zwangszuweisen, ihr Existenzminimum verdienen können.

Es kann trotzdem nicht jeder Mensch alles prinzipiell Menschenmögliche erreichen, sehr wohl aber alles das, was er sich selbst bereits vorstellen und wünschen kann. So sind beispielsweise rund 10 % aller Menschen im arbeitsfähigen Alter und Zustand geeignet, ihren Mitmenschen Arbeit und Aufträge zu geben, während rund 90 % darauf angewiesen sind, von den dazu befähigten Mitmenschen abhängig beschäftigt oder mit Aufträgen versorgt zu werden. Denn trügen tatsächlich alle Menschen einen Marschallsstab im Tornister, bräuchten sich ja nur 50 % aller Erwerbsarbeitslosen verselbständigen, ein profitables Unternehmen gründen, und dieses mithilfe eines weiteren Erwerbsarbeitslosen, den diese dann anstellten könnten, erfolgreich betreiben. Alleine damit verschwände die Erwerbsarbeitslosigkeit schlagartig total, und beide in ihren Arbeitgeber- und -nehmerfunktionen würden restlos glücklich. Dass ich hier eine Illusion beschreibe, ist mir wohl bewusst, aber offensichtlich noch nicht jenen SozialpolitikerInnen und GewerkschaftlerInnen, die meinen, alles das, was sie ArbeitnehmerInnen nicht zumuten wollen, selbstverständlich den 3,1 Millionen ArbeitgeberInnen aufbürden zu können.

Denn es sind eben in der BDR nur rund 4,5 Millionen Menschen im arbeitsfähigen Alter und Zustand fähig, selbständig oder in Arbeitgeberfunktionen aktiv zu werden, und von diesen aktuell wiederum nur 3,1 Millionen auch bereit, diese Bürden zu den herrschenden Bedingungen auch anzunehmen. Gewiss ist bedauerlich, dass auch in der BRD arbeitsfähige und -willige, aber minderqualifizierte und leistungsschwache Mitmenschen zu den herrschenden Bedingungen oft sogar nachhaltig keine Arbeitsplätze mehr finden. Aber zu marktwidrig und flächendeckend gesetzlichen Mindestlöhnen und -konditionen finden gerade diese Ärmsten der Armen eher keinen als leichter einen Arbeitsplatz. Und 1,4 Millionen potenzielle ArbeitgeberInnen, die es vorziehen, lieber als ArbeitnehmerInnen aktiv zu werden und zu bleiben, zeigen das durch ihr Handeln ja überdeutlich. Viele von diesen kennen nämlich die Wirkweisen des GLU, und folgen lieber ihren beglückenden Interessen als ihren stressenden Möglichkeiten.

Es ist nämlich längst erwiesen, dass in der BRD nicht mehr wie bis etwa 1974 die ArbeitgeberInnen noch überdurchschnittlich verdienen, während die ArbeitnehmerInnen nur durchschnittliche Einkünfte erwirtschaften können. Zwar verdienen auch aktuell noch rund 50 % aller ArbeitgeberInnen überdurchschnittlich, aber eben auch schon rund 15 % aller ArbeitnehmerInnen. Doch damit verdienen eben nur mehr rund 1,5 Millionen der 3,1 Millionen ArbeitgeberInnen überdurchschnittlich, aber schon 6,3 Millionen der 42 Millionen ArbeitnehmerInnen.

Die Wirkweisen des GLU will ich auch deshalb an einem komplexen Beispiel noch einmal verdeutlichen, weil ich meine, dass es meinen einschlägig besonders interessierten LeserInnen hilft, selbst zur optimalen Arbeits- und Lebensgestaltung zu finden. Denn gerade dieses lässt sich leicht auf die vielen Zufälligkeiten im Leben eines jeden Menschen übertragen.

Ein Wanderer an einem heißen Tag in fremder Umgebung kommt bei einer Weggabelung an, die ihm im Ablauf weniger Minuten gleich 2 x 2 = 4 Entscheidungen abverlangt. Dieser muss nämlich erst entscheiden, ob er weiterwandern (+5) oder umkehren und wieder heimgehen soll (-3). Weil er bei einem Energieeinsatz von 8 Einheiten mit einem Saldo von +2 lieber weiterwandert, stellt sich ihm die nächste Frage. Soll er an der Weggabel den *rechten* weithin übersichtlichen Weg auf einen

Hügel wählen, der ihm eine großartige Aussicht verspricht, oder den *linken* flachen, der in einen dunklen Wald mündet, und sich von dem überraschen lassen, was ihn da erwartet. Weil es heiß ist, und der Wanderer Hitze nicht liebt (-15), sehr wohl aber schöne Aussichten (+20), müsste er bei einem Energieeinsaldo (+20–15=+5) den rechten Weg wählen, wenn es nicht die Alternative gäbe, den kühlen Waldweg zu wählen (+20), so der Hitze zu entkommen (-5), aber sich von dem überraschen zu lassen, was da noch kommen kann (-10). Weil auch hier sowohl der Energieeinsatz als auch der -saldo nur andersartig kombiniert identisch sind, ist er ja nur der vorgestellten Vor- und Nachteile wegen für kurze Zeit unentschieden. Weil er aber die Entscheidung weiterzuwandern schon getroffen hat, trifft er hier eine Zufallsentscheidung, wenn sich an den Wägeverhältnissen der nur vermeintlichen Vor- und Nachteile seiner Wahl nichts mehr ändert. Und wählt er dann zufällig den rechten Weg, und empfindet diesen trotz Hitze weniger anstrengend als vermutet (-8) und die Aussicht noch schöner als erwartet (+22), dann wird er in Zukunft vor ähnliche Entscheidungen gestellt immer die rechten Wege wählen, weil diese ihm im Saldo mehr Lust- als Unlustgefühle tatsächlich gebracht haben. Dagegen wählt er vor ähnliche Entscheidungen gestellt mindestens nächstens den linken Weg, wenn ihn der rechte Weg stärker als erwartet belastet (-12) und auch die Aussicht seine Erwartungen (+20) nicht überkompensiert (z.B. +25 anstatt +18) hat. Übertrifft dann nächstens die Wahl des linken Weges seine Erwartungen, wird er auch künftig die linken Wege den rechten vorziehen. Und nur, wenn auch diese nicht überzeugen, werden auch künftig nur Zufälle die Entscheidungen dieses Wanderers bestimmen.

Denn nur diese Mechanismen des GLU bewirken ja die Programmierung jeden Gehirns, wobei alle endogenen und exogenen Sinneseindrücke (z.B. Schmerz und Wohlbefinden, oder Nässe und Trockenheit, Wärme und Kälte usw.) objektiv empfunden, aber subjektiv mit positiven und negativen Gefühlen befrachtet als Engramme im Gehirn gespeichert werden. Und weil jeder Mensch alle Reize und Reaktionen auf diese mit unterschiedlichen Gefühlen befrachtet, sind und bleiben von Massenphänomenen (z.B. wachen bei Tag und schlafen bei Nacht, oder essen am Morgen, Mittag und Abend, dazwischen aber nicht) abgesehen die Programmierungen der Gehirne aller Menschen ebenso einmalig und unverwechselbar wie deren Konstitutionen, Talente, Interessen, Fähigkeiten und Erfahrungen, und damit auch deren Handlungsmuster und Schicksale.

Neugeborene treffen alle exogenen Reize erstmalig und werden wie von Komponisten die einzelnen Noten oder von Schriftstellern die einzelnen Buchstaben nocht wertfrei notiert. Mit zunehmendem Alter vermindern sich aber die Originalempfindung, weil sich auch diese wie bei Schriftstellern die Buchstaben des Alphabets und bei Komponisten die Noten für alle hörbaren Töne massenhaft wiederholen. Trotzdem formen die Komponisten mit ganzen bis 1/16-Notenwerten unterschiedlichst getaktet und geordnet harmonisierte Melodien und Akkorde über mehrere Oktaven zu Etüden, Sonaten und Symphonien bis hin zu Lebenswerken am Ende ihrer Schaffensperioden, oder die Schriftsteller Buchstaben zu Wörtern, Wörter zu Sätzen, Sätze zu Aufsätzen, Romanen, und kollektiv bis hin zur Literatur, die zwischenzeitlich Milliarden Bücher umfasst, in denen sich nur wenige Buchstaben und Zeichen in unterschiedlichsten Variationen so oft und variantenreich wiederholen, dass kein Mensch die einzelnen Zeichen mehr zählen kann. Sehr wohl können aber die meisten Menschen mindestens in den Industriestaaten auf Erden spätestens ab ihren 21. Lebensjahren in ihren Muttersprachen lesen, was ihnen unter die Augen kommt, auch wenn sie vieles nicht mehr oder nocht nicht verstehen und deuten können. Und vergleichbar entwickeln und präsentieren sich nicht nur die Werke aller Komponisten und Literaten, sondern auch deren Präsentationen so, wie sich auch die Lebensläufe aller jeweils lebenden Menschen erkunden und von der Wiege bis zur Bahre verfolgen lassen.

Mein erster großartiger väterlicher Freund und Lehrer hat mich damals 17jährig mit nur einer ewig wiederholten Fabel auf einen Lebensweg gebracht, der aus mir im Ablauf der folgenden 9 Jahren werden ließ, was in einer zweiten Phase bis zu meinem 33., und in einer dritten bis zu meinem 67. Lebensjahr bis heute noch nachwirkenden Phase geworden ist. Seinem schon fleißigen und mehrfach talentierten (ich war ein guter Freihandzeichner und Maler, Chor- und Solosängers, Geiger, Fußballer, Handballer und Leichtathlet), aber noch zerstreuten Zögling (ich vervielfältigte für ein Kaufhaus Unikate mit wenigen Motiven, sang in zwei Amateurchören Basspartien, spielte in einem Amateurorchester die erste Geige und in der 1. Amateurliga im Fussballtor) offenbarte er, dass es diesem (also mir) ähnlich ergehen werde wie dem Klavier spielenden Boxer, der täglich 6 Stunden seine Finger lockerte und weitere 6 Stunden seine Fäuste stählte, aber trotz solch intensivem Trainings nur ein durchschnittlich erfolgreicher Boxer wurde, dessen Klavierspiel freilich bewundert wurde, und zeitgleich ein durchschnittlicher Pianist, an dem seine Zuhörer seine boxerischen Fähigkeiten weit mehr bewunderten als sein Spiel. Mich hat diese Fabel alsbald veranlasst, fast alle meine ebenso aufwändigen wie widersprüchlichen Hobbys an den Nagel zu hängen, mich (fast) nur noch auf meine schulischen Anforderungen und die Vorbereitung meiner Studien und künftigen Berufsarbeit zu konzentrieren. Fortan wollte ich auch nicht mehr Torwart in der Nationalmannschaft, ein Paganini, ein Kurt Böhme und ein Rembrandt werden, sondern nur noch ein angestellter oder selbständiger, in jedem Falle aber ein weit über dem Durchschnitt erfolgreicher und auch bezahlter Techniker oder Kaufmann, der mit all seinem Tun und Lassen weder über- noch unterfordert ist, so dass er mit diesem Wirken mehr lust- als unlustbetont bis zu seinem 65., 75. oder 85. Lebensjahr auch durchhalten kann.

5.4. Die Konsequenzen naturgesetzlicher Wirkungen

In solchen Zusammenhängen wäre zudem gut zu erkennen und auch anzuerkennen, dass sich alle Menschen von der Wiege bis zur Bahre unterschiedlichst entwickeln, und damit auch in ihren Aus- und Fortbildungsberufen vom Studenten bis zum Professor und vom AZUBI bis zum Regenten nicht nur ein unterschiedliches Leistungsniveau erreichen, sondern auch deren Motivationen nur erlauben, ihren Gesellschaften zwischen 10 und 70 %, und nur zeitweise auch 100 % dessen zur Verfügung zu stellen, was in ihnen steckt. Es formieren sich also auch die jeweils arbeitsfähigen und -willigen Menschen jeder Gesellschaft noch einmal in einer Leistungspyramide, die sich nicht nur aus Führern und Führungsbedürftigen zusammensetzt, sondern von unten nach oben auch die Bestimmungs-, Gestaltungs- und Führungspersönlichkeiten noch einmal klassifiziert. Und wenn sich auf der untersten Ebene alle führungsbedürftigen ArbeitnehmerInnen versammeln, sind damit bereits ab der 2. Ebene schon alle Selbständigen und ArbeitgeberInnen beheimatet, und ab der 3. bereits alle noch angestellten oder schon freien Gestaltungs-, Bestimmungs- und Führungskräfte. Und wenn ich hier realitätsnah weiter unterstelle, dass sich derzeit 4,9 der rund 7,2 Milliarden Menschen auf Erden im arbeitsfähigen Alter und Zustand befinden, dann sind eben 4,4 Milliarden von diesen auf der untersten Ebene bereits auf 500 Millionen Arbeit- und AuftraggeberInnen ab der 2. Ebene angewiesen, um sich an der gesellschaftlichen und wirtschaftlichen Funktionserfüllung überhaupt beteiligen zu können. Aber auch aus den Reihen dieser 500 Millionen müssen in Verhältnissen von rund 10:1 weitere 50 und 5 Millionen, 500.000, 50.000, 5.000 und 500 jeweils übergeordnete Gestaltungs-, Bestimmungs- und Führungskräfte die 3. bis 12. Hoch- und Höchstleistungsebenen besetzen, wenn das Weltwirtschafts- und -gesellschaftssystem optimal funktionieren soll. Offensichtlich lassen sich aber die wichtigsten 500 Spitzenpositionen, die die Weltgesellschaft und -wirtschaft alleine in den G7- und G20-Staaten zu vergeben hat, noch nicht mit Gottestöchtern und -söhnen besetzen. Und auch deshalb muss der Rest der Menschheit leider noch hinnehmen, dass weltmaßstäblich die ohnehin beschränkungsbedürftigen Freiheits-, Gleichheits- und Gerechtigkeitsvorstellungen noch nicht befriedigend realisiert werden können. Denn wenn die Menschenmehrheit beklagt, dass es uns an Freiheit, Gleichheit und Gerechtigkeit noch gebricht, dann verschulden das eben nur sekundär diese rund 500 Persönlichkeiten auf den Spitzenplätzen der Weltwirtschaft und -gesellschaft, sondern primär wir nur scheinbar schon mündige Bürger und Gäste der 199 souveränen Staaten auf Erden. Denn nur wir wählen ja diese 500 Persönlichkeiten auf diese Spitzenplätze oder lassen zu, dass diese von Mitmenschen erobert, besetzt und behauptet werden können, die für deren Besetzung oft nur 50-%ig, und seltenst tatsächlich 100-%ig qualifiziert sind.

Unbestreibar ist und bleibt dennoch, dass in allen komplexeren Wirtschaftssubjekten, zu denen letztlich alle öffentlichen und privaten Haushalte, Unternehmen, Betriebe und Märkte gehören, nur der Faktor >Personal< Funktionen aktiv erfüllen kann, indem er die daraus resultierenden Aufgaben und Arbeiten idealerweise zielführend erledigt. Zwar setzt sich diese Funktionserfüllung in allen diesen Subjekten aus Abermilliarden Einzelverrichtungen von freilich nur 100.000erlei Arten zusammen, die derzeit dennoch schon in rund 1,5 Millionen Varianten vorkommen. Trotzdem lassen sich auch diese hierarchisch auf bis zu 10.000 Arbeits-

und 1.000 Aufgabenarten weiter verdichten, aus denen sich letztlich jene rund 100 für Jedefrau und Jedermann schon wieder leichter fasslichen Funktionen zusammensetzen.

Es gibt wahrscheinlich keine privaten Haushalte, in denen die meisten der hier nur mehr 9 Komplexen zugeordneten Funktionen niemals vorkommen, aber auch keinen öffentlichen Haushalt oder multinational und -funktional operierenden Konzern, in dem mehr und andere als die hier schon vollständig gelisteten Funktionen auf deren tägliche, wöchentliche, monatliche, jährliche und gelegentliche Erfüllung warten. Zu fragen bleibt also nur noch, wie insbesondere in den öffentlichen Haushalten ebenso wie in allen Unternehmen, Betrieben und Märkten die Funktionserfüllung optimal organisiert werden könnte und sollte. Und mich hat beispielsweise Erfahrung bei der Bearbeitung von rund 900 einschlägigen Projekten für rund 100 UnternehmerInnen und Regierende gelehrt, dass die funktionale Organisationsentwicklung (FOE) der klassischen >Kästchenorganisation< (KOS) vorzuziehen wäre, obwohl die KOS das aktuelle Wirtschaftsleben der Weltgesellschaft noch dominiert.

Die KOS ordnen die zu erfüllenden Funktionen primär Berufsbildern und sekundär die daraus resultierenden Aufgaben jenen Arbeitsplätzen zu, die dann zu Stellen, Abteilungen und Leistungsbereichen zusammengefasst, hierarchisch geordnet, und gegebenenfalls auch noch geschichtet werden. Dagegen listen die FOE die zu erfüllenden Funktionen und die daraus resultierenden Aufgaben- und Arbeitsarten zeilenweise in Diagrammen und Diagrammstapeln, um diese dann spaltenweise den Funktionsträgern zuordnen zu können, die in kleinen Betrieben natürliche Personen, und in mittleren und größeren Unternehmen sowie öffentlichen Haushalten auch die personellen Besetzungen von Stellen, Abteilungen und Leistungsbereichen sind. Funktional werden so aber die nach Arten und Mengen fixierten Aufgaben und Arbeiten auf das jeweils vorhandene oder noch zu beschaffende Personal seiner individuellen Leistungsfähigkeit entsprechend delegiert, während die KOS Stellenbesetzungen erfordern, die berufsbildgerecht sind. Weil es aber Menschen, die in solche >Kästchen< exakt passen, kaum gibt, und die wenigsten ArbeitgeberInnen bereit sind, Arbeitsplätze mit MitarbeiterInnen zu besetzen, die Qualifikationsdefizite aufweisen, sind die meisten Arbeitsplätze in KOS mit mehr oder minder unterforderten MitarbeiterInnen besetzt, während die FOE erlauben, die jeweils vorhandenen Potentiale zu nutzen, und sowohl berufsbildabweichende Qualifikationsüberhänge als auch -defizite untereinander auszugleichen. Mit anderen Worten muss in klassisch organisierten Unternehmen ein Verkaufsleiter gesucht und gefunden werden, der dem Berufsbildprofil des Verkaufsleiters mindestens voll genügt, während in funktional organisierten auch jene MitarbeiterInnen VerkaufleiterInnen werden und bleiben können, die aufgrund ihrer Interessen, Fähigkeiten und Erfahrungen die Mehrzahl der Verkaufsleitungsaufgaben und -arbeiten optimal erledigen können und wollen. Und sind diese damit zeitlich noch nicht ausgelastet, können sie mit ihren Qualifikationsüberhängen noch andere Aufgaben übernehmen, während andere MitarbeiterInnen mit ihren Qualifikationsüberhängen deren Qualifikationsdefizite ausgleichen.

Trotzdem ist beiden Organisationssystemen in allen gut aufgestellten Unternehmen eigen, dass die betriebsnotwendige Funktionserüllung nach Arten und Mengen mithilfe von Stellenbeschreibungen und Pflichtenheften delegiert wird, die mit einer Allgemeinen Führungsanweisung verbindlich verklammert sind. Die *Anstellungs- oder Arbeitsverträge* fixieren hier also nur mehr die reinen Rechtsverhältnisse (z.B. Vertragsparteien, Vertragsbeginn und -ende, Beschäftigungs- und Vergütungsrahmen, Kündigungsfristen usw.), während in den *Stellenbeschreibungen,* die diese ergänzen, neben den Stellenbezeichnungen, Stelleninhabern, Rangordnungen, aktiven und passiven Stellvertretungen sowohl die Ziele der Stellen als auch jene Aufgaben und Arbeiten delegiert werden, die von den StelleninhaberInnen nach Arten und Mengen täglich, wöchentlich, dekadisch, monatlich, quartalsweise, jährlich und sporadisch bei Bedarf selbst zu erledigen sind. Idealerweise werden hier neben den Aufgaben und Arbeiten auch alle Vollmachten delegiert, die zu deren selbständiger Erledigung unverzichtbar sind. Und was hier in Anstellungsverträgen und Stellenbeschreibungen prinzipiell auf längere Dauern fixiert ist, wird in den damit korrespondierenden *Pflichtenheften oder Budgets* für alle Stellen, Abteilungen und/oder Leistungsbereiche Jahr für Jahr neu qualifiziert und quantifiziert. Und während die Stellenbeschreibungen fixieren, was die Bechäftigten individuell und als Gruppen selbst wie, wann und wo erledigen müssen, beschribt eine Allgemeine Führungsanweisung nicht nur das Führungsprinzip in den Unternehmen, Betrieben und öffentlichen Haushalten, sondern regelt auch die Rechte und Pflichten der MitarbeiterInnen gegenüber ihren Vorgesetzten und umgekehrt, die Fragen der Stellvertretungen, die Anwendung von Lob, Tadel und Kritik als Führungsaufgabe, die Zusammenarbeit der Stabs- und Linienbereiche, die Führung von Dienst- und Mitarbeitergesprächen und -besprechungen und so weiter und so fort.

Sowohl die klassischen als auch die funktionalen Organisationssysteme haben unbestreitbar ihre Vor- und Nachteile sowohl für Arbeitgeber- und -nehmerInnen als auch für deren jeweilige InteressenvertreterInnen, und letztlich auch für die Regierenden jener Staaten, die ihre Volkswirtschaften schon mehr markt- als planwirtschaftlich geordnet haben.

Regierende, die durchregieren wollen, das Subsidiaritätsprinzip missachten und auch ihren Untertanen nicht zutrauen, ihre Angelegenheiten selbst besser als deren BeherrscherInnen mithilfe ihrer Apparate regeln zu können, sind bereits mit privatkapitalistisch finanzierten Marktwirtschaftsordnungen schlecht bedient, denn wahrhaft durchregieren können diese eben nur mithilfe von Planwirtschaftsordungen zulasten fast aller ihrer Untertanen nur dann, wenn man das solcherart legalisierte Unrecht selbst nicht mehr verletzen will. Denn nur Marktwirtschaftsordungen erlauben es eben Regierenden, ihren Bürgern und Gästen deren Angelegenheiten weitestgehend selbst und selbstbestimmt erledigen zu lassen, weil für diese pflichtgemäß ja nur noch zu erledigen, zu ordnen und zu regulieren bleibt, was

Staatsbürger und -gäste selbst entweder nicht oder nicht so gut wie Regierende und deren Apparate erledigen können. In allen schon demokratisch verfassten Industriestaaten auf Erden, deren Volkswirtschaften bereits marktwirtschaftlich geordnet und privatkapitalistisch finanziert sind, könnten und sollten sich folglich die jeweils Regierenden und Opponierenden auf die folgend freilich nur skizzierte Funktionserfüllung weise beschränken: *Primär* sollten diese nämlich nur noch ihre solcherart verfassten Demokratien mithilfe der Gewaltenteilung in deren legislativen, exekutiven und judikativen Teilen optimieren wollen, *sekundär* auch in dieser Reihenfolge nur noch sicher, human, wirtschaftlich, umwelt- und sozialverträglich organisierte Produktions- und Distributionsprozesse zulassen, und *tertiär* alle regionalen, nationalen und internationalen Monopole und Oligopole verbieten, zerschlagen oder insoweit regulieren und kontrollieren, dass diese sich dem fairen Wettbewerb selbstbestimmt nicht mehr entziehen können. Denn solcherart handelnd könnten sie es im übrigen auch den unbestechlichen Marktmechanismen überlassen, wie ihre Bürger und Gäste ihren Wohlstand global und arbeitsteilig selbstbestimmt gestalten, erarbeiten und verteilen wollen.

Über die Grade und Reichweiten der trotzdem noch von den Politik gestaltenden Kräften zu realisierenden Sicherheiten, Humanitäten, Wirtschaftlichkeiten, Umwelt- und Sozialverträglichkeiten ließe sich zwischen den jeweils Regierenden und Opponierenden immer noch trefflich streiten, aber eben nicht mehr über deren hinzunehmende Wirkungen im Rahmen der jeweils gesetzten Staatsordnungen und -ziele.

Die KOSs erlauben es insbesondere den vorgeblichen oder tatsächlichen InteressenvertreterInnen sowohl der Arbeitnehmer als auch -geber, die Handlungsspielräume ihrer jeweiligen Schutzbefohlenen zu beschränken, weil sich eben 350 wirtschaftliche und 250 gesellschaftliche Berufsbilder zu 70 bis 99 % noch tarifieren und damit auch vereinheitlichen und reglementieren lassen, während solche Tarifierungen und Reglementierungen für 100 Funktionen und deren Gliederungen in bis zu 1.000erlei Aufgaben und 10.000erlei Arbeitsarten nicht mehr möglich sind, denn diese verteilen sich ja zudem alleine in Deutschland auf rund 2,7 Millionen, und weltweit gar auf rund 300 Millionen Unternehmen, Betriebe und Staatshaushalte höchst unterschiedlich. Nur die KOS ermöglichen es also den InteressenvertreterInnen mit ihren Tarifierungen und Reglementierungen in die Selbstbestimmungs- und Gestaltungsrechte ihrer Schutzbefohlenen machtvoll einzugreifen und diese damit zu beschränken, was ihnen mindestens nicht mehr so spektakulär wie noch derzeit möglich wäre, wenn die öffentlichen Haushalte und alle Unternehmen und Betriebe ihre Funktionserfüllung mehrheitlich schon funktional organisieren und fortentwickeln dürften und würden.

UnternehmerInnen und ArbeitgeberInnen, und damit die besser qualifizierte und motivierte Bevölkerungsminderheit in allen souveränen Staaten auf Erden, wird in allen Unternehmen und Betrieben mit den KOS aber benachteiligt, denn deren Handlungsspielräume werden ja durch die damit korrespondierende Tarifierung und Reglementierung ihrer Funktionserfüllung vereinheitlicht und beschränkt. Dagegen setzen gerade diesen die FOE kaum mehr Handlungsgrenzen, auch wenn diese optimal zu nutzen auch ihre Tücken hat und zudem schwieriger, für solche Kräfte aber dennoch leicht zu händeln wäre.

ArbeitnehmerInnen sind weder unter Qualifikations- noch Motivations- und Leistungsaspekten einer homogenen Masse zuzuordnen, denn sie sind ja selbst grob strukturiert sogar mehrdimensional noch Massen von Hilfs-, Fach- und Führungskräften, von Höchst-, Hoch-, Durchschnitts- und Minderqualifizierten und -motivierten, und über alle Branchen und Regionen hinweg noch Massen zuzuordnen, von denen es unter Kontinentalaspekten mindestens 5, unter Staatsaspekten mindestens 199, und unter Branchenaspekten mindestens 70 Massen von Exploratoren, Produzenten, Händlern und Dienstleistern gibt. Dabei sind hier noch nicht einmal die Massen der Produzenten nach Investitions-, Ge- und Verbrauchsgütern unterschieden, obwohl die offiziellen Statistiken weltweit schon bis zu 300 Branchen ausweisen, denen die Produzenten jener rund 350.000 Güterarten zugeordnet sind, die derzeit nicht nur angeboten und nachgefragt werden können, sondern künftig auch noch zunehmen werden.

Selbstverständlich wäre m.E. ideal, wenn das einzig Massenwohlstand schaffende und mehrende arbeitsteilige Wirtschaften schon so organisiert wäre, dass alle Menschen im jeweils arbeitsfähigen Alter und Zustand auch global nur noch tun bräuchten, was sie schon bestens können oder noch lernen wollen, und zudem liebstens machen. Dann brächten diese nämlich kollektiv nicht nur Mehr und Besseres von alledem hervor, was alle Grundbedürfnisse und zudem viele ihrer Luxusbedürfnisse besser befriedigt, sondern dieses alles auch auf angenehmste Arten und Weisen. Von solchen Idealen sind wir Menschen aktuell freilich noch himmelweit entfernt, und wahrscheinlich auch noch nicht gewillt, solche Ideale unter jenen Bedingungen anzustreben und zu realisieren, unter denen diese einzig zu haben wären. Arbeitgeber- und -nehmerInnen müssten nämlich dazu ebenso wie die HerrscherInnen und deren Untertanen die Tatsache schon verinnerlicht haben, dass sich solche Ideale einerseits nur zu jeweils marktgerechten Preisen und Konditionen realisieren lassen, und in solchen Zusammenhängen andererseits hinnehmen lernen, dass sich die auch schicksalsbedingt leistungsfähigeren und -willigeren Mitmenschen nicht nur höhere Einkünfte, sondern in deren Folge auch größere Vermögen beschaffen und erhalten können als ihre weniger qualifizierten und leistungsschwächeren Mitmenschen, wenngleich auch nie mehr nur wie noch derzeit bevorzugt zu deren Lasten. Und die Regierenden, Opponierenden und nachrangigen Gestaltungs- und Führungseliten der Weltgesellschaft und -wirtschaft müssten hinnehmen lernen, dass ihnen damit die Macht entzogen wäre, politisch motiviert zwischen Arbeitgeber- und -nehmerInnen so streng wie noch derzeit in den Industriestaaten zu unterscheiden, und nur deshalb anstelle ihrer noch unmündigen Arbeitnehmermassen selbst entscheiden zu können, wieviele Stunden diese täglich, wieviele Tage wöchentlich, wieviele Monate jährlich und bis zu welchem Lebensjahr diese einer zwangsversicherungspflichtigen Erwerbsarbeit nachgehen müssen, um solcherart in deren kaum selbstbestimmbare Arbeits- und Lebensgestaltung weiter eingreifen zu können.

Als Krisenmanager habe ich in Deutschland und dessen Nachbarstaaten während meiner letzten 35 aktiven Arbeitsjahre 22 in Not geratenen UnternehmerInnen und ArbeitgeberInnen helfen dürfen, deren Existenzen und damit auch die ihrer Beschäftigten mit legalisierten Mitteln und Maßnahmen sowohl zu sichern als auch zu optimieren. Zu diesen Mitteln und Maßnahmen gehörte auch der Einsatz der FOE aller betrieblichen Abläufe und Strukturen ebenso wie die Optimierung der damit korrespondierenden Wettbewerbsfähigkeit, unter der jedoch einerseits jene Konkurrenten zu leiden hatten, denen der Untergang der nicht nur von mir sanierten und optimierten Unternehmen Vorteile verschafft hätte. Andererseits hätte aber der Untergang sanierungsfähiger Unternehmen nicht nur Unternehmer- und Arbeitgeberexistenzen, sondern in deren Folge auch zahlreiche Arbeitnehmerexistenzen mindestens nachhaltig beschädigt. Obwohl auch ich an allen freilich nur gemeinsam realisierbaren Sanierungsfällen marktgerecht mitverdient habe, mussten dennoch sowohl UnternehmerInnen und ArbeitgeberInnen als auch deren ArbeitnehmerInnen zunächst Opfer bringen, denn auch KrisenmanagerInnen können ja nur mit den jeweils vorhandenen personellen, finanziellen und sachlichen Mittel Erträge steigern und Kosten senken, so dass aus vorgefundenen Verlusten wieder Gewinne generiert werden können. Mit Stolz erfüllt mich trotzdem die Tatsache, dass ich in keinem Fall ArbeitnehmerInnen entlassen musste, weil ich selbstverständlich zugunsten der Konkurrenten kein Unternehmen gesundschrumpfen brauchte, sondern jedes im steten Ringen um Marktanteile sogar expandieren konnte. Und nur deshalb konnte ich nach jeweils drei Jahren nur prosperierende Unternehmen mit mehr sicheren und besser bezahlten ArbeitnehmerInnen als jene hinterlassen, die ich zu Beginn meiner Engagements vorfand. Aber auch die UnternehmerInnen und ArbeitgeberInnen haben nach Abschluss meiner Engagements nicht nur mehr als jemals zuvor verdient, sondern auch risikoärmer und sicherer fortbestanden.

Selbstverständlich interessierte KollegInnen und Funktionäre der Handwerks-, Industrie- und Handelskammern, des RKW und weiterer Arbeitgeberverbände und Gewerkschaften, wie es mir möglich war, über 35 Jahre hinweg und in Serie ein um das andere Produktions-, Handels- und Dienstleistungsunternehmen unterschiedlicher Branchen nicht nur zu retten, sondern nachhaltig auch noch zu neuer Blüte zu bringen. Und meine *siebenteilige Antwort* auf diese komplexe Frage dürften sogar wirtschaftliche Laien ebenso leicht verstehen, wie sogar bessere Fachleute meine Erfolge in allen vorkommenden Fällen kaum kopieren können, denn unlösbare Probleme hätte ja auch ich nicht lösen können.

Erstens war auch ich kein Hexenmeister, sondern nur ein universell aus- und laufend fortgebildeter Wirtschafts- und Sozialwissenschaftler mit mehr praktischer als theoretischer Orientierung, der sich erst während seiner letzten drei Berufsjahre als angestellter Manager einer wirtschaftspolitischen Lobby westdeutscher Tageszeitungen darauf spezialisieren konnte und wollte, Aufgaben und Arbeiten ebenso sicher wie routiniert selbst zu erledigen, die in allen Unternehmen und Betrieben nur einmalig oder so selten vorkommen, dass diese von den InhaberInnen und ManagerInnen sanierungsfähiger Unternehmen und Betriebe nur selten optimal erledigt werden können. Und bevorzugt solche Schwächen etablierter InhaberInnen und ManagerInnen verursachen dann oft massenhaft kleine und kleinste Fehler, die einerseits deren Umsätze bei zeitgleich steigenden Kosten soweit minimieren, dass andererseits nur deshalb nachhaltige Verluste anstatt notwendiger Gewinne entstehen. Auch ich hätte niemals alle vorkommenden Prosperitäts-, Liquiditäts- und Rentabilitätsprobleme lösen können, sehr wohl aber solche wie die soeben skizzierten. Und nur Aufträge, die solcherart verursachte Krisen zu lösen erforderten, habe ich angenommen, und alle übrigen habe ich abgelehnt.

Wenn *zweiten* einige Tausend Unternehmen und Betriebe einer Branche durchschnittlich noch eine Umsatzrendite um 4 % erwirtschaften können, dann können gerade in solchen Branchen die besser aufgestellten und geführten Unternehmen auf höherem Niveau nicht nur reüsieren, sondern auch prosperieren. Und wenn in solchen Branchen ein potenziell ebenso leistungs- und entwicklungsfähiges Unternehmen nur seiner zu vielen Klein- und Kleinstmängel im Faktorengefüge und seiner zu zahlreichen Funktionserfüllungsfehlerchen wegen in Schieflage oder gar in Konkursnähe gerät, dann sind freilich nur solche von Professionals relativ leicht zu retten. Denn nur mit einem ebenso erfolgswilligen wie -fähigen Personal in solchen Unternehmen habe ich ja überhaupt zusammenzuarbeiten begonnen. Und wo ich solche Leistungsbereitschaften weder auf der Arbeitnehmer- noch -geberseite vorfand, habe ich mich auch nicht engagieren lassen.

Drittens habe ich auch mit solch einem Personal nur zusammengearbeitet, wenn Arbeitgeber- und -nehmerInnen vorbedingungslos dazu bereit waren, und auch von Seiten der Betriebsräte und GewerkschaftsvertreterInnen keine kontraproduktiven Mittel- und Maßnahmeneinsätze gegen die meinen zu erwarten waren. Denn ich musste ja in allen meinen Fällen ab sofort die Erträge steigern, die Kosten senken, die Geldzuflüsse beschleunigen und Geldabflüsse verlangsamen, um augenblicklich wieder liquide und rentabel werden zu können. Für wenige Wochen bis Monate mussten also fast alle Beschäftigten auch auf Lohnanteile verzichten und zeitgleich etwas mehr und besser als zuvor mitarbeiten. Und dabei mussten sie insbesondere Lieferanten favorisieren, die einerseits notwendige Güter etwas billiger zu liefern und trotzdem etwas längere Zahlungsziele einzuräumen bereit waren, aber auch Kunden, die gegen geringe Preiszugeständnisse etwas mehr einkaufen und Rechnungen trotzdem etwas schneller zu bezahlen bereit waren. Und erreicht wurde solcherart wirtschaftend fast immer, dass Umsätze kurzfristig von 97 auf 100 und längerfristig sogar auf 110 bis 150 Währungseinheiten angestiegen sind, während die damit korrespondierenden Kosten kurzfristig von 99 auf 96 Währungseinheiten gesenkt werden konnten, so dass aus zunächst zwei Verlusteinheiten wieder eine Gewinneineinheit werden konnte, während mittel- bis längerfristig alle Kosten sogar nachhaltig geringfügig unter den Branchendurchschnitt zu drücken waren, und damit die Gewinne ebenso geringfügig über diesen gesteigert werden konnten. Aber auch die Liquidität konnte der damit korrespondierenden schnelleren Geldzu- und langsameren Geldabflüsse wegen auch nachhaltig wieder gesichert werden. Insbesondere war damit jeder Sanierungserfolg von mir schon nach wenigen Tagen bis Wochen erkennbar gesichert, obwohl sich die systematische Bewältigung solcher Krisen auch in den Köpfen der Arbeitgeber- und -nehmerInnen durchaus über zwei bis drei Jahre ausdehnen konnte.

Viertens habe ich stets systematisch realisiert, was das Kausalgesetz zwingend fordert, nämlich konsequent und gegenwärtig zu verursachen oder verursachen zu lassen, was bewirkt werden soll, denn einerseits entsprechen nämlich alle Wirkungen nur ihren Ursachen, und andererseits sind die lückenlos aufeinanderfolgenden Gegenwarten die einzig möglichen Handlungszeitpunkte, von denen es praktisch wahrnehmbar ja im Ablauf von 8 Stunden 9.600 von durchschnittlich 3 Sekunden Dauer gibt. Wenn ich also mehr Umsatz gebraucht wird, dann muss dieser verursacht werden, und wenn dieser nur von Menschen kommen kann, die meine Angebote interessieren, dann müssen diese gesucht, gefunden und zum Kauf bei mir und nicht anderswo bewegt werden, und so weiter und so fort über alle Aktivitäten und Leistungsbereiche jeden Unternehmens und Betriebs hinweg, aber auch das meist mithilfe der schon vorhandenen MitarbeiterInnen, Investitionen, Ein- und Verkäufe, weil neue insbesondere schnell nicht zu bekommen und bezahlbar waren.

Insbesondere in krisengeschüttelten und dennoch sanierungsfähigen Unternehmen und Betrieben ist also *fünftens* erfolgsentscheidend, dass Arbeitgeber- und -nehmerInnen nicht nur erfahren, was sie bisher falsch gemacht oder zu tun unterlassen haben, sondern auch, was sie ab sofort der Art und Menge nach zu welchen Zeitpunkten und in welchen Zusammenhängen tun und lassen müssen, um überhaupt bewirken zu können, was verursacht werden muss. Und weil die betriebsindividuellen Leistungsanforderungen an deren Beschäftigte mit jenen Berufsbildqualifikationen selten harmonieren, nach denen klassische Organisatoren diese auswählen und einsetzen, habe ich alle meine Sanierungsfälle nur noch funktional organisiert und fortentwickelt. Mit anderen Worten habe ich nicht mehr gefragt, welche und wieviele berufsbildgerechte Manager, Kaufleute, Ingenieure, Techniker, Fach- und Hilfskräfte ich zur optimalen Funktionserfüllung brauche, sondern stets die zu erfüllenden Funktionen und die daraus resultierenden Aufgaben und Arbeiten gelistet, qualifiziert und quantifiziert, um diese dann nach Arten und Mengen von den schon vorhandenen oder noch zu beschaffenden MitarbeiterInnen zielführend erledigen zu lassen. Weil solche Funktionsdiagramme schon wenige Stunden bis Tage fertiggestellt waren, habe ich diese in Kleinbetrieben an alle Beschäftigten und in größeren Unternehmen an deren Abteilungsleiter und Meister verteilt, um sie in den Schnittpunkten aller Funktionszeilen und Funktionsträgerspalten ankreuzen lassen, was sie von alledem selbst (oder mithilfe ihrer MitarbeiterInnen) tatsächlich machen. Und wo ich die Fehler und Funktionserfüllungsmängel in kriselnden Unternehmen oder Betrieben zu suchen hatte, zeigten mir die leeren Felder in dem von mir letztverdichteten Funktionsdiagramm. Wenn sich nämlich in einem Unternehmen niemand für das Schreiben von Rechnungen, das Einfordern überfälliger Zahlungen, die Bearbeitung von Marktteilnehmern oder die Lagerkontrollen zuständig fühlt, dann ist doch klar, warum sich in diesem Verluste bei zeitgleich überfüllten Lägern, zu schwachen Auftragseingängen und leeren Kassen einstellen mussten. Gerade solche Fehler lassen sich aber mithilfe der FOE leicht finden und ab sofort vermeiden, denn mithilfe dieser wird eben verbindlich festgelegt, wer wann, wo und wie was zu erledigen hat, und anhand aller sichtbaren Wirkungen zeigen sich auch deren Verursacher schnell und leicht. Denn die meisten lösbaren Probleme verursachen nämlich je 50 Beschäftigte nur 10 von diesen, die arbeitstäglich 5 Fehlerchen systematisch wiederholen, die in jedem Einzelfall verzeihlich wären, weil sie beispielsweise Erträge ja nur um 0,001 % mindern oder Kosten nur um 0,001 % steigern. Daraus resultieren bei 5 Fehlerchen und 10 Beschäftigten aber arbeitstäglich schon 50 Fehler und damit negative Effekte im Ausmaß von immer noch verzeilichen 0,05 %, die sich jedoch im Ablauf von 250 Arbeitstagen pro Jahr auf 12,5 % fehlende Erträge oder vermeidbare Kosten summieren. Und solche können im härter werdenden Wettbewerb aber nur mehr wenigste Unternehmen noch überleben.

Schnell überwindbare Lohnminderungen bei zeitgleich steigenden Leistungsanforderungen nehmen weder Arbeitnehmer noch deren InteressenvertreterInnen - also Betriebsräte und externe GewerkschaftsvertreterInnen – mit Freuden hin, denn sie verletzen ja ihre Ideale, nämlich flächendeckend gleiche Löhne für vergleichbare Arbeiten überall und jederzeit auch durchzusetzen. Wenn sich aber schlüssig nachweisen lässt, dass *sechstens* Krisen einerseits nicht nur ArbeitgeberInnen sondern auch ArbeitnehmerInnen mitverschuldet haben, und andererseits, dass sich diese nur durch geringfügige Lohnverzichte für kurze Zeit nachhaltig lösen lassen, dann stimmen eben in 99 % aller Fälle nicht nur rund 95 % der betroffenen Beschäftigten sondern auch deren Betriebsräte solcherart belastenden Sanierungsmaßnahmen zu, wenn diese schon nach 6 bis 12 Monaten wieder überkompensiert werden können. Und unter dem Druck interessierter ArbeitnehmerInnen und deren Betriebsräten stimmen dann letztlich auch die extern zuständigen GewerkschaftsvertreterInnen dem Einsatz erfolgversprechender Sanierungsmaßnahmen und -mittel zu. Denn die Alternativen zu einer Lohnkürzung um beispielsweise 5 % auf Dauer von wenigen Monaten für einen weiterhin sicheren Arbeitsplatz wäre ja stets ein Konkurs des Unternehmens mit anschließender Erwerbsarbeitslosigkeit zu vieler Beschäftigter auf unbestimmbare Zeiten gewesen, die zudem nur mehr ein Arbeitslosengeld in Höhe von 70 % des letzten Lohnes eingebracht hätte. Und da ist und bleibt dann nur allzu leicht wieder verständlich, dass vernünftige ArbeitnehmerInnen und Betriebsräte ebenso wie ArbeitgeberInnen das kleinere von allen nur denkbaren Übeln lieber wählen.

Erfahrung lehrte mich also *siebtens*, dass zu viele ArbeitgeberInnen erst nach dem Eintritt vermeidbarer Rentabilitäts-, Liquiditäts- und Entwicklungskrisen in ihren Unternehmen von ihren SaniererInnen erfahren, wie wenige schwere Fehler sie selbstverständlich unbeabsichtigt selber machen, in deren Folgen sich dann massenhaft kleine und kleinste vermeidbare Fehlerchen bei ihren ArbeitnehmerInnen einstellen, die dennoch ihre Existenzbedrohungen erst verursachen. Häufigste Arbeitgeberfehler sind in solchen Zusammenhängen zeitraubende und nur deshalb zu teure Ablauf- und Strukturorganisationsmängel, zu hohe Löhne für wiederum nur daraus resultierende Leistungsdefizite der Beschäftigten, und der Widerwille, alle ihre Beschäftigten auch nachhaltig an jenen Erfolgen zu beteiligen, die diese im vertrauensvollen Zusammenwirken mit ihren ArbeitgeberInnen erwirtschaften, und ihnen folglich über ihren gerechten Tarif- und Leistungslohn hinaus auch zustehen. Ich habe meine 22 Krisenmanagements nach längstens drei Jahren abgeschlossen, und in jedem Fall neben dem System der FOE ein Leistungsprämiensystem hinterlassen. Und dabei hat die FOE bewirkt, dass die Interessen, Fähigkeiten und Erfahrungen aller Beschäftigten besser ausgeschöpft und deren Schwächen und Defizite wechselseitig weitestgehend ausgeglichen wurden. Diese Systematik hat in fast allen Fällen Ertragssteigerungen schon im Ablauf von nur drei Jahren zwischen 25 und 150 % bei zeitgleicher Gesamtkostenminimierung auf einem Niveau bewirkt, das nachhaltig Nachsteuergewinne zu erwirtschaften erlaubte, die zwischen 5 und 25 % über jenen durchschnittlichen Gewinnen angesiedelt waren, die von der Branche erwirtschaftet wurden. Weiter haben diese Maßnahmen und Mittel ebenso wie die daraus resultierenden Ergebnisse bewirkt, dass die Bilanzsummen oder Produktionskapitalbindungen in diesen Unternehmen unter den Branchendurchschnitt gedrückt, aber deren Finanzierungen mit Eigenkapital infolge wieder ermöglichter Gewinnrücklagen über den Branchendurchschnitt hinaus verbessert werden konnten. Und die Leistungsprämiensysteme haben bewirkt, dass die UnternehmerInnen und ArbeitgeberInnen nach Abzug einer branchentypischen und damit auch angemessenen Eigenkapitalverzinsung vom relativ sicher erwirtschafteten Vorsteuergewinn die Mehrgewinne im Rahmen rechtsverbindlicher Betriebsvereinbarungen an ihre Beschäftigten ausschütten konnten. Und diese Systeme, die zwar den Beschäftigten und deren Betriebsräten gefallen, den externen Gewerkschaftsvertretern wegen ihrer vermeintlich entsolidarisierenden Wirkungen wegen aber missfallen haben, beförderten insbesondere die wechselseitig vorteilhaften Effekte in allen solcherart sanierten Unternehmen. Die Grundlöhne aller Beschäftigten konnten so auf dem jeweils tarifierten Niveau gehalten werden, und die individuellen Leistungszulagen auf diese orientierten sich fortan nur noch an den tatsächlich erbrachten Besser- und Mehrleistungen der solcherart besoldeten MitarbeiterInnen. Prämien und damit Verteilungsmassen wurden dagegen alle gemeinsam erwirtschafteten Mehrgewinne, und das waren schon nach wenigen Jahren in aller Regel zwischen 15 und 25 % der Vorsteuergewinne, oder Beträge, die zwischen 8 und 25 % der Bruttolohn- und Gehaltssummen erreichten, an denen sich auch die ungleichen Ausschüttungen an alle Beschäftigten orientierten. Wenn die verteilbare Masse ausreiche, bekamen davon alle Beschäftigten 5 % Prämie auf ihren Reallohn, so dass diese damit in jedem Fall mindestens in Prämienhöhe schon übertariflich bezahlt waren. Blieb nach dieser Erstverteilungsprozedur noch eine Verteilungsmasse übrig, dann wurden mit dieser die Löhne und Gehälter jener 15 % MitarbeiterInnen bis zu 20 % zusätzlich erhöht, die schon Schlüsselpositionen wie Meister- und Abteilungsleiterposten besetzt haben. Und wenn auch nach dieser zweiten Verteilungsprozedur noch eine Verteilungsmasse übrig blieb, dann wurde diese unter den GeschäftsführerInnen und HauptabteilungsleiterInnen verteilt, die sich in manchen Jahren mit nur 7 bis 25 % Zusatzeinkünften begnügen mussten, in wenigen Jahren ihre Bezüge aber alleine mit Prämien mehr als verdoppeln konnten. Die externen GewerkschaftsvertreterInnen, mit denen ich mich im übrigen meist hervorragend verständigen konnte, kritisierten dennoch die Verteilungsschlüssel meiner Leistungsprämiensysteme, weil diese verteilungspolitisch zur unerwünschten Einkommensspreizung zwischen minder- und höherqualifizierten ArbeitnehmerInnen führte, die jedoch nur diese liebstens eingeebnet gesehen hätten. Ich, die InhaberInnen, ArbeitgeberInnen, Schlüsselkräfte und höher qualifizierten ArbeitnehmerInnen aber wussten, dass ohne deren Vor- und Besserleistungen weder Arbeitsplätze entstehen würden noch so entwickelt werden könnten, dass über die Durchschnittseinkommen und -gewinne hinaus überhaupt zusätzliche Verteilungsmassen für alle Beschäftigten erwirtschaftbar wären. Und sowohl meine AuftraggeberInnen als auch deren jeweilige Betriebsräte haben folglich akzeptiert, dass meine Argumente mehr als die der Gewerkschaftsfunktionäre überzeugen, und deshalb neben den Leistungsprämiensystemen auch deren Verteilungsschlüsseln vielleicht auch deshalb zugestimmt, weil ansonsten die stets freiwilligen Prämienangebote wahrscheinlich total zurückgezogen worden wären.

Der guten Ordnung wegen will ich hier noch hinzufügen, dass meinen Einschätzungen gemäß rund 90 % aller Konkurse vermeidbar wären, und mindestens 80 % von diesen auch verdienen würden, mithilfe von KrisenmanagerInnen vermieden zu werden.

Zur Organisation einer optimalen Funktionserfüllung in Haushalten, Unternehmen und Betrieben jeder Branche und Größenordnung will ich noch Erfahrungen beisteuern, die mir zwischen den Jahren 1983 und 89 in China, Russland und Ghana zugewachsen sind, als ich dort in deren Sonderwirtschaftszonen an der Konzeption und Realisierung von Joint-Ventures (JVs) zwischen nordamerikanischen, europäischen und jeweils heimischen Unternehmern maßgebend beteiligt war. Der Begriff Joint-Ventures bezeichnete damals nur Gemeinschaftsunternehmen zwischen interessierten Partnern aus Industriestaaten der westlichen Welt und interessierten Kräften sowohl der ehemaligen Ostblockstaaten als auch in südostasiatischen und afrikanischen Schwellenländern. Meine Idee, die ich mit dem seinerzeitigen DIHT-Präsidenten Otto Wolff von Amerongen entwickelt habe, war, mithilfe von JVs mehr- und wechselseitig vorteilhafte Entwicklungshilfe zu leisten. Denn die Partner aus den Industriestaaten konnten in die JVs Technologie und Know-how inform von Schlüsselpersonal zu deren Nutzung einbringen, während die Partner der Ostblockstaaten und Schwellenländer neben Grundstücken, Bauten und preiswerten Arbeitskräften insbesondere aufnahmefähige Absatzmärkte für deren Produktionen zur Verfügung stellten. Solche Sacheinlagen in den JVs machten zwischen 87 und 95 % des Startkapitals aus und wurden ebenso wie die Geldeinlagen in Devisen und heimischen Währungen in Verhältnissen zwischen 50:50 und 50,1:49,9 stets zugunsten der Partner aus den Industriestaaten geteilt. Weil die heimischen Märkte der JVs deren Ausstöße zu stets vollkostenüberdeckenden Preisen spielend aufnahmen, haben alle JVs von Anfang an nicht nur gut verdient, sondern auch Steuern bezahlt, und weil deren Ausstöße nicht nur weltmarktfähig sondern auch unter dem Weltmarktpreisniveau produziert und distribuiert werden konnten, habe ich von Anfang an auch deren Exportanteile ins interessante Devisenausland so fixiert, dass diese jenen Devisenbedarf zwischen 15 und 35 % der Umsatzleistung deckten, der mindestens die in Devisen zu bezahlenden Kosten für das ausländische Schlüsselpersonal, die notwendigen Einsatzgüterimporte, und die Gewinnausschüttungen an die Partner aus den Industriestaaten gedeckt haben. Der Nutzen für die JV-Partner aus den Industriestaaten lag in deren Chance, nicht nur Technologien, Know-how und Schlüsselpersonal in Staaten mit langfristig aufnahmefähigen Märkten auch für deren Inlandsausstöße zu bringen, sondern Teile von diesen auch zu Preisen reimportieren zu können, die unter deren heimischen Produktionskosten lagen und damit die heimische Wettbewerbsfähigkeit verbessern halfen. Aber auch die gastgebenden Staaten erwirtschaften mit den JVs Deviseneinnahmen, Entwicklungsfortschritte und Wohlstandsmehrungen für ihre Bevölkerungen, weil sie so nicht nur Teilhabe an weltmarktfähigen Produktionskapazitäten sondern auch Know-how auf heimischen Gründen und Böden, Ausbildung und Beschäftigung für das heimische Personals sowie deren Versorgung mit jenen zivilen Investitions-, Ge- und Verbrauchsgütern erreichten, die diese ja laufend ausgestoßen haben.

In den von mir konzipierten JVs in Karpinsk und Ekaterinenburg am Ural in Russland, in Kantun im südlichen China nördlich von Hongkong, und in Accra und Tamala in Ghana, waren Schuhe, Textilien, Haushaltsgeräte, Kokillen, Installationsmaterialien, Insektizide, Pestizide und Tropenholzprodukte zu mindestens zwei Dritteln für deren heimische Märkte, und zu 15 bis 30 % für den Export ins Devisenausland. Problematisch schien den Partnern aus den Industriestaaten nur die Organisation aller Produktions- und Distributionsprozesse in den JVs zu sein, denn abgesehen von den Schlüsselkräften der Industriestaatenpartner standen nämlich in den Gastländern keine Fachkräfte zur Verfügung. Die Beschäftigung heimischer Hilfskräfte in den JVs konnte folglich nur mithilfe der FOE gelöst werden, denn nur diese ließ ja zu, auch komplexe und komplizierte Produktions- und Distributionsprozesse mit bildungsfähigen und -willigen Anlern- und Hilfskräften zu erledigen. So standen beispielsweise am Ural für die Schuh-, Haushaltgeräte- und Installationsmaterialproduktionen nur ehemalige Offiziere, Unteroffiziere, Soldaten, Schweißer und Hilfsarbeiter, in China für die Textil-, Insektizide- und Pestizideproduktionen nur Parteikader, Verwaltungsfachleute und Hilfskräfte, und in Ghana für die Tropenholzproduktionen nur Ranger und Waldarbeiter zur Verfügung. Nur mithilfe der Schlüsselkräfte aus den Industriestaaten, dieser Kräfte und einiger Dolmetscher konnten dennoch alle JVs im Ablauf von längstens drei Monaten reinvestiert und ingang gesetzt werden. Und sie alle haben auch schon nach längstens 6 Monaten rund 90 % der Standardeffizienzen und mindestens 97 % der Standardqualitäten ihrer Ausstöße erreicht, obwohl in allen JVs neben den wenigen Schlüsselkräften nach wie vor nur Anlern- und Hilfskräfte im Einsatz waren und immer noch sind.

Das Lohnniveau aller Anlernkräfte lag in allen JVs zum Gründungszeitpunkt und im ersten Betriebsjahr zwischen 1,5 und 3,5 % des Lohnniveaus in den Unternehmen der JV-Partner aus den Industriestaaten, während die delegierten Schlüsselkräfte in den JVs 150 % ihrer Heimatlöhne verdienten. Trotzdem lagen die Personalkosten im Startjahr aller JVs bei nur 35 % und in den ersten zwei Folgejahren bei nur 55 % der Personalkosten in den Unternehmen der JV-Partner aus den Industriestaaten. Und weil alle übrigen Einsatzgüter und alle sonstigen Lieferungen und Leistungen weder wesentlich mehr noch weniger gekostet haben, konnten alle JVs für ihre Exporte ins Devisenausland exorbitant hohe Gewinne erwirtschaften und mithilfe dieser wiederum ihre Inlandsumsätze subventionieren, wenn das überhaupt notwendig oder wünschenswert war.

Nirgendwo auf Erden wird bestritten, dass das in Deutschland etablierte duale Aus- und Fortbildungssystem mit Schulen, Hochschulen, Berufsschulen, praktischen Aus-, Fort- und Ergänzungsbildungseinrichtungen für insgesamt 350 wirtschaftliche und 250 gesellschaftliche Berufsbilder die Organisation der gesellschaftlichen und wirtschaftlichen Funktionserfüllung erleichtert. Dennoch zeigt sich insbesondere in Schwellen- und Entwicklungsländern, dass sich diese notfalls oft sogar schneller und fast ebenso effizient und qualitativ hochwertig mit allgemein leistungsfähigen und -willigen Anlern- und Hilfkräften auch organisieren lässt. Unbestreitbar ist in solchen Zusammenhängen freilich auch, dass Anlernkräfte sowohl sachlich als auch fachlich kaum beweglich sind, und folglich auch ihre Arbeitsplätze selbstbestimmt kaum mehr wechseln können. Auch deshalb handeln die Regierenden und Opponierenden aller Staaten zugunsten ihrer aktuell und künftig erwerbsarbeitenden Bevölkerungen optimal, wenn diese auch in ihren Staaten das in Deutschland bereits etablierte und bewährte duale Aus- und Fortbildungssystem einführen und fortentwickeln, denn es zeitigt insbesondere mittel- und längerfristig sowohl für Arbeitgeber- als auch -nehmerInnen bedeutend mehr Vor- als Nachteile. Trotzdem sollte meines Erachtens auch in Deutschland der Zwang aufgegeben werden, in die meisten Produktions- und Distributionsprozesse nur Fachkräfte mit qualifizierenden Abschlüssen einbringen zu dürfen, und damit alle jene Hilfskräfte auszuschließen, die zwar erwerbsarbeiten könnten und wollen, obwohl sie sich formal für solche Tätigkeiten nicht qualifizieren können.

6. Das Geld und seine Funktionen

Alles Geld erfüllt weltweit drei Funktionen. Es dient hauptsächlich als Tausch- oder Zahlungsmittel, und ebenso sicher, wenngleich weniger umfänglich, als Schatzbewahrer und Recheneinheit. Und jede Funktion ist notwendig, zweckmäßig und letztlich auch unverzichtbar.

6.1. Die Erfindung und Entwicklung des Geldes als Zahlungs- und Tauschmittel wurde spätestens um 3200 v.Chr. wahrscheinlich in Ägypten erzwungen, weil sich die Fülle der schon seinerzeit vorhandenen und jeweils wertgeschöpften Güter Ware gegen Ware oder Leistung, und Leistung gegen Ware oder Gegenleistung ohne aufwändige Zwischenhändel nicht mehr bewältigen ließ. Denn seit sich die Arbeitsteilung und damit auch die Wohlstandsmehrung der Menschheit zunehmend zu perfektionieren begann, konnten die Menschen ihre zahlreicher werdenden Arbeitsteilungsprodukte nicht mehr wie noch die vom freien Zuwachs der Natur lebenden Sammler, Jäger und Fischer, und auch nicht mehr so wie noch die ersten Hirten, Ackerbauern und Viehzüchter austauschen. Trotzdem haben die Menschen ihre Arbeit auch zuvor schon in die für Frauen und Männer, Kinder und Alte typischen Verrichtungen geteilt, aber auch die Produkte dieser einfachsten Arbeitsteilung noch direkt ausgetauscht, obwohl sie schon zu dieser Zeit verstanden haben, dass sowohl Waren- und Leistungslieferungen durch adäquate Gegenlieferungen und -leistungen im Gleichgewicht gehalten werden mussten, wenn sie die Grenzen der Kleingruppen (z.B. Familien) und Großgruppen (z.B. Sippen und Stämme) überschritten haben. Und deshalb haben diese noch ungeschrieben sogar schon Generationen- und Sozialverträge gekannt, die beispielsweise die jeweils mittleren Generationen verpflichtete, selbstverständlich nur zu deren Lasten sowohl für ihren Nachwuchs als auch für ihre Alten, Kranken und Schwachen zu sorgen, weil insbesondere Letztere auch für sie gesorgt haben, als sie selbst noch jünger, gesund und stark waren, aber auch die aktuellen LeistungsträgerInnen ihr Sein und Werden nur diesen verdankten. Solcherart sogar über Jahre und Jahrzehnte in Vorleistung zu treten, und erst im Ablauf oder am Ende solcher Perioden die Bezahlung dieser zu fordern, entspricht aber bereits Geschäften, wie sie perfektioniert noch heute Gläubiger und Schuldner untereinander vereinbaren und abwickeln.

Die einzig Massenwohlstand schaffende und mehrende Arbeitsteilung brachte aber im Ablauf der Zeit nicht nur Handwerker und Händler, Priester, Krieger, Heiler, Wächter, Wissenschaftler und Künstler, sondern auch eine Güterfülle hervor, die sich ohne spezielle Zahlungsmittel nicht mehr problemlos austauschen ließ. Dass trotzdem nur die allumfassende Arbeitsteilung den Wohlstand aller weiter mehren kann, wurde folglich schon früh erkannt und eingesehen. Denn nur, wenn Jedefrau und Jedermann nur noch tun müssen, was sie bestens können und liebstens machen, entsteht eben nicht nur Mehr und Besseres auf angenehmere Arten und Weisen, sondern alles das auch noch schneller. Und trotz des damit korrespondierenden Zwangs, alle solcherart geschaffenen Güter auch austauschen zu müssen, blieb im Saldo dennoch ein dynamisch wachsender Wohlstand für alle an diesen Produktions- und Distributionsprozessen Beteiligten übrig. Trotzdem waren die ersten Gelder, die hier als Tausch- und Zahlungsmittel eingesetzt wurden, zunächst noch längerlebige und unempfindliche Tauschwaren wie Leder, Felle, Getreide, Schinken und Trockenfisch. Und diese waren selbstverständlich noch vollwerthaltig, weil sie eben auch direkt noch nutzbar waren. Und zudem dienten sie wie später Edelmetalle und -steine auch schon als erste Schatzbewahrer und Recheneinheiten, die es einerseits erlaubten, leichter verderbliche Güter in länger haltbare zu tauschen, und über deren beständigere Tauschwerte auch schon erste Ein- und Verkaufspreise für weitere Angebote und Nachfragen festzulegen.

6.2. Aktuell sind in den 199 souveränen Staaten auf Erden rund 140 unterschiedliche Währungen in Umlauf, von denen zwischenzeitlich keine einzige mehr vollwerthaltig ist. Trotzdem ist der Euro seit 2001/02 die bisher einzige Währung, die auf jede Deckung mit hinterlegtem Gold (oder anderen Edelmetallen und -steinen) verzichtet, während alle übrigen Währungen - und dabei eingeschlossen auch noch der US-$ als die aktuelle Weltleitwährung - auf geringe Grade der Golddeckung ihrer Bar- und Buchgelder noch nicht verzichten. Und warum und wie es zum modernen und zum modernsten Geld der Gegenwart im Ablauf der Zeit kam, kommen konnte und musste, können alle meine LeserInnen den folgend skizzierten Geschichtsdaten der Geldentwicklung leicht selbst entnehmen.

Als erst um 2000 v.Chr. die Arbeitsteilung - und damit auch die Fülle austauschbedürftiger Güter - ein Volumen erreichte, das die speziellen Tauschwaren wie Leder, Felle, Getreide, Schinken und Trockenfisch als Zahlungsmittel schon überforderte, begannen die Herrscher und Kaufleute nach ebenso knappen wie unnützen Gütern für den Alltagsgebrauch zu suchen, die sie ab dieser Zeit bevorzugt als Tausch- und Zahlungsmittel verwenden konnten, und fanden diese nicht nur in Edelmetallen und -steinen, sondern auch in seltenen Muscheln und Schmuckfedern, mit deren Hilfe sie ihre Angebote und Nachfragen zunehmend zu bewerten und auszutauschen begannen. Das ursprüngliche Waren-, aber auch das spätere Edelmetall- und Schmuckgeld, war aber immer noch vollwerthaltig und eignete sich auch deshalb besonders als Schatzbewahrer, weil beispielsweise überzählige verderbliche Güter wie Feldfrüchte und Frischfleisch gegen beständigere wie Schmuck eingetauscht, und bei Bedarf auch wieder zurückgetauscht wurden. Das solcherart genutzte Geld hat dabei aber auch seinen Warencharakter behalten, und taugte folglich neben seiner Wertschätzung als Tausch- und Zahlungsmittel auch als Recheneinheit, weil man eben mithilfe solchen Geldes schon festlegen konnte, dass beispielsweise ein Essen einen halben Tag oder ein Wams 10 Tage Arbeit kostete. Eine Waffe kostetet dann vielleicht 15 Schinken, oder die Behausung des Schneiders die Belieferung des Baumeisters mit Kleidungsstücken für sich und seine Familie über mehrere Jahre. Und zu gängigsten Recheneinheiten wurden so über Jahrtausende auch die Tagewerke der Menschen im Großen und deren Brotfladen im Kleinen, ehe diese erst Jahrhunderte später durch Münzen ersetzt wurden.

Wie das Geld in die Welt kam, ist damit schon ebenso skizziert wie das Warum. Zwischenzeitlich haben aber sowohl die Gütermengen als auch deren globale arbeitsteilige Produktionen und Distributionen derart zugenommen, dass zu allen Zeiten immer wieder auch neuere Formen der Geldproduktion und -verteilung gesucht und gefunden werden mussten. Den Edelmetallklumpen und rohen Edelsteinen folgten deshalb die Gold- und Silbermünzen, mit deren Aufprägungen deren Editoren sowohl deren Gewichte als auch Werte garantierten, so dass deren Nutzer bei all ihren Tauschgeschäften weder die Materiallegierungen noch deren Gewichte wie zuvor zusätzlich nicht mehr prüfen mussten.

6.3. Dennoch etablierte sich der *Denar* erst ab 269 v.Chr. als erste *Silberwährung* mit Weltgeltung im Römischen Reich, und entwickelte sich bis zu seinem Verschwinden erst um das Jahr 500 n.Chr. auch in Platten- und Barrenformen bevorzugt als Zahlungsmittel, wobei die Platten und Barren auch materiell das 10- oder 100fache des Denarwertes repräsentierten. Während der knapp 800 Jahre seiner Existenz haben sich wie seither bei allen Währungen auf Erden freilich auch seine Silberanteile am Gesamtvolumen und -gewicht der einzelnen Münzen, Platten und Barren kontinuierlich vermindert, ohne jedoch dadurch schon zu einer materialwertarmen Währung wie das aktuelle Papiergeld zu werden. Denn auch der im Ablauf der Zeit auf rund 1/5 seines Ausgangswertes gesunkene Denar - diese Tatsache entspricht nämlich nur 0,1 % Wertverlust pro Jahr - blieb trotzdem ein vollwerthaltiges Zahlungsmittel, dessen Stabilität von keiner bedeutenden Währung mehr erreicht wurde, die diesem bis heute folgte, also weder von der hochgelobten DM noch vom US-$.

Ab 250 n.Chr. bis herauf zur Gegenwart etablierten sich neben und nach dem Denar dennoch zahlreiche weitere *Gold- und Silberwährungen* (z.B. Gulden, Mark, Kronen, Dukaten, Schillinge usw. in Münzen- und Barrenformen) führender Herrscher auf Erden, die in 1/10, 1/12, 1/20 und 1/100 Einheiten untergliedert auch als Kupfermünzen in Umlauf gebracht wurden. Keine dieser Währungen blieb jedoch solange wie der Denar in Umlauf, und keine hat im Ablauf ihrer wechselnden Existenz- und Entwicklungszyklen von maximal 150 Jahren Dauer so wenig an Wert wie der Denar verloren.

6.4. Das *Papier- und Kleinmünzgeld* gibt es freilich erst seit dem 18. nachchristlichen Jahrhundert, obwohl schon 200 Jahre zuvor diverse Herrscher ihren Bürgern angeboten haben, in deren Banken ihre Münzgelder gegen Quittungen sicher (???) verwahren zu lassen. Doch erst aus diesen Bewahrbanken heraus entwickelten sich ab dem 18. Jahrhundert jene rund 350 Staats-, Zentral- oder Notenbanken, von denen es heute nur noch 180 gibt. Und diese brachten und bringen seither Papiergeld mit dem 5-, 10-, 20-, 50-, 100-, 200-, 500- und 1.000fachen Nennwert ihrer Währungseinheiten in Umlauf, und ergänzend dazu allerdings nur mehr Kleingeldmünzen. Dennoch waren auch die ersten Papier- und Kleinmünzgeldumläufe ursprünglich noch voll mit den dafür hinterlegten Edelmetallen (z.B. Gold und Silber) gedeckt. Als sich jedoch in der Praxis zu zeigen begann, dass das Papiergeld alle seine Funktionen als Tausch- und Zahlungsmittel, Schatzbewahrer und Recheneinheit auch deckungslos erfüllte, solange deren Nutzer an deren Deckung nur glaubten, wurden mit freilich fatalen Folgen (z.B. Inflationen, Währungskrisen und Konjunktureinbrüchen) die ungedeckt umlaufenden Geldmengen erhöht, aber auch jene Edelmetallbestände, die diese decken sollten, von deren Garanten schamlos geplündert.

6.5. Das *Buchgeld* ist im Gegensatz zum *Papier- Kleinmünz- und Plastikgeld*, das ja noch materialwertarm ist, bereits materialwertlos, denn es existiert nämlich weltweit nur noch auf Konten von Banken und Kreditinstituten, und repräsentiert dennoch ein Volumen, das bei rund 95 % allen umlaufenden Geldes auf Erden liegt. Doch auch dieses wäre und bliebe durchaus sicher und wertvoll, wenn es durch wirksamere Schutzmaßnahmen und die Regulierung der maßlosen Spekulation entzogen würde, der es neuerlich in den Jahren 1923, 1929, 1948 und zuletzt im Rahmen der Weltwirtschafts- und Währungskrise im Sommer 2008 zum Opfer fiel. Diese letzte Krise scheint - allerdings nur dank vernünftiger finanz- und fiskalpolitischer Reaktionen der jeweils maßgebenden Regierenden - erträgliche Folgen zu haben. Diese letzte Krise ist aber noch keinesfalls überwunden, und auch ihr Ende ist ebenso noch nicht absehbar wie deren Preis.

6.6. Der *US-Dollar* ist noch eine goldgedeckte Papier- und Buchgeldwährung, deren Golddeckung freilich unbedeutend geworden ist, seit im Ablauf der Zeit deren Deckungsgrad dynamisch abgesenkt wurde und seit 1971 auch mit seinem jeweils aktuellen Deckungsgrad nicht mehr in Gold umgetauscht wird. Dennoch hat sich der erst 1792 eingeführte US-$ im Ablauf der Zeit zur Weltleitwährung entwickelt und sich als solche bis heute auch dank der US-Wirtschaftskraft behaupten können. Am 10.8.1953 wurde der in alle Weltwährungen konvertierbare US-$ erstmals an der Frankfurter Devisenbörse mit 4,20 DM notiert und gehandelt. Und um ihre Wechselkurse innerhalb vereinbarter Bandbreiten zu halten, intervenieren auch die Notenbanken der Mitgliedsländer des IWF bevorzugt in US-$. Diese Sonderstellung des US-$ scheint aber wegen der wachsenden Wirtschaftskräfte insbesondere weiterer G7- und G20-Staaten aktuell ins Wanken zu geraten. Und schon derzeit wird die immer noch führende Weltleitwährung auch in dieser Reihenfolge vom Euro, Englischen Pfund, Japanischen Yen und Schweizer Franken konkurrenziert, und voraussichtlich auch bald schon vom Chinesischen Yuan, vom Russischen Rubel und von der Indischen Rupie.

6.7. Das *Weltwährungssystem* umfasst aktuell jene rund 140 Währungen der 199 souveränen Staaten auf Erden. Und es ist jene internationale Ordnungsmacht dieser Währungen, die es erlaubt, den internationalen Waren-, Dienstleistungs- und Kapitalverkehr überhaupt zu ermöglichen. Bis zum 1. Weltkrieg 1914/18 war dieses durch den Goldstandard, und nach diesem durch den Golddevisenstandard gekennzeichnet. Dann wurde es 1944 auch von der US-$-Entwicklung beeinflusst mithilfe der Verträge von Betton Woods reformiert, die zeitgleich den IWF und 1969 zusätzlich die SZR (oder Sonderziehungsrechte) hervorgebracht haben. Ziele des IWF sind die Förderung der internationalen Zusammenarbeit auf währungspolitischen Gebieten, die Erleichterung des Welthandels sowie die Entwicklung der Produktivkräfte, die Sicherung geordneter Währungsbeziehungen, und die Erleichterung des Zahlungsbilanzausgleichs durch Kreditvergaben an die Mitgliedsländer des IWF. Und die SZR sind Gutschriften des IWF zugunsten der Mitgliedsländer über die jedem Mitglied seinen Einzahlungen entsprechend schon systemisch zugewiesenen Ziehungen oder Gutschriften hinaus, die diese benützen können, um fremde Währungen zu erwerben oder Verbindlichkeiten bei ausländischen Zentralbanken zu begleichen.

Jeder Staat, der welthandeln und sich dabei nicht nur auf den bilateralen Austausch von Export- und Importgütern beschränken will, muss seinen Devisenverkehr liberalisieren, und kann deshalb nicht verhindern, dass andere Staaten seine Währung zur Abwicklung ihrer Import- und Exportgeschäfte mitbenützen. So werden beispielsweise schon seit Jahrzehnten fast alle Erdöl- und Erdgasgeschäfte, aber eben nicht nur diese, zwischen den Exporteuren und Importeuren fast aller Staaten auf Erden in US-$ fakturiert und bezahlt, was wiederum die Zentral- und Notenbank der USA dazu zwingt, US-$s über den Geldbedarf im Inland hinaus für diese Geschäfte zur Verfügung zu halten, ohne solche Geschäfte beschränken, fördern oder anderweitig beeinflussen zu können. Und vergleichbaren Problemen sind alle Staaten ausgesetzt, deren Währungen andere Staaten als ihre Währungen oder Ersatzwährungen für nur ausgewählte oder alle Geschäfte mitbenützen. Sind diese >Schmarotzer< Kleinstaaten wie Andorra, Liechtenstein oder Monaco, bleiben die damit korrespondierenden Probleme leicht beherrschbar, aber eben nicht mehr so leicht, wenn beispielsweise Staaten, die nicht zum Euroland gehören, ihre Geschäfte mit Euroland und anderen Staaten auf Eurobasis abwickeln.

6.8. Das modernste Geld ist derzeit der *Euro*, denn er ist die erste und bisher auch einzige Weltwährung, die auf jegliche Deckung mit Gold verzichtet und deshalb zum reinen Geschöpf des Kredits geworden ist. Den Euro gibt es seit den Jahren 2001/02 als Gemeinschaftswährung von bisher 12 bzw. 13 EU-Staaten, und sein derzeit etwas ins Trudeln geratener Gebrauchswert basiert ausschließlich auf dem Vertrauen seiner Nutzer, dass ihn die Vorstände der unabhängigen EZB den Regeln der Maastricht-Verträge entsprechend nur in jenen Mengen in Umlauf setzen und halten, die jeweils erforderlich zu sein scheinen, um mit seiner Hilfe alle Güterangebote und -nachfragen zu relativ stabilen Preisen auch austauschen zu können. Leider haben bisher die jeweils Regierenden fast aller Euroländer ihre feierlich und verbindlich geschlossenen und ratifizierten Verträge immer wieder mehr oder minder eklatant verletzt, und damit auch jene Turbulenzen verursacht, denen ihre Gemeinschaftswährung auch derzeit wieder ausgesetzt ist. Und m.E. lässt sich der Euro als Gemeinschaftswährung auch nur retten, wenn entweder die verbindlich vereinbarten Stabilitätskriterien gelockert werden, oder den zu hoch verschuldeten und noch zu wenig produktiv wirtschaftenden Bevölkerungen in einzelnen Euroländern erlaubt wird, bis zur erreichten Anpassung ihrer Finanz-, Wirtschafts-, Beschäftigungs- und Sozialpolitiken an die Durchschnittsstandards der führenden Euroländer vorübergehend oder auf Dauer zu verlassen. Trotzdem sollte es Ziel nicht nur in Euroland wieder werden und bleiben, nur jene Geldmengen in Umlauf zu setzen und zu halten, die erforderlich sind, um alle jeweils angebotenen und nachgefragten Güter zu relativ stabilen Preisen auch austauschen zu können, denn mehr umlaufendes Bar- und Buchgeld vermehrt nämlich keinesfalls die zu knappen und nur deshalb für viele Menschen unerreichbaren Güter, sondern steigert nur deren Preise weiter.

6.9. Es wäre von Vorteil, wenn mehr Menschen insbesondere in den Industriestaaten nicht nur vom Geld und seinen Funktionen, sondern auch davon mehr wüssten und verstünden, wie wir Menschen vom vollwerthaltigen zum materialwertlosen Geld gekommen sind, und weiter, welche Vor- und Nachteile sowohl die materialwertlosen als auch die vollwerthaltigen Gelder haben, denn dann verstünden wir auch besser, warum nur das gute Geld auf Erden ebenso ungleich verteilt ist, wie es unvermeidlich auch knapp gehalten und ungleich verteilt bleiben muss.

Absolut gleichmäßig stehen nämlich allen Menschen auf Erden täglich nur 24 Stunden, und jährlich 365,25 Tage über alle Jahre ihres Lebens hinweg zur Verfügung, denn diese Stunden kommen ja für alle Menschen gleichmäßig durch die Umdrehungen der Erde um ihre Achse, und die Jahre durch deren Umläufe um die Sonne zustande. Auch die Jahreszeiten sowie die Tag- und Nachtstunden sind damit über jedes Jahr hinweg noch gleichmäßig verteilt, obwohl nur mehr die Tage und Nächte am Äquator im 12-Stundenrhytmus wechseln, während sich von Breitengrad zu Breitengrad bis hin zu den Polen im Winterhalbjahr die Nächte und im Sommerhalbjahr die Tage zunehmend verlängern. Und so geht am Nordpol die Sonne in der Mitte des Winterhalbjahres wenige Tage überhaupt nicht mehr auf, und gegenteilig in der Mitte des Sommerhalbjahres wenige Tage nicht mehr unter. Mit anderen Worten verteilen sich die Tage und Nächte ebenso wie die Jahreszeiten über die Nord- und Südhalbkugel der Erde wahrhaft gleichmäßig, und zeitgleich trotzdem gegenteilig, denn wo im Zenit Tag und Frühling herrschen, herrschen im Nadir eben Nacht und Herbst. Und so wie die Tage und Nächte mit den Sonnenauf- und untergängen beginnen und enden, lösen auch die Jahreszeiten einander gleichmäßig ab. Doch damit sind die Gleichmäßigkeiten auf Erden schon ebenso erschöpft wie die Grade und Maße an Freiheit, Gleichheit und Gerechtigkeit im Leben und Wirken der einmaligen und deshalb auch unverwechselbaren Individuen. Denn so wie die Lagen der Land- und Wassermassen auf Erden Frost und Hitze, Kühle und Wärme, Regen und Trockenheit ungleich auf die in diesen jeweils lebenden Menschen, Tiere und Pflanzen verteilen, verteilen auch die unterschiedlichsten Konstitutionen, Talente, Schicksale, Interessen, Fähigkeiten und Erfahrungen aller Individuen, Gruppen und Massen deren Chancen, im Ablauf ihrer ebenso unterschiedlichen Existenz- und Entwicklungszyklen damit mehr oder minder vernünftig zu wuchern, um wiederum nur solcherart reich oder arm, zufrieden oder unzufrieden, mächtig oder ohnmächtig zu werden oder gar zu bleiben. Denn auch das gute Geld ist ja nur ein Ausdruck für Macht und Ohnmacht, Glück und Unglück, wobei auch dieses Quartett objektiv nicht existiert, sondern von allen Individuen, Gruppen und Massen nur unterschiedlich empfunden wird.

Das erste Tauschgeld inform von Waren und Leistungen war sicher noch vollwerthaltig, wenngleich nicht in dem Sinne wie heute ein 100-Euroschein oder vor noch 100 Jahren eine Goldmark. Zweifelsfrei lag der Materialwert einer Goldmark noch näher am Wert dessen, was damit an- oder verkauft werden konnte, obwohl es zur Goldmarkzeit relativ feste Preise für Tauschgüter aller Arten noch nicht gab. So konnte beispielsweise wie noch heute ein vergleichbarer Anzug in Ulm mehr als in München kosten, während die Standardbriefe und -postkarten über kurze und lange Strecken auch seinerzeit schon zu Einheitspreisen befördert wurden.

Ohne jeden Zweifel kostet die Produktion eines 100-Euroscheins nur mehr einen Bruchteil dessen, was die Produktion einer Goldmark gekostet hat, obwohl beide als Zahlungsmittel noch heute etwa die gleiche Kaufkraft repräsentierten. Dagegen können die Preise vergleichbarer Güter im Angebot unterschiedlicher Lieferanten im Wert um 100 Euro selbst am gleichen Tag und Ort zwischen 69,90 und 99,99 € schwanken, wenn es sich dabei um üppig verfügbare Güter handelt, während gleichwertige knappe Güter mindestens 100 € oder sehr viel mehr kosten. Mit anderen Worten wurden also schon zu Urzeiten der Tauschwirtschaft die Lieferungen von Waren und Leistungen mit Gegenlieferungen und -leistungen bezahlt, deren Werte einander nur annähernd entsprachen. Und an diesen variablen Tauschverhältnissen und -werten hat auch das vermeintlich noch vollwerthaltige, und zwischenzeitlich materialwertarme bis -lose Tausch- und Zahlungsmittel >Geld<, auch nichts geändert. Vermindert haben sich dagegen die Produktionskosten sowohl des teilwerthaltigen Geldes, das Währungen wie der US-$ noch repräsentieren, als auch des materialwertarmen bis -losen Bar- und Buchgeldes wie dem Euro.

Von bedeutendem wirtschaftlichen Vorteil ist zweifelsfrei, mit einem ebenso sicheren wie materialwertarmen bis -losen Bar- und Buchgeld bezahlen zu können, weil nur dieses äußerst preiswert produzierbar ist, und trotzdem alle jeweils verfügbaren Waren und Leistungen zu relativ stabilen Preisen austauschbar macht, denn die dazu notwendigen Mengen solchen Geldes lassen sich nämlich ebenso leicht in Umlauf bringen wie wieder einziehen. Von Nachteil ist, dass sich solches

Geld nicht nur leichter fälschen, sondern auch leichter bis problemlos für Spiel-, Wett- und Zockergeschäfte missbrauchen lässt. Es kann nämlich ebenso problemlos in beliebigen Mengen rund um den Erdball transportiert werden, und sowohl im Orient als auch im Okzident von Sekunde zu Sekunde variierend eingesetzt und wieder abgezogen werden. Aber werthaltig ist und bleibt es trotzdem nur, wenn es von unabhängigen Notenbänkern nur strengsten Regeln folgend produziert, in Umlauf gesetzt und wieder eingezogen wird, weil es eben zum reinen Geschöpf des Kredits geworden ist, und seinen Wert nur dem Vertrauen verdankt, das diesem seine Nutzer entgegen bringen.

Nur die anstelle von Geldern aller Arten ursprünglich benutzten Tauschwaren und -leistungen haben noch keine zusätzlichen Produktionskosten verursacht, sehr wohl aber schon die seltenen Edelmetalle und -steine, die Muscheln und Schmuckfedern, die von den Menschen als erste noch vollwerthaltige Gelder benutzt wurden, denn diese mussten ja mindestens gesucht, gefunden und gesammelt werden. Dagegen waren die teuersten Gelder, die Menschen jemals als Tausch- und Zahlungsmittel benützt haben, die bereits vollwerthaltigen Münzen, Platten und Barren aus Edel- und NE-Metallen wie Silber, Gold und Kupfer, denn zunächst mussten ja für deren Produktion dem Boden die dazu erforderlichen Grundstoffe entnommen und für die Münzproduktion aufbereitet werden. Wenngleich noch kaum bewusst, kam aber erschwerend noch hinzu: Wenn erstens die Preise für die dank des zunehmenden arbeitsteiligen Wirtschaftens der Menschen real wachsenden Tauschgütermengen nicht sinken sollten, dann musste die umlaufende Geldmenge dementsprechend gesteigert werden. Doch diesem Zwang setzten zweitens die knappen Rohstoffe für die Münzgeldproduktion so enge Grenzen, dass drittens deren Preissteigerungen exakt jenen Realgüterzuwächsen zu entsprechen begannen, die viertens wiederum adäquate Gewichtsverminderungen aller umlaufenden Münzen erzwang, ohne damit freilich deren Kaufkraft zu vermindern. Diese Tatsachen begünstigten aber fünftens wiederum die Aktivitäten der Gangster und Räuber, denn die Räuber brauchten keine Tonne Waren mehr rauben und aufwendig vermarkten, sondern den Kaufleuten, die damit reisten, das Äquivalent solcher Warenwerte nur mehr inform von Edelmetallmünzen abnehmen, die zunächst noch 1,5 kg gewogen haben, aber schon 100 Jahre später nur mehr 150 Gramm. Und dieses zuletzt erwähnte Phänomen haben sechstens auch die Gangster mitverschuldet, indem sie Münzgeld einerseits dem Verkehr entzogen und damit inflationäre Neuproduktionen erzwungen haben, und andererseits an diesen wieder mitverdienten, weil sie das eingeschmolzene alte Münzgeld als Rohstoff zur erneuten Münzgeldproduktion wieder zur Verfügung stellen konnten.

Es war also zu Zeiten, zu denen die Menschen freilich nur aus heutiger Sicht noch ehrlicher zu sein schienen, beim vollwerthaltigen Geld auch nicht mehr alles Gold was glänzte. Und deshalb ist mindestens aus heutiger Sicht auch leicht verständlich, dass die Menschen im Ablauf der Zeit immer wieder versucht haben, die Produktionskosten ihrer Gelder zu begrenzen oder gar zu vermeiden, ohne damit deren Kaufkraft zu vermindern. Wahrhaft gelungen ist ihnen das aber erst- und bisher auch letztmals nur mit der schrittweisen Materialreduktion bei zeitgleicher Silberpreisanhebung mit dem römischen Denar, denn nur bei diesem haben sie den Materialwertverfall seiner Silberlegierungen mit dem Produktivitätszuwachs ihres arbeitsteiligen Wirtschaftens noch harmonisieren und so seine Kaufkraft über rund 800 Jahre stabil halten können. Beim vorangegangenen Wandeln der Edelmetallklumpen in Münzen ist ihnen das noch nicht gelungen, und mit ihren folgenden Münz- und Papiergeldproduktionen haben sich die jeweils Regierenden zulasten ihrer Schutzbefohlenen und Untertanen mindestens 1.000 mal sogar selbst wie Gangster verhalten.

Nur das neueste und modernste Geld kommt also ohne jede Golddeckung aus. Es ist aber nur deshalb ebenso preiswert wie werthaltig, weil es auch allgemein als Recheneinheit, Schatzbewahrer, Tausch- und Zahlungsmittel akzeptiert ist. Akzeptiert kann und wird es aber nur bleiben, solange es von den jeweils Regierenden und Opponierenden souveräner Staaten entweder direkt oder über unabhängige Zentral- und Notenbänker nur in Mengen in Umlauf gesetzt und gehalten wird, die ausreichen, um alle jeweils produzier- und distributierbaren realen Güter zu stabilen Preisen auch austauschen zu können. Und hingenommen muss in solchen Zusammenhängen werden, dass sich ein stabiles Preisniveau für alle jeweils angebotenen und nachgefragten Güter aus steigenden Preisen für zu knapp und fallenden Preisen für zu üppig verfügbare Güter zusammensetzt. Hier einen allseits gerecht empfundenen Ausgleich zu schaffen ist aber Aufgabe der jeweils Regierenden und Opponierenden mithilfe ihrer Wirtschafts-, Finanz-, Sozial- und Rechtspolitiken, und nicht Aufgabe der Geld- und Geldmarktpolitiken ihrer Zentral- und Notenbänker, denn gerade diese Politiken dürfen miteinander weder vermischt noch gegeneinander substituiert werden. Doch gerade diese Vermischungen greifen derzeit nicht nur mit dem Euro, der die bisher erste und einzige Bar- und Buchgeldwährung ohne jede Golddeckung ist, leider schon wieder um sich.

6.10. Die Geld- und Währungspolitiken der jeweils Regierenden souveräner Staaten funktionieren ebenso wie deren Gesellschafts- und Wirtschaftspolitiken nicht ohne Verstand, Ethik und Moral. Und deshalb gilt es auch, die Ideale der Französischen Revolution von 1789 vernünftig wertzuschätzen, und die mit dieser Revolution erringbaren Freiheiten, Gleichheiten und Geschwisterlichkeit auch nur relativ gerecht realisieren zu wollen. Denn auch dabei kann es ja absolute Gleichheit zwischen einmaligen und deshalb auch unverwechselbaren Individuen mit zudem unterschiedlichsten Konstitutionen, Talenten, Schicksalen, Interessen, Entwicklungszyklen, Fähigkeiten und Erfahrungen ohnehin niemals geben. Es kann folglich allen Individuen sowie jenen Gruppen und Massen, deren Bestandteile diese unentrinnbar sind, nur Gleichheit vor dem Gesetz zugebilligt werden, denn jeder weitere Versuch, Gleichheit zwangsweise herzustellen, verletzt nämlich schon wieder die ohnehin beschränkungsbedürftigen Freiheiten der individuellen und kollektiven Arbeits- und Lebensgestaltung mehr als notwendig und zweckmäßig. Notwendig wäre nämlich nur, den Freiheitsansprüchen der Einen dort Grenzen zu setzen, wo diese sich nur mehr mit Freiheitsbeschränkungen für Andere realisieren lassen. Und folglich verbleibt ohnehin nur mehr die Geschwisterlichkeit, die sogar wechselseitig vorteilhaft allumfassend praktiziert werden könnte. Doch auch deren Realisierung würde massenhaft bessere Menschen voraussetzen, die wir wiederum mehrheitlich leider noch nicht sind.

6.11. Die im tieferen Wortsinn ohnehin irrealen Freiheits- und Gleichheitsideale werden neuerdings von der Forderung nach immer mehr Gerechtigkeit überlagert, und diese wird wiederum nicht nur bevorzugt, sondern auch einseitig an der Verteilungsgerechtigkeit des Geldes orientiert und gemessen. Dabei verkehren sich die allgemeinen Gerechtigkeitsvorstellungen sogar in ihre Gegenteile, wenn diese mit unverzichtbaren Attributen wie Bedarf, Beteiligung, Generation, Leistung, Markt und Verteilung kombiniert werden. Ober wäre es wahrhaft noch gerecht, den Fleißigen gleiches wie den Faulen zukommen zu lassen, oder gleiche Chancen auch denen aufzuzwingen, die solche für sich gar nicht nutzen wollen? Es ist aber auch ebenso selten bedarfs- oder beteiligungsgerecht, was auch leistungs- oder marktgerecht wäre. Warum also sollen darüber, was allen Individuen, Gruppen und Massen über ihre Grundbedürfnisbefriedigungen hinaus selbstverständlich zukommen sollte, nicht die unbestechlichen Marktmechanismen besser als jede Ethik- und Moralkommission entscheiden?

6.12. Eine Sonderform der Gerechtigkeit, die mit dem Geld korrespondiert, ist die Realisierung der Generationengerechtigkeit. Und dabei gehört zu den unverzeihlichen Fehlern der Regierenden und Opponierenden der schon demokratisch verfassten Industriegesellschaften, es diesen zulasten nachwachsender Generationen jeweils gegenwärtig zu wohl ergehen zu lassen. Mit der Forderung nach Unterlassung solcher Fehler werden diese nicht aufgefordert, die schuldenfinanzierten Investitionen beispielsweise in Bildung, Weltfrieden, Sicherheit, Infrastruktur und Entwicklung zu unterlassen, sehr wohl aber dazu, künftige Generationen mit Zinszahlungs- und Schuldentilgungsverpflichtungen für Lieferungen und Leistungen zu belasten, die diese nicht mehr nutzen können. Nutzen können diese beispielsweise noch den Weltfrieden, die Sicherheitsarchitektur und Infrastruktur des Staates, aber nicht mehr die Bildungsinvetsitionen in ihre Eltern und Großeltern, in die Verrentung oder gar Frühverrentung noch leistungsfähiger und -williger Mitmenschen, nur um jüngeren Nachrückern Platz zu schaffen, weil das Arbeitsplatzangebot für alle Arbeitsfähigen und -willigen zu knapp ist, oder in Gesundheits- und Pflegeleistungen, deren Kosten mit den Beiträgen der Gesunden nicht mehr gedeckt werden können. Solidarische Generationen, die zur Vorfinanzierung solcher Leistungen Darlehen und Kredite aufnehmen, sollten diese gerechterweise zu ihren Lebzeiten auch abzinsen und wieder tilgen. Entscheidend wäre und bliebe also für jede zu rechtfertigende Aufnahme von Darlehen und Krediten, dass jenen Generationen, die zukunftsfähige Investitionen noch abzuzinsen und zu tilgen haben, diese nicht nur zufallen, sondern auch erspart bleiben. Denn es nützt ja auch den spät- und noch ungeborenen Menschen, wenn ihnen ab ihren Geburtstagen schon zur Verfügung steht, was sie ansonsten im Ablauf ihrer Lebzeiten ohnehin investieren müssten. Akzeptabel sind beispielsweise kreditfinanzierte Investitionen in wertbeständige Hoch-, Tief- und Wasserbauten, in alle sicher, human, wirtschaftlich, umwelt- und sozialverträglich operierenden Produktions- und Distributionskapazitäten für *reale* Waren und Leistungen, von denen anzunehmen ist, dass auch unsere Kinder, Enkel und Urenkel mit diesen noch leben wollen. Dagegen ist m.E. schon verwerflich, künftigen Besser- und Bestverdienern Studiengebühren ohne verbindliche Verpflichtungen zu erlassen, diese noch zu ihren Lebzeiten mindestens abzuzinsen und zu tilgen. Und schon kriminell empfinde ich die Konstruktion jener Renten-, Kranken- und Pflegeversicherungssysteme beispielsweise in Deutschland, die für gegenwärtig zu zahlende moderate Pflichtbeiträge rechtsverbindlich Leistungsansprüche begründen, die unter der Berücksichtigung von medizinischen und technischen Fortschritten, Inflation und demographischen Entwicklungen im Ablauf von 30 bis 70 Wirkjahren nie und nimmer erfüllt werden können.

6.13. Das materialwertarme bis -lose Bar- und Buchgeld, das zudem auf jegliche Deckung seines Nominalwertes durch hinterlegtes Gold verzichtet, ist zweifelsfrei das billigste und trotzdem ebenso funktionstüchtige Tausch- und Zahlungsmittel wie das mit Gold teilweise noch gedeckte Geld, aber eben nur, wenn sich dessen Emittenten und Nutzer bedingungslos an jene Verträge halten, die dieses ja erst werthaltig machen. Nachteilig ist zweifeldfrei, dass auch solches Geld Ware geblieben ist, und sich sogar als Schatzbewahrer wie vollwerthaltige Dauerware missbrauchen lässt, obwohl es real nur mehr bedrucktes Papier oder gar materialwertloses Buchgeld ist. Auch deshalb kann gerade mit solchem Geld ebenso problemlos wie global gespielt, gewettet, gezockt und spekuliert werden, ohne befürchten zu müssen, dass damit reale Güter verloren gehen oder vernichtet werden. Dennoch verschulden den massenhaften Missbrauch solchen Geldes nur sekundär die jeweils aktuellen Spieler, Wetter, Zocker und Spekulanten, sondern primär jene Regierenden und Opponierenden souveräner Staaten, die unerwünschte, gefährliche und damit auch gesellschaftsschädigende Aktivitäten im Umgang mit solchem Geld nicht verbieten, unter Strafe stellen, oder mindestens durch angemessene Besteuerung bedeutend behindern und begrenzen.

Selbstverständlich ist und bleibt richtig, dass reine Geldgeschäfte nicht nur lukrativer als realwirtschaftlich notwendige und zweckmäßige Geschäfte sind, sondern auch kaum verhindert werden können. Die jeweils Regierenden könnten trotzdem wie beispielsweise schon in Deutschland die Lottospiele bereits an der Quelle so hoch besteuern, dass sich jene Schäden, die diese vielleicht verursachen, aus den damit erlösten Steuern wieder egalisieren lassen. Und vergleichbar könnten auch alle übrigen Geld-, Spiel-, Wett-, Zock- und Spekulationsgeschäfte besteuert werden, von denen ich beispielgebend nur wenige erwähnen will. In Deutschland belastet der Staat das Rauchen schon mit durchschnittlich 83,3 % Tabak- und Mehrwertsteuer, ohne mit dieser Belastung die Raucher vom Rauchen abhalten zu können. Den Liter Treibstoff belastet er mit durchschnittlich 50 Cents Mineralöl- und Mehrwertsteuer unabhängig davon, ob die Autofahrer den Treibstoff verbrauchen, weil sie ansonsten am Geldverdienen gehindert wären, oder weil sie sich nur vergnügen wollen. Und deshalb ist in solchen Zusammenhängen schwer verständlich, dass nicht einmal das Flugbenzin für Urlaubsflüge angemessen besteuert wird.

6.14. Von den Einsätzen der Lottospieler beansprucht der Staat wohl auch zurecht 50 % Steuern, so dass an diese höchst ungleich nur mehr 50 % ihrer Einsätze wieder ausgeschüttet werden können. Und weil dieses Spiel nur 12 bis 15 Spielern jährlich die Chance eröffnet, ihre Einsätze 139 Millionen mal wieder zu gewinnen, nehmen rund 95 % aller Mitspieler hin, dass sie ihre Einsätze total verlieren. Trotzdem setzen angesichts so geringer Gewinnchancen und enormer Verluste rund 25 Millionen Spieler jährlich rund 3,6 Mrd.€ ein und zahlen davon - gleich ob arm oder reich - 1,8 Mrd.€ Steuern. Nicht nur zahlreicher sondern auch variabler sind da schon die Gewinnchancen der Roulettspieler, denn diese zahlen auf ihre Einsätze direkt keine Steuern, sondern können diese je nach Platzierung dieser mit Verlustrisiken von 1:2 doppelt, von 1:4 4fach, von 1:8 8fach, von 1:16 16fach, und von 1:32 sogar 32fach wieder gewinnen, obwohl Erfahrung lehrt, dass auch diese zu 99 % rund die Hälfte ihrer Einsätze an die dann allerdings einzig Steuern zahlenden Spielbanken verlieren. Selbst den ebenso notwendigen wie zweckmäßigen Grundstücksverkehr erlaubt sich der Staat mit 3,5 % steuerlich zu belasten. Dagegen verzichtet er immer noch auf die Besteuerung des Geld- und Kapitalverkehrs mit dem Hinweis, dass damit die realwirtschaftlich ebenso notwendigen wie zweckmäßigen Geschäfte zu sehr belastet würden. Wie viele meiner weise gewordenen Mitmenschen kann ich dazu aber nur sagen: Mich hat die einmalige Zahlungen von 3,5 % oder 17.500 € auf den Erwerb eines bebauten Grundstücks zum Preis von 500.000 € weit mehr belastet als mich jene 60 Kontenbewegungen jährlich belasten würden, wenn diese über die weit höheren Bankgebühren für diese Bewegungen hinaus zusätzlich mit 0,01 % besteuert würden. Aber auch die steuerliche Belastung jeden Waren- oder Devisentermingeschäfts, Ankaufs und Verkaufs von Aktien und Obligationen in Höhe von 0,01 % des Marktwertes wäre für jene An- und Verkäufer noch leicht verkraftbar, die damit nur ihre realwirtschaftlich notwendigen und zweckmäßigen Risiken vermindern wollen. Denn zu teuer (und damit vielleicht sogar unmöglich) werden durch deren Besteuerung ja nur jene Spekulationsgeschäfte, die auf langfristiges Halten ausgelegte Aktien, Obligationen und diesen entsprechende Fonds im Jahresdurchschnitt bis zu 10.000mal an- und verkaufen, nur um von Stunde zu Stunde und von Platz zu Platz rund um den Erball geringste Kursdifferenzen ebenso massenhaft abschöpfen zu können. Denn nur hier summieren sich nämlich 10.000 x 0,01 % Steuern auf jede Transaktion zu einer 100-%igen Gesamtsteuerlast, die solche Geschäfte insbesondere dann total verdirbt, wenn die Verluste aus solchen zurecht nicht abgesetzt werden dürfen. Der ebenso notwendigen wie zweckmäßigen Realwirtschaft würde sogar nützen, wenn das Volumen solch unnützer Finanzgeschäfte, das zwischenzeitlich beim 10fachen der realwirtschaftlich notwendigen und zweckmäßigen Börsengeschäfte angekommen ist, wieder auf ein Niveau absänke, das maximal bei 10 % der auch realwirtschaftlich notwendigen und zweckmäßigen Börsengeschäfte angesiedelt wäre.

6.15. Meinen aufmerksamsten LeserInnen ist nach meinen Äußerungen zum Geld und seinen Funktionen zwischenzeitlich sicher schon klar geworden:
Eine wohlständig gewordene Weltgesellschaft, die immer noch zunehmend arbeitsteilig und global wirtschaftet, und damit auch den Massenwohlstand weiter mehrt, kann angesichts der zwischenzeitlich erreichten und immer noch wachsenden Güterfülle und -vielfalt auf jene Gelder nicht mehr verzichten, mit deren Hilfe die damit korrespondierenden Wertschöpfungs- und -verteilungsprozesse finanziert werden.

In geringen Umfängen werden auch heute noch Waren und Leistungen wie schon vor 12.000 Jahren individuell erstellt, und Ware gegen Ware oder Leistung getauscht, obwohl zwischenzeitlich Regel ist, dass auch der Güterfülle und -vielfalt wegen fast alle Güter nur noch gegen Gelder und Gelder wieder gegen Güter getauscht, aber auch die Wertschöpfungs- und Verteilungsprozesse nur mehr mithilfe des Geldes finanziert und abgewickelt werden. Am Prinzip, dass jede Ware und jede Leistung ihren Preis hat, und dass dieser Preis damals wie heute immer auch zu bezahlen ist, hat sich im Ablauf der Zeit also nur geändert, dass zwischenzeitlich fast alle Geschäfte der Menschheit mithilfe des dazwischen geschalteten Geldes gestaltet und abgewickelt werden. Wer früher minderqualifiziert und leistungsschwach war, hat auch früher für seine Lieferungen und Leistungen nur geringere Gegenlieferungen und -leistungen bekommen, denn das Geld, das heute für solche erlöst werden kann, entspricht ja auch heute noch den minderen und schwächeren Lieferungen und Leistungen.

Das derzeit umlaufende Bar- und Buchgeld ist mehrheitlich sogar notwendiger- und zweckmäßigerweise nur mehr geringfügig oder nicht mehr mit Gold gedeckt, sehr wohl aber an Goldesstatt mit Rechten, Verträgen sowie haus-, betriebs- und volkswirtschaftlichen Leistungspotenzialen, die wiederum mindestens den umlaufenden Geldmengen, idealerweise diesen jedoch exakt entsprechen sollten.

6.16. Gutes Geld ist auch deshalb stets ein knappes Geld, weil es ja nur ausreichen soll, die jeweils angebotenen und nachgefragten materiellen und immateriellen Güter zu relativ stabilen Preisen austauschen zu können, denn mehr umlaufen-

des Geld vermehrt nämlich nicht die knappen Güter, sondern erhöht nur deren Preise, und inflationiert dementsprechend den Wert aller umlaufenden Gelder.
Hinsichtlich der langfristigen Wirkungen von derzeit weltweit akzeptierten Inflationsraten zwischen 1,5 und 2,5 % p.a. sollten sich Jedefrau und Jedermann dennoch nicht täuschen lassen. Es bewirken zwar 1,5 oder 2,5 % Inflationsrate im Ablauf von 10 Jahren nur eine durchschnittliche Teuerung von 16 bzw. 28 %, im Ablauf eines Menschenlebens aber, das derzeit durchschnittlich 75 Jahre dauert, verdreifachen aber 1,5 % Inflation die Preise und vermindern damit den Wert des Geldes schon auf ein Drittel seines Ausgangswertes, während 2,5 % Inflation die Preise schon mehr als versechsfachen, oder den Ausgangswert der Währung auf 16 % vermindern.

6.17. Es ist folglich auch kontraproduktiv, wenn die autonomen Tarifparteien die Löhne der Arbeitnehmer sowohl um die Inflationsraten als auch den Produktivitätsfortschritt zu erhöhen versuchen, denn als Verteilungsmasse steht nämlich nur der Produktivitätsfortschritt jeden einzelnen Unternehmens oder Betriebs zur Verfügung. Und jedes Mehr zugunsten der ArbeitnehmerInnen und damit zulasten der ArbeitgeberInnen müssen und werden ja die Letzteren versuchen, über die Preise für ihre Angebote wieder zu erlösen, wenn sie mittel- bis längerfristig nicht untergehen wollen. Gelingen diesen die notwendigen Preiserhöhungen, verursachen diese damit jene Inflation, die jede zu bezahlende Nominallohnerhöhung real wieder kürzt, und gelingen diese nicht, verlieren sowohl die ArbeitgeberInnen ihre Existenzgrundlagen als auch deren ArbeitnehmerInnen ihre Arbeitsplätze mit allen schon heute wohlbekannten fatalen Folgen.

Ebenso irreal sind die Forderungen der Gewerkschafter und zu vieler Sozialpolitiker nach gleichen Löhnen für gleiche Arbeit, flächendeckende Mindestlöhne, und gleiche Tages-, Wochen-, Jahres- und Lebensarbeitszeiten für alle ArbeitnehmerInnen, denn diese entsprechen weder den wahren Interessen der ArbeitnehmerInnen noch deren Konstitutionen, auch weil die meisten Menschen in der Jugend lieber länger und angestrengter, mit zunehmendem Alter verkürzt und effizienter, und im sogenannten Ruhestandsalter immer noch gerne in jenen Maßen auch erwerbsarbeiten würden, die ihre Kräfte noch zulassen. Solcherart selbstbestimmten Alternativen der Arbeitszeit- und individuell gerecht empfundenen Lohn- und Leistungsgestaltung stehen aber die aktuell tarifierten und reglementierten Vereinbarungen der Tarifparteien entgegen. Und diesen widersprechen auch die unterschiedlichen körperlichen, geistigen, seelischen und fachlichen Anforderungen an die tarifier- und reglementierbaren Berufsbilder, die bis zu 16 gelegentliche Tagesarbeitsstunden für Fremdenführer ebenso rechtfertigen würden wie sie mehr als täglich 2 x 3 = 6 Schwerstarbeiterstunden nicht verbieten.

6.18. Eine bedingungslos verfügbare Mindestversorgung, von der sich Jedefrau und Jedermann überall und jederzeit gesund ernähren und erhalten, bescheiden kleiden, behausen und am sozialen Leben der Gesellschaft angemessen beteiligen kann, schuldet m.E. mindestens schon jede Industriegesellschaft allen ihren Mitgliedern von der Wiege bis zur Bahre ebenso, wie diese zurecct auch fordert, dass Eltern für ihre Kinder selbstverständlich nur zu ihren Lasten zu sorgen haben. Dagegen schulden jenen minderqualifizierten und leistungsschwachen Arbeitnehmern nicht mehr deren potentzielle oder zufällige Arbeitgeber einen flächendeckenden Mindestlohn, sondern die Solidargesellschaft. Trotzdem schuldet das Kollektiv der Arbeitgeber auch den minderqualifizierten und leistungsschwachen Arbeitnehmern sehr wohl eine nur deren jeweiligen Möglichkeiten angemessene Erwerbsbeschäftigung, aber eben nur zum leistungsgerechten Lohn, den dann die Solidargesellschaft beispielsweise aus einem Fonds aufzustocken hätte, den wiederum der Staat, die Arbeitgeber- und -nehmerInnen gleichermaßen dotieren müssten, damit auch den vom Schicksal benachteiligten Mitmenschen für ihre Leistungen eine bedarfsgerechte Entlohnung für ihre Anstrengungen zukommen kann.

Denn für alle jeweils arbeitsfähigen und -willigen Menschen kann es fast überall und jederzeit sowohl selbständige als auch abhängige Erwerbsarbeit nur zu jeweils marktgerechten Preisen und Konditionen geben, weil jede andere von deren potenziellen Arbeit- und AuftraggeberInnen nicht nachgefragt wird. Und wenn die allgemeinverbindlich erklärten Flächenlöhne, die von den Tarifparteien marktwidrig vereinbart werden, nicht auch marktgerecht sind, dann lassen sich die Differenzen zwischen den Tarif- und Marktlöhnen an den lokalen und regionalen Erwerbsarbeitslosenquoten, die derzeit in Deutschland zwischen 0 und 55 % schwanken, auch ablesen. Und hier zeigt sich, dass die nur systemisch marktwidrig tarifierten und reglementierten Löhne trotzdem zu rund 60 % auch marktgerecht sind, und nur im untersten Fünftel zu rund 50 % der Not gehorchend sogar bezahlt werden, obwohl sie von deren EmpfängerInnen nicht mehr verdient werden können. Im oberen Drittel können dagegen nur mehr 30 % der angebotenen Arbeitsplätze mit ArbeitnehmerInnen besetzt werden, die mit ihren Tariflöhnen noch zufrieden sind, während die besser und bestqualifizierten 15 % ArbeitnehmerInnen durchaus leistungs- und marktgerecht nur mehr mit Zuschlägen auf ihre Tariflöhne zwischen 5 und 150 % zu haben und zu halten sind. Und auch deshalb ist die Realisierung gleicher Löhne für gleiche Arbeit am gleichen Ort und zu gleicher Zeit eine Illusion.

Kluge ArbeitgeberInnen haben auch deshalb mit ihren ArbeitnehmerInnen und deren Betriebsräten schon Erfolgs- und Gewinnbeteiligungen rechtsverbindlich vereinbart, damit diese auch solcherart gewonnen und gehalten werden können. Und auch diese Beteiligungen führen selbstverständlich zu Differenzen zwischen den Tarif- und Reallöhnen ihrer Beschäftigten zwischen 5 und 25 %, und hebeln damit das Prinzip sogar autodynamisch aus, dass für gleiche Arbeit am gleichen Ort und zur gleichen Zeit auch gleiche Löhne bezahlbar seien. Und gleichermaßen konterkarieren auch Lohnminderungen für ArbeitnehmerInnen dieses Prinzip, wenn solche neben den Betriebsräten auch Gewerkschafter in vorübergehend notleidenden Unternehmen akzeptieren. Warum die autonomen Tarifparteien an irrealen Prinzipien zulasten ihrer Schutzbefohlenen trotzdem immer noch festhalten, ist deshalb zwischenzeitlich auch nicht nur mir unverständlich geworden.

Und damit ist auch die letzte Frage nach der weltweit ungleichen Verteilung des Geldes schon halb beantwortet. Primär verursachen nämlich die ungleiche Verteilung des Geldes einerseits die ungleichen Leistungen aller Individuen, Gruppen und Massen, und anderseits die marktgerecht schwankenden Nachfragen nach diesen. Rund hälftig verursachen die ungleiche Geldverteilung auf Erden aber auch die jeweils Regierenden und Opponierenden aller souveränen, insbesondere aber die der G7- und G20-Staaten, durch die nur von diesen zu verantwortenden Protektionen und Diskriminierungen des Welthandels, die mehrheitlich zugunsten der Starken und Mächtigeren die Schwachen und Ohnmächtigen systematisch benachteiligen, wenngleich nicht die in ihren eigenen, sehr wohl aber die in fast allen übrigen Staaten auf Erden.

7. Die Staaten und deren Gesellschaften

7.1. Es gibt derzeit nur rund mehr 220 Staaten auf Erden, von denen sich 196 als souveräne Staaten wechselseitig auch anerkennen. Und entwickelt haben sich diese im Ablauf der zurückliegenden 5.200 Jahre aus jenen rund 3.500 Staatsgebilden heraus, die seither konkurrierend, kooperierend, rivalisierend oder durch Aufspaltungen und Vereinigungen aufgekommen und größtenteils wieder verschwunden sind. Bevölkert werden nicht nur diese 199 schon souveränen Staaten seit 2014 von 7,2 Milliarden Menschen mit noch wachsender, wenngleich schon wieder abnehmender Tendenz, denn erwartet wird den aktuellen Wachstumsraten gemäß bis 2050 nur mehr eine Weltbevölkerung mit 9 bis maximal 11, und bis 2100 eine mit 12 bis maximal 17 Milliarden Menschen. Dennoch standen den wenigeren Menschen in der Vergangenheit, und es stehen auch den gegenwärtig und künftig noch mehreren Menschen, nur die habitablen Zonen der Erde als Lebensraum zur Verfügung. Die von Menschen bewohnbaren habitablen Zonen sind aber nur die über dem Meeresspiegel liegenden Landflächen bis zu 5.000 Metern Höhe, soweit diese nicht jetzt schon (z.B. die Polkappen und Gipfel der höchsten Berge) permanent mit Eis und Schnee bedeckt, oder wie die auch tiefer gelegenen Hochgebirge und Wüsten nicht aride sind. Obwohl die Erdoberfläche schon seit 4,1 Milliarden Jahren rund 510 Millionen qkm misst, und auch die Meere mit ihren derzeit rund 362 Millionen qkm Oberfläche von Menschen genutzt werden können, stehen der Menschheit dennoch nur rund 145 Millionen qkm von dieser auch als bewohnbares Land zur Verfügung. Der Durchschnittsstaat verfügt damit über eine Fläche von rund 728.000 qkm und wird aktuell von eund 36,2 Millionen Menschen bevölkert. Der flächenmäßig größte Staat ist derzeit Russland mit 17.075.400 qkm Fläche, die 142,1 Millionen Menschen bevölkern, während China mit seinen 1.326 Millionen Menschen der aktuell volkreichste Staat ist, die nur eine Fläche von 9.572.420 qkm bewohnen und nutzen können. Dagegen steht Deutschland mit seiner Fläche von 357.400 qkm erst an der 14., und mit seiner aktuellen Bevölkerung von 81,3 Millionen Menschen erst an der 61. Stelle dieser Weltrangliste. Der Quadratkilometer Staatsfläche ist damit durchschnittlich mit 36 Menschen bevölkert, der Deutschlands mit 227, der Chinas mit 139, und der Russlands mit 83 Menschen. Schon diese Zahlen zeigen, dass die Größen der Staaten und deren Bevölkerungen weder mit deren Entwicklungsstadien noch mit deren aktuellen Wohlständen korrespondieren, sehr wohl aber mit deren unterschiedlichst konstituierten Regierungen im Ablauf der Zeiten.

7.2. Regiert werden von diesen 196 bzw. 199 souveränen Staaten derzeit schon 84 von Demokraten, aber noch 14 von absoluten Monarchen und demnach 101 von Diktatoren und Tyrannen. Demokraten gibt es, von Vorläufern im antiken Griechenland und Rom einmal abgesehen, aber erst seit 1649 n.Chr. in Großbritannien und seit 1776/89 in den USA. Und während sich die Demokraten in den USA von Anfang an etablieren und bis heute behaupten konnten, dauerte es in England bis 1860, in den meisten übrigen europäischen Staaten bis 1918, und in Deutschland sogar bis 1949, ehe sich in diesen die Demokraten gegen die Beharrungskräfte ihrer Monarchen und Diktatoren durchsetzen konnten.

Die zunehmende Demokratisierung der Staaten auf Erden ist auch eine Folge der europäischen Aufklärung im 18. nachchristlichen Jahrhundert, die bewirkte, dass Demokraten ihre nur allzuoft mangelhaft regierenden Kaiser, Könige, Tyrannen und Diktatoren entmachtet und durch Volksherrschaften ersetzt haben. Weil Staaten trotzdem oberste Repräsentanten brauchen, haben insbesondere europäische Staaten wie Großbritannien, die Niederlande oder Schweden ihre absoluten Monarchien in konstitutionelle und parlamentarische Monarchien gewandelt, und diese solcherart zu Republiken gemacht, die seither von gewählten Volksvertretern regiert, aber noch traditionell von Monarchen repräsentiert werden. Ihren Formen und Verfassungen gemäß gibt es derzeit dennoch fast ebenso viele unterschiedliche Demokratien, Monarchien und Diktaturen wie Staaten, so dass sich kaum ausmachen lässt, welche der Staats- und Regierungsformen aktuell die besseren oder schlechteren sind.

7.3. Offensichtlich strukturieren sich alle Menschenmassen, indem sie zunächst jene Paare, Familien, Sippen und Stämme noch autodynamisch bilden, die auch in allen Staaten deren andersgeartete Organisationsstrukturen noch unterlegen und überlagern. Sowohl deren weltliche als auch geistliche Führer haben sich im Ablauf mehrerer Jahrtausende in kooperierenden und rivalisierenden Adels- und Herrscherkasten versammelt, die ihren Untertanen Freud und Leid ebenso ertragen wie Wandel und Entwicklung schaffen halfen. Und nicht nur an der früh-, hoch- und spätzeitlichen Geschichte Ägyptens lässt sich ablesen, wie die rund 240 Pharaonen der insgesamt 31 Dynastien zwischen 3200 v.Chr. bis 395 n.Chr. im Nordosten Afrikas das erste Weltreich geschaffen und wieder verloren haben, und weiter, wie sich dieser Staat unter seinen folgenden rund 160 Regenten bis heute - wenngleich nur mehr auf dem Niveau eines Schwellenlandes - immerhin behaupten konnte. Vergleichbare Entwicklungen haben ab 2200, 1200 und 800 v.Chr. nur noch die zeitweisen Weltmächte China, Griechenland und Rom durchlaufen, denn die europäischen Staaten haben sich ja erst ab dem 4. nachchristlichen Jahrhundert vom Frankenreich ausgehend gebildet, und dennoch schon 476 die römische Weltherrschaft beenden können, obwohl sie zu dieser Zeit selbst noch unterentwickelt waren. Dagegen gibt es die USA, die zur noch heute führenden Wirtschafts- und Militärmacht auf Erden aufgestiegen ist, ja erst seit 1776/89, und sie sind zudem nur die Spätfolge der Kolonisation Nordamerikas ab dem 16. Jahrhundert bevorzugt durch Engländer, Franzosen, Deutsche, Spanier und Portugiesen.

7.4. Sowohl die Formen als auch Regierungen aller Staaten werden durch deren geschriebene und ungeschriebene Verfassungen oder Grundgesetze charakterisiert, die auch bestimmen, ob diese tatsächlich oder tendenziell noch Monarchien und Diktaturen oder schon Demokratien sein sollen oder wollen, und weiter, welchen wesentlichen Zwecken sie auf welche Arten und Weisen dienen. Von den derzeit existenten 199/220 Staaten präsentieren sich 97 Staaten selbst als Präsidial- oder Volksrepubliken, und sind damit real noch Diktaturen auch dann, wenn sie sich mit mehr oder minder machtlosen, keinesfalls aber gesetzgebenden Volksvertretungen und -versammlungen schon schmücken. Und gleichermaßen mit Alleinherrschaftsansprüchen präsentieren sich die 14 noch existenten absoluten Monarchien. Dagegen sind erst 84 der 195 souveränen Staaten schon Demokratien, und werden folglich auch von Kräften regiert, die von deren Bevölkerungen direkt oder über deren VolksvertreterInnen indirekt gewählt wurden und werden, um auch ihrerseits ihre Wahlvölker sowohl verfassungsgemäß als auch zeitlich begrenzt zu regieren.

Am deutlichsten lassen sich heute die Staaten der Erde durch ihre wirtschaftlichen und gesellschaftlichen Entwicklungs- und damit auch durch die Wohlstandsgefälle ihrer Bevölkerungen unterscheiden, wobei aktuell die primären Zuordnungskriterien deren Industrialisierungsgrade sind. Die Grenzen zwischen den Industriestaaten, Schwellen- und Entwicklungsländern variieren aber, wenn man über die BNE pro Kopf und Jahr ihrer Bevölkerungen weitere Kriterien wie die BIP-Entstehung und Beschäftigung im industriellen, landwirtschaftlichen und Dienstleistungs-Sektor, deren Alphabetisierungsgrade, ärztlichen Versorgungen, Lebenserwartungen und Reproduktionsraten zugrunde legt. Mehrdeutig zuordenbar sind danach zwischen 43 und 54 Staaten den Industriestaaten, zwischen 38 und 77 den Schwellenländern, und zwischen 64 und 114 den Entwicklungsländern. Denn nur, wenn man die BNE pro Kopf und Jahr ihrer Bevölkerungen als Zuordnungskriterium wählt, gab es 2012 61 Industriestaaten mit Pro-Kopf-BNE über 15.000 oder durchschnittlich 33.760 US-$, 58 Schwellenländer mit solchen zwischen 5.000 und 15.000 oder durchschnittlich 8.580 US-$, und 80 Entwicklungsländer mit solchen unter 5.000 oder durchschnittlich 1.250 US-$. Und die daraus resultierenden durchschnittlichen Wohlstandsgefälle der Bevölkerungen in den Industriestaaten, Schwellen- und Entwicklungsländern verhielten sich damit wie 24:6:1 zueinander.

7.5. Die Entwicklung der Staaten und deren Gesellschaften haben aber auch jene Ereignisse und Fortschritte mitbestimmt, die für Menschen charakteristisch waren, Zeitalter geprägt haben, und mindestens den Historikern auch bekannt und vertraut sind. Zwischen 4000 und 1750 v.Chr. herrschte danach die Jungsteinzeit, zwischen 1700 und 800 v.Chr. die Bronzezeit, zwischen 800 v.Chr. und 400 n.Chr. die Eisenzeit, zwischen 3200 v.Chr. und 900 n.Chr. das frühägyptische und -chinesische Zeitalter, zwischen 2500 v.Chr. und 1450 n.Chr. das griechisch/römische Zeitalter, zwischen 350/476 und 1492/1517 variierend das nachchristliche Mittelalter, zwischen 1400 und 1700 die Renaissance, und seit 1700 die Neuzeit, die sich für deren fortschrittlichste Staaten noch einmal in die schon wieder vergangenen Kulturperioden der Renaissance, des Barock, Rokoko und Jugendstils, und wirtschaftlich in das noch andauernde Industriezeitalter ab 1750 und das schon wieder im Niedergang begriffene Atomzeitalter ab 1938 untergliedern lässt.

7.6. Insbesondere die Regierenden der G7-Staaten sollten nicht nur das Staatsziel aufgegeben, den Wohlstand ihrer Bevölkerungen bevorzugt mithilfe steten Wirtschaftswachstums mehren zu wollen, denn dieses kann ja nur mehr zulasten aller übrigen Staaten auf Erden realisiert werden. Ein ebenso effizienter wie preiswerter Alternativweg zur Wohlstandsmehrung wäre die Förderung der privaten Sektoren zulasten der öffentlichen, um so öffentliche Aktivitäten mindern oder aufgeben zu können, soweit diese auf privaten Sektoren übertragbar sind.

Selbstverständlich müssen insbesondere die Regierenden demokratisch verfasster Rechtsstaaten, deren Volkswirtschaften schon privatkapitalistisch finanziert und marktwirtschaftlich geordnet sind, das arbeitsteilige Wirtschaften ihrer Bevölkerungen rahmen und regulieren. Sie sollten auch deshalb alle ihre Bürger und Gäste einerseits bedingungslos grundversorgen, so dass diese menschenwürdig leben und überleben können, doch diesen andererseits auf direkten und indirekten Wegen wieder wegsteuern, was diese sowohl zur Finanzierung ihrer Staats- als auch ihrer sonstigen undelegierbaren Aufgaben selbst brauchen. Hinzunehmen sind in solchen Zusammenhängen Einkommens- und Vermögensunterschiede, die sich autodynamisch aufgrund der Interessen-, Motivations- und Leistungsunterschiede ihrer Bürger und Gäste einstellen, weil auch diese einmalige und unverwechselbare Individuen mit ebenso eigenartigen Konstitutionen, Talenten, Schicksalen, Interessen, Fähigkeiten und Erfahrungen sind. Trotzdem sollten die jeweils Regierenden aller Staaten nur mehr sicher, human, wirtschaftlich, umwelt- und sozialverträglich organisierte Wertschöpfungs- und Verteilungsprozesse zugelassen und alle übrigen verbieten. Weiter sollten sie alle regionalen, nationalen und internationalen Monopole zerschlagen oder regulieren, auch wenn sich diese infolge ihrer individuellen und kollektiven Leistungsoptimierungen ebenso autodynamisch wie unvermeidlich entwickelt haben. Denn nur diese müssen zwar nicht, aber sie können das freie und deshalb auch relativ gerechte Spiel der Marktkräfte um die Wohlstandsmehrung und -verteilung Aller konterkarieren, und nur das sollten Kontrolleure und Regulierer beseitigen und nicht mehr zugelassen.

Effizienter und gerechter als funktionstüchtige vollkommene Märkte, die zudem auf ihren Anbieter- und Nachfragerseiten stets gleichwertig besetzt sind, können die jeweils Regierenden der schon entwickelten Industriestaaten weder die Interessen noch die Einkünfte und Vermögen ihrer unterschiedlichst motivierten, leistungsfähigen und -willigen Bürger und Gäste angleichen, obwohl sich auch damit keine Formen der Freiheit, Gleichheit und Gerechtigkeit herstellen und erhalten lasswen, wie sie schon die Initiatoren der Französischen Revolution von 1789 vergeblich zu realisieren versuchten. Diese Ideale konnten aber auch die Kommunisten ab 1847, die Sozialdemokraten ab 1863, und die Sozialisten ab 1917 bis heute wahrscheinlich auch deshalb nicht realisieren, weil diese sich mit jenem Typ Mensch, der die Menschheit immer noch repräsentiert, nicht realisieren lassen.

7.7. Denn m.E. schulden bisher leider noch vergeblich die Bevölkerungen der Industriestaaten und deren jeweils Regierende allen ihren Mitgliedern von der Wiege bis zur Bahre sogar gegenleistungslos ein Grundeinkommen, von dem sich diese gesund ernähren und erhalten, bescheiden kleiden, behausen und am sozialen Leben der Gesellschaft angemessen beteiligen können, aber eben auch nicht mehr. Denn wer über mehr als ein solches Grundeinkommen verfügen will, soll sich jedes Mehr selbst erarbeiten, von seinen Mitmenschen erbitten, oder von diesen ohne Rechtspflicht schenken lassen müssen. Und selbstverständlich müssen schon alle Durchschnitts-, insbesondere aber alle Besser- und Bestverdiener ebenso wie die schon Vermögenden in diesen Staaten auch Steuern bezahlen, damit auch deren jeweils Regierende mithilfe ihrer StaatsdienerInnen ihre undelegierbaren Aufgaben sicher, human, umwelt- und sozialverträglich erledigen können. Trotzdem wäre es nicht nur m.E. schon ungerecht, sowohl den Leistungsträgern als auch den Vermögenden einer Solidargesellschaft nachhaltig mehr als 50 % ihrer laufenden Einkünfte, und jährlich mehr als ein Prozent jener Vermögensgegenstände wegzusteuern, die diese sich selbst erarbeitet oder geerbt haben, nur um damit die Einkünfte und Vermögen der Minderqualifizierten und Leistungsschwachen, die es in jeder Gesellschaft gibt, denen der Leistungsträger angleichen oder gar gleichsetzen zu können. Es ist aber ebenso ungerecht, diesen ärmeren und schwächeren Mitmenschen die Sozialhilfen zu schmälern, wenn sie sich weigern, für Hungerlöhne sowohl die Drecksarbeiten der Gesellschaft zu erledigen, als auch jene Übeltäter unter diesen unbestraft zu lassen, die ihre Sozialhilfen in Alkohol, Nikotin und Drogen investieren, um solcherart nicht nur arbeitsunfähig zu werden, sondern von der Solidargesellschaft noch zusätzliche Unterstützungen erpressen zu können. Denn ich glaube, dass allen jeweils lebenden Menschen zugemutet werden kann, für sich und ihre Schutzbefohlenen selbst zu sorgen, und dabei auch hinzunehmen, dass die knappen und knappsten Güter, die auch eine Solidargesellschaft nur produzieren und distribuieren kann, nicht allen ihren Mitgliedern gleichermaßen zukommen können. Und soweit und solange eine reiche Solidargesellschaft ihre armen, hilflosen und sogar faulen Mitglieder nicht verhungern lässt, darf sie diesen sehr wohl zumuten, auch mit weniger als 60 % dessen leben zu müssen, was sich deren Mitglieder im Durchschnitt nach Steuern schon selbst erarbeiten.

Um aber das leisten zu können, was ich hier soeben gelistet habe, braucht auch ein demokratisch verfasster Rechts- und Sozialstaat wie der deutsche keine Staatsquote in Höhe von 43,7 % des BNE mehr, weil ihm dazu auch eine unter 30 % genügen würde.

Im Jahr 2012 betrug das BNE der BRD 2.707,0 Mrd.€, und davon die Arbeitnehmerentgelte 1.377,6 Mrd.€ oder 50,9 %, und die Unternehmens- und Vermögenseinkommen 657,4 Mrd.€ oder 24,9 % von diesem. Dagegen lagen die Staatsausgaben bei 1.182,2 und die Staatseinnahmen bei 1.171,7 Mrd.€, so dass der Finanzierungssaldo -10,5 Mrd.€ betrug, der wiederum den Staatsschuldenstand auf 2.068,3 Mrd.€ erhöhte, der damit seinerseits 76,4 % vom BNE und 175 % aller Staatsausgaben ausmachte. Von allen Steuern, die der Staat im Jahr 2012 eingenommen hat, waren 426,2 Mrd.€ Gemeinschafts-, 99,8 Mrd.€ Bundes- und 69,6 Mrd.€ Länder- und Gemeindesteuern. Insbesondere die Verteilung aller Staatseinnahmen und -ausgaben sollte aber dringend reformiert werden, wenn künftig nicht nur der private Sektor zulasten des öffentlichen Sektors gestärkt werden soll, sondern dem Subsidiaritätgedanken weiter folgend auch die Städte und Gemeinden leisten sollten, was diese besser als die Länder und der Bund leisten können, aber auch die Länder noch leisten sollten, was diese besser als der Bund leisten können. Dem Bund und dessen übergeordneten Konstrukten wie der EU, Euroland, den UN sowie der Weltbankgruppe mit dem IWF bliebe dann nur noch zu erledigen übrig, was nur der Bund und nicht schon dessen weitere Kooperationskonstrukte besser leisten können.

Es wird im Ablauf der Jahre bis 2050 noch nicht möglich sein, allen jeweils lebenden Menschen auf Erden von der Wiege bis zur Bahre ein Grundeinkommen bedingungslos zukommen zu lassen, von dem diese sich gesund ernähren und erhalten, bescheiden kleiden, behausen und am sozialen Leben der Gesellschaft angemessen beteiligen können. Ein solches könnten allerdings die jeweils Regierenden und Opponierenden der Industriestaaten ihren rund 1,5 Milliarden Bürgern und Gästen sehr wohl schon anbieten, auch wenn die derzeit rund 5,7 Milliarden Menschen in den Entwicklungs- und Schwellenländern auf ein solches noch lange verzichten müssen. Denn bezahlbar wäre insbesondere in den Industriestaaten ein solches Grundeinkommen ja schon mit jenen finanziellen Mitteln, die in diesen zur Versorgung ihrer jeweils bedürftigen Bürger und Gäste derzeit ohnehin schon ausgegeben werden.

Die Grundeinkünfte aus Steuermitteln an alle würde ich brutto gewähren, aber nach Abzug der Pflichtbeiträge aller an deren Sozialkassen (z.B. Kranken-, Pflege- und Rentenversicherungen) netto nur an jene Bezugsberechtigten ganz oder teilweise ausbezahlen, deren zu zahlende Steuern auf deren zusätzliche Einkünfte die Netto-Grundeinkünfte noch nicht übersteigen. Übersteigen diese dagegen schon die zu zahlenden Steuern auf ihre Gesamteinkünfte, dann würde ich deren Netto-Grundeinkünfte idealerweise über die Finanzämter mit den zu zahlenden Steuern verrechnen und nur mehr die Salden kassieren.

Das Netto-Grundeinkommen würde ich derzeit mit 800/9.600 € pro Kopf und Monat/Jahr fixieren, und damit geringfügig unter jener Grenze ansiedeln, die derzeit als Grundsicherung ohnehin schon gewährt wird. Dieses wäre damit so hoch bemessen, dass sich mit diesem Jedefrau und Jedermann einerseits gesund ernähren und erhalten, bescheiden kleiden, behausen und am sozialen Leben der Gesellschaft angemessen beteiligen könnten, und andererseits so niedrig, dass alleine von diesem und damit ausschließlich zulasten der Solidargesellschaft maximal 5 je 1.000 Anspruchsberechtigte insbesondere dann leben wollten, wenn und solange sich diese im arbeitsfähigen Alter und Zustand befinden. Und Brutto müsste dann dieses Grundeinkommen pro Kopf und Monat/Jahr 1.000/12.000 € betragen, wenn von diesem beispielsweise 20 % Pflichtbeiträge an die Sozialkassen aller abzuführen wären, für die wiederum auch diese nur mehr Grundleistungen in allen Krankheits- und Pflegefällen sowie im Alter zu bezahlen hätten. Deren Einnahmen und Leistungen werde ich in anderen Zusammenhängen allerdings erst später gesondert beschreiben und kommentieren, weil ich hier die weiteren Fragen um das Grundeinkommen erst abschließen will.

Weil die Grundeinkünfte aus Steuermitteln für alle nur bezahlt werden können, wenn alle Empfänger auf alle ihre Einkünfte, die diese überschreiten, auch angemessene Steuern bezahlen, würde ich diese einkommensbezogen etwa so gestalten: Werden die Pflichtbeiträge an die Sozialkassen mit 20 % von den Brutto-Grundeinkünften fixiert, dann müsste auch der Eingangssteuersatz 20 % auf alle Einkünfte betragen, die das Netto-Grundeinkommen übersteigen. Wer also 2.000 € monatlich bekommt, von denen bereits 1.000 € Erwerbs- oder Kapitaleinkünfte sind, muss von diesen 200 € Pflichtbeiträge und 200 € Steuern bezahlen, so dass von diesen monatlich netto schon 1.600 € netto zur freien Verfügung verbleiben. Wer dagegen jährlich schon bis zu 36.000, 48.000, 60.000, 90.000 oder 120.000 € bekommt und verdient, soll nur auf seine jeweiligen Brutto-Mehreinkünfte bezogen aber schrittweise auch 25, 30, 35, 40 und 50 % Einkommensteuern bezahlen müssen. Insgesamt noch unterdurchschnittliche 24.000 € jährlich würden damit noch um 20 % oder 4.800 € geschmälert, durchschnittliche 36.000 € schon um 7.800 € oder 21,7 %, überdurchschnittliche 90.000 € schon um 27.600 € oder 30,7 %, und 250.000 € schon um 107.600 € oder 43,0 %.

Erfahrung lehrt, dass auch die bedingungslos zu gewährenden Grundeinkünfte die Netto-Grundeinkommen aller Empfänger nicht nivellieren werden, denn jene rund 15 % aller Bezugsberechtigten, die wie Kinder und Jugendlichen noch nicht erwerbsarbeiten können, werden vom Netto-Grundeinkommen leben müssen. Dagegen werden jenen rund 25 %, die nicht mehr erwerbsarbeiten können, weil sie schon zu alt und zu schwach geworden sind, aber auch die jeweils Kranken und Pflegebedürftigen, ihre Netto-Grundeinkünfte schon durch Zuzahlungen ihrer Sozialkassen steigern können, in die sie ja lebenslang auch ihre Pflichtbeiträge bezahlt haben und weiter zahlen. Ich meine also, dass nicht nur wir Deutsche, sondern die Bevölkerungen aller Industriestaaten, die so wie hier skizziert handeln, mit folgenden Pro-Kopf-Verteilungsverhältnissen ihrer Netto-Gesamteinkünfte rechnen können: Rund 15 % der Bezugsberechtigten werden vom Grundeinkommen 100 %ig leben müssen. Folgenden 40 % werden zwischen 100 und 200 %, weiteren 30 % zwischen 200 und 500 %, weiteren 10 % zwischen 500 und 1.000 %, weiteren 4 % zwischen 1.000 und 4.000 % und dem letzten Prozent über 4.000 % vom Grundeinkommen zur freien Verfügung stehen, wobei alle Netto-Einkünfte über deren Grundeinkünften selbstverständlich selbst erarbeitete Einkünfte oder Kapitalerträge aus Ersparnissen nach Steuern sind.

Für Paare, Wohngemeinschaften und Familien mit Kindern wird das Grundeinkommen von der Wiege bis zur Bahre wohl auch zurecht zum Segen, denn diesen stehen ja mindestens zwei oder sogar mehrere Grundeinkünfte zur Verfügung, mit denen diese beispielsweise in Deutschland wohl auch zurecht schon besser als jene Mitmenschen leben können, die derzeit antragspflichtig an Minderqualifizierte, Leistungsschwache und alleinerziehenden Elternteile tatsächlich ausgezahlt werden. Und deshalb fordere auch ich, das Grundeinkommen der Kinder und Jugendlichen vor Missbrauch zu schützen, und deshalb nicht 100-%ig in Geldform über deren Eltern, sondern inform von Sachleistungen wie Freiplätzen in Krippen, Kindergärten und Horten, freien Schul- und Studienplätzen, Freifahrten mit öffentlichen Verkehrsmitteln, Beiträgen und Gebühren in Sport- und Kulturvereinen und so weiter und so fort direkt an jene zu zahlen, die solche Leistungen füt Kinder und Jugendliche liefern. Denn mithilfe solcher Grundeinkünfte sollen ja auch alle Kinder so selbstbestimmt wie jeweils möglich zu mündigen Erwachsenen heranreifen können, denen sich wiederum nur solcherart bessere Chancen eröffnen, die ihnen ungeachtet ihrer Herkunft jeweils gemäßen Plätze in der Solidargesellschaft zu besetzen und zu behaupten.

Die Kranken-, Pflege- und Rentenversicherungen werden inform der Pflichtbeiträge aller Grundeinkommensempfänger ebenso zuverlässige wie kalkulierbare Einnahmen haben. Im gewählten Beispiel für Deutschland würden das aktuell 81,3 Millionen mal 20 % von 1.000 € monatlich oder insgesamt 16,260 Milliarden € jährlich sein, von denen dann rund 40 % in die Kranken-, 15 % in die Pflege- und 45 % in die Rentenkassen fließen könnten. Es sollte jedoch Aufgabe der jeweils Regierenden sein und bleiben, nicht nur zu bestimmen, wie hoch die Grundeinkünfte und Pflichtbeiträge der Empfänger an deren Sozialkassen sein sollen, sondern auch, wie diese einerseits auf deren Sparten zu verteilen sind, und weiter, was diese ihren Versicherten andererseits dafür schulden.

Denn auch die Sozialversicherungen können und sollen ja ihre moderaten Pflichtbeitragszahler künftig medizinisch, pflegerisch und hinsichtlich ihrer Rentenansprüche nur mehr grundversorgen. Deren Grundleistungen müssen dennoch exakt beschrieben werden, so dass Jedefrau und Jedermann überall und jederzeit auch erkennen können, welche Leistungen sie in Krankheits- und Pflegefällen von ihren Versicherungen erwarten dürfen, und für welche Besser- und wünschenswerten Zusatzleistungen sie selbst vorsorgen oder bezahlen müssen. Solche Regelungen werden den medizinischen und pflegerischen Fortschritt trotzdem nicht stoppen, sehr wohl aber in andere Bahnen lenken. Denn wer diesen auch verkaufen muss, kann nicht mehr wie derzeit noch in Deutschland darauf vertrauen, dass dieser zugunsten der Anbieter von der Solidargesellschaft zwangsbezahlt wird, sobald dieser in die Welt gesetzt ist.

Die künftigen Rentenansprüche, die ja nur mehr auf gleichen Pflichtbeiträgen für

Einheitsrenten basieren und im Alter nur das Grundeinkommen aller jeweils lebenden Menschen vielleicht um 40 bis 70 % erhöhen sollen, lassen sich ebenso leicht berechnen. Denn die Höhe dieser Rentenzahlungen soll ja sowohl von der dynamischen demographischen Entwicklung als auch vom Renteneintrittsalter mitbestimmt werden. Wer früher eine Rente beziehen will, muss hinsichtlich der Höhe die exakt berechenbaren versicherungsmathematischen Abschläge hinnehmen, und wer das Renteneintrittsalter selbstbestimmt hinausschiebt, soll später auch mit entsprechenden Zuschlägen rechnen dürfen.

7.8. Wie jede Art in Gottes Flora und Fauna haben auch die Menschen hinzunehmen, dass ihre Individuen nicht nur einmalig und damit unverwechselbar sind, sondern wie alle Geschöpfe auch nur von und miteinander leben und überleben können. Dennoch ist bisher nur den Menschen eigen, dass sie ab ihrer Geburt ihr zunächst noch instinktives Tun und Lassen sowohl erinnern als auch im Ablauf ihrer Lebzeiten mehr oder minder bewusst reflektieren, bewerten und letztlich, wenngleich nur vereinzelt, sogar zielführend lenken und steuern können. Trotzdem sind nicht alle Individuen gleichermaßen fähig und willens, ihre ebenso unterschiedlichen Potenziale voll und ganz, oder nur mehr oder minder umfänglich zu nutzen. Und weil sich in diesem Betracht der Dinge die Fauna schon deutlich von der Flora, und die Menschheit noch einmal deutlich von der restlichen Fauna abzuheben vermag, verfügen nur wir Menschen schon über Handlungsspielräume, die den Primaten und erst recht den diesen noch nachgeordneten Tierpolulationen nicht verfügbar sind. Sowohl die Primaten als auch die diesen noch nachgeordneten Tierpolulationen müssen folglich in der Nahrungskette agieren und reagieren, wie ihre Instinkte sie zu handeln zwingen, während rund 40 % der Menschen ihr Handeln nicht mehr von ihren Taxismen (oder Instinkten) leiten lassen müssen, obwohl 95 % dieser mit welchen Begründungen auch immer ihre schon möglichen Handlungsspielräume nur selten nutzen. Es versuchen folglich aktuell nur rund 2 % oder derzeit rund 140 Millionen Menschen auf Erden ihre rund 6,9 Milliarden Mitmenschen zu veranlassen, so zu handeln, dass daraus der Hierarchie dieser Eliten Vorteile zulasten der von diesen wiederum abhängigen Mitmenschen erwachsen. Keinesfalls ist also richtig, was beispielsweise SozialpolitikerInnen und InteressenvertreterInnen minderqualifizierter und leistungsschwacher ArbeitnehmerInnnen behaupten, dass verwerflich sei, 7 Höchstleistungsträgern auf Erden einen Lohn zuzugestehen, der diesen stündlich einbringt, wofür die schwächsten 700 Millionen Abhängigen von diesen 230 Tage jährlich 8 Stunden lang erwerbsarbeiten müssen. Denn diesen rund 4.000fachen Mindestlohn können ja auch diese 7 Höchstleistungsträger für sich nur mithilfe einer Hierarchie nachrangiger Hochleistungsträger generieren, von denen 70 für ihre Mitarbeit den 2.000fachen, 700 den 1.000fachen, 7.000 den 500fachen, 70.000 den 250fachen, 700.000 den 120fachen, 7 Millionen den 60fachen und 70 Millionen den noch 30fachen Mindestlohn beanspruchen und zurecht auch bekommen. Und diesen Lohn, der beispielsweise in Deutschland auf einem Mindestmonatslohn um 1.200 € basiert, und damit für rund 815.000 Hochleistungsträger in Deutschland 36.000 € pro Monat oder 432.000 € jährlich ausmacht, beanstanden doch nicht einmal mehr die ArbeitnehmerinteressenvertreterInnen, denn die Hälfte von diesem beanspruchen sie doch schon für sich selbst, obwohl auch sie an keinem einzigen Wohlstand schaffenden und mehrenden Wertschöpfungsprozess mehr direkt beteiligt sind. Was nicht nur diese, sondern auch grüne und sozialdemokratische PolitikerInnen, und sogar die >Herz-Jesu-Sozialisten< der CSU beanstanden, basiert also wider besseres Wissen nicht auf Wahrheiten, sondern nur auf populistischen Lügen, mit denen sich eben Dummköpfe noch massenhaft gegen die Interessen der unverzichtbaren Hoch- und Höchstleistungsträger der Menschheit mobilisieren lassen.

Es braucht eine Bevölkerung wie die in Deutschland mit ihren derzeit rund 81,3 Millionen Menschen nur alle 4 bis 12 Jahre eine Bundeskanzlerin oder einen Bundeskanzler, 16 MinisterpräsidentInnen, rund 200 Bundes- und StaatsministerInnen, dazu permanent 5.000 LandrätInnen und 100.000 BürgermeisterInnen, 1.000 TopmanagerInnen, 100.000 führende Mittelständler, weitere drei Millionen Erwerbsarbeit gebende UnternehmerInnen, und rund 50 Millionen ArbeitnehmerInnen inform unterschiedlichst qualifizierter, interessierter und motivierter Fach- und Hilfskräfte, um mehrheitlich befriedigend leben zu können. Dagegen könnten wir auf Räuber und Diebe, Faullenzer, Schmarotzer und Betrüger gut und gerne verzichten, obwohl es mir unvermeidlich erscheint, dass über zu weite Strecken hoffnungslos unter- und überforderte Menschen auch zu solchen werden können. Denn die Spitzenplätze, die jede Gesellschaft immer wieder neu zu vergeben hat, sind zwar nur höchst selten mit den jeweils bestqualifizierten Persönlichkeiten besetzt. So zweit- bis drittklassig aber, wie sie fast immer besetzt sind, könnten die der ersten Ebene aber mindestens 20 mal, die der zweiten Ebene mindestens 10 mal, und die der dritten Ebene mindestens 5 mal besetzt werden. Und auch deshalb wird um deren Besetzung immer wieder auch heftig gerangelt. Und wenn es auf Erden immer noch nicht möglich ist, 199 souveräne Staaten so zu gestalten und zu führen, dass deren derzeit schon über 7 Milliarden Individuen umfassenden Bevölkerungen friedlich zusammenleben und -wirken können, ist dieser Mangel primär jenen 50, 1.000 und 50.000 schon elitären Mitmenschen anzulasten, die jeweils auf deren erst-, zweit- und drittrangigen Spitzenplätzen sitzen, obwohl auch sie mehrheitlich für deren Besetzungen leider noch zweite bis dritte Wahl sind.

Neben der Versorgung mit einem bedingungslos zu gewährenden Grundeinkommen für alle Bürger und Gäste aller souveränen Staaten auf Erden schieben nicht nur deren jeweils Regierende und Opponierende, sondern auch die vorgeblichen und tatsächlichen InteressenvertreterInnen einigungs*un*williger wirtschaftlicher, gesellschaftlicher und sozialer Gruppen und Massen zu viele Probleme vor sich her, die der Lösung dringend bedürften. Aber anstatt diese anzugehen und gangbare Lösungswege zu suchen, verfallen sie mehrheitlich in Aktionismus, und verschaffen sich so leicht lösbare Probleme, die in Wahrheit gar keine sind, und feiern deren Lösung trotzdem wie Siege, die sie vorgeblich über mächtige Feinde errungen haben, die es in Wahrheit gar nicht gibt. Von den dringend lösungsbedürftigen, aber aufgeschobenen Problemen will ich nur die wichtigsten drei mit realisierbaren Lösungsvorschlägen verbunden nennen, nämlich die gerechtere Verteilung von Grund und Boden, von Trink- und Brauchwasser, und den Umweltschutz. Vielleicht helfen diese Vorschläge auch den Führungseliten der Staaten, sich alsbald wieder um das Stopfen der Lecks in ihren Schiffen zu bemühen, anstatt weiter wie bisher um das Renovieren der Aufbauten und Kabinen ihrer sinkenden Schiffe.

Derzeit scheinen nur die Menschen fähig und willens zu sein, ihren einzig verfügbaren Lebens- und Entfaltungsraum, nämlich das Ökosystem Erde, so zu beschädigen und zu missbrauchen, dass dieses als deren Lebens- und Entfaltungsraum zwar langsam, aber auch sicher unbrauchbar wird. Und deshalb müssten wir Menschen tun, was wir schon können, aber noch unterlassen, nämlich diesen Lebens- und Entfaltungsraum pfleglich behandeln. Doch genau das unterlassen wir, weil wir den gerechtfertigten Preis für unser zunehmend bequemeres und massenwohlständiges Leben für alle noch durch Missbrauch dieses Lebens- und Entfaltungsraums noch nicht bezahlen wollen. Denn es ist eben ohne inakzeptable Umweltbelastungen nicht mehr möglich, jedem Neugeborenen im Ablauf seines Lebens nur mithilfe der Grundstoffe der Erde ein zu geräumiges Haus zu bauen, dieses zwei- bis dreimal neu einzurichten und auszustatten, dazu vier bis fünf Autos zu liefern, und für deren mehr oder minder sinn- und zwecklose Bewegungen wiederum Straßen, Treib- und Schmierstoffe verfügbar zu halten. Das alles wäre in engeren Grenzen sogar möglich, wenn wir Neues bevorzugt schon aus Altem machen würden, um solcherart mehr und mehr jene Ressourcen zu schonen, die sich im Ablauf von Jahrmillionen entwickelt haben, aber von uns Zeitgenossen binnen weniger Jahrhunderte über die Stadien begehrter Investitions-, Ge- und Verbrauchsgüter nach deren Nutzungszyklen zu Müll und Schadstoffen gemacht werden. Es können nämlich umweltbelastend nur eine Million Arbeiter und Bauern einem Fürsten und seinen Hofschranzen ein privilegiertes Dasein ermöglichen, ein solches aber nicht mehr wenige Fürst allen ihren Untertanen. Insbesondere wir Industriestaatenbevölkerungen haben aber zwischenzeitlich schon Entwicklungsstadien erreicht, die es ermöglichen würden, das Wohlstandsniveau aller Mitglieder einer Solidargesellschaft auch sicher, human, wirtschaftlich, umwelt- und sozialverträglich weiter anzuheben, aber leider noch nicht jene Stadien, dieses alles auch gleichzeitig und gleichmäßig zu leisten. Und folglich müssen auch Unterschiede, die einerseits mit den Konstitutionen, Talenten, Schicksalen, Interessen, Fähigkeiten und Erfahrungen aller Individuen, und andererseits mit den von diesen gebildeten Gruppen und Massen korrespondieren, sogar nachhaltig auch hingenommen werden.

7.9. Insbesondere das globale arbeitsteilige Wirtschaften der Menschheit hat den Wohlstand aller auf ein auch in der Geschichte der Menschheit bisher beispielloses

Niveau anzuheben erlaubt, das aber schon seit geraumer Zeit seine Grenzen langsam aber sicher zu sprengen droht. Und folglich muss dieses alsbald, wenn es nicht in sein Gegenteil umschlagen soll, sowohl ökologisch als auch sozialverträglich modifiziert werden. Und erfolgsentscheidend für diese Modifikationen ist, dass der unvermehrbare Grund und Boden, der sich derzeit rund 90 %ig im Privatbesitz (oder im Besitz von Monarchen, Diktatoren und Tyrannen) befindet, selbstverständlich entschädigungspflichtig für deren zufällige private Besitzer auch sozialverträglich in Gemeinbesitz überführt wird. Dass dieser Überführungsprozess schwierig und langwierig sein wird, will ich nicht bestreiten. Dennoch sollte dieser Überführungsprozess alsbald inangriff genommen und im Ablauf von längstens 100 Jahren oder den Existenz- und Wirkzyklen von drei Generationen auch vollendet werden.

Wer heute Grund und Boden besitzt, hat diesen gegen Entgelt erworben, geerbt oder geraubt, um ihn mehr oder minder nach Belieben zu nutzen. Trotzdem darf deren zufälligen Besitzern weder dieses Vermögen noch dessen Nutzungsrecht entschädigungslos genommen werden. Sehr wohl dürfen diesen aber jene schwer einzuschätzenden Wertzuwächse, die dieses unvermehrbare Gemeingut deren Besitzern ebenso autodynamisch wie fast gegenleistungslos beschert, zugunsten der Gesamtgesellschaft abgenommen werden. Und deshalb schlage ich vor, die Überführung von Grund und Boden in Gemeineigentum auch weltweit so zu organisieren und zu finanzieren, wie das beispielsweise in Deutschland schon leicht möglich und auch gerecht entschädigungsfähig wäre. Denn die hier jeweils Regierenden könnten von einem auf den anderen Tag per Gesetz die Wandlung allen Grundbesitzes in grundstücksgleiche Erbpachtrechte beschließen, ohne dass sich für deren zufällige Besitzer hinsichtlich seiner Nutzung schlagartig etwas ändert. Sowohl die Staatsverwaltungen als auch die Regierenden hätten dann mindestens ein Jahr Zeit, die damit korrespondierenden Grundbuchänderungen vorzunehmen und über die wechselseitig gerecht empfundenen Entschädigungen zu verhandeln. Die relativ gerechten Entschädigungszahlungen könnten auch vor jeder Einigung über deren Höhen sofort beginnen, indem die künftigen Grund-und-Boden-VerwalterInnen auf die später noch festzusetzenden Erbpachtzahlungen verzichten, bis deren Höhen im Ablauf von 10 bis 99 Jahren individuell gefunden und endgültig festgelegt sind. Und dabei könnten dann entweder die letztlich ungewissen Erbpachtzahlungen maximal 99 Jahre total ausgesetzt, oder eben marktgerechte Erbpachtzinsen ganz oder teilweise für nur mehr 5, 10, 25 oder 50 Jahre ausgesetzt werden. Die Interessen sowohl der Grund- und Bodenbesitzer als auch deren unmittelbare Erben würden durch solch ein Enteignungs- und Entschädigungsverfahren nur in zumutbaren Maßen belastet, und die jeweils Regierenden bräuchten für deren relativ gerechte Entschädigungen keinerlei Liquidität bereitstellen und einsetzen. Dass die Enteignung als solche spätestens die Interessen der Enkel und Urenkel einstiger Grund-und-Boden-Besitzer sehr wohl beschädigt, wenn diese von den Erträgen dieser zulasten ihrer grundbesitzlosen Mitmenschen nicht mehr profitieren können, ist jedoch gewollt, weil keine Gesellschaft hinnehmen kann und soll, dass schon im Ablauf weniger Jahrzehnte ein Drittel der Grund-und-Boden-Besitzer alleine von jenen Miet- und Pachterträgen besser leben kann als deren Mitmenschen, die diese zu bezahlen haben. Und ich sehe auch keinen besseren als den hier skizzierten Weg, das Problem der gerechteren Verteilung unverzichtbaren Lebens- und Entwicklungsraums für alle jeweils lebenden und wirkenden Menschen einfacher und gerechter zu lösen.

Zu fragen bleibt in solchen Zusammenhängen dennoch, wie die Grund- und Bodenverteilungsprobleme innerhalb der unterschiedlich entwickelten Regionen souveräner Staaten, aber auch die zwischen souveränen Staaten und deren wachsenden oder schrumpfenden Bevölkerungen gelöst werden sollen. In der Vergangenheit hat man solche Probleme über viele Jahrtausende hinweg mithilfe von Angriffs- und Verteidigungskriegen gelöst. Ich meine aber, dass sich diese künftig nicht nur durch Grenzverschiebungen, in vielen Fällen aber auch mit Kombinationen aus entschädigungspflichtigen Grund-und-Boden-Übertragungen, Entwicklungshilfen und anderen friedlichen Mitteln lösen lassen, wenn das die Regierenden und Opponierenden primär der G7- und G20-Staaten, aber sekundär auch die aller übrigen Staaten auf Erden nur wollen.

7.10. Die Erde verfügt zwar über genügend Wasser, in vielen Regionen aber über zu wenig Trink- und Brauchwasser, das entweder kostenlos aus dem Boden quillt, oder aus Seen, Flüssen und Grundwasserströmen preiswert gewonnen werden kann. Es sind sogar die Technologien zur Süßwassergewinnung aus Salzwasser schon ebenso weit fortgeschritten wie die Süßwassertransporttechnologien von Orten mit Süßwasserüberflüssen an fast jeden beliebigen Ort auf Erden mit einem dementsprechenden Wassermangel. Hinderlich scheint also nur jener Preis zu sein, den einerseits die Süßwassergewinnung aus Salzwasser und der Wassertransport verursachen, der andererseits von den Bedarfern solchen Wassers nicht bezahlt werden kann oder will. Aber auch deshalb herrscht in manchen Regionen Wassermangel, weil Bevölkerungen in Staaten, die an Oberläufen von Flüssen beheimatet sind, das Flusswasser ohne Rücksicht auf die Bedürfnisse von Bevölkerungen in Staaten, die an deren Unterläufen beheimatet sind, unsensibel ge-, ver- und missbrauchen.

Ihre Bevölkerungen mit dem überlebensnotwendigen Trink- und Brauchwasser zu versorgen ist und bleibt ebenso eine undelegierbare Staatsaufgabe wie die Bereitstellung des mindesten Überlebensraums für diese. Zwar können und müssen die Regierenden souveräner Staaten vielleicht sogar die Zeugungen und Geburten von Menschen regulieren, um wenigstens den jeweils Geborenen das Leben und Überleben zu ermöglichen. Dagegen ist zweifelsfrei sowohl menschenverachtend als auch menschenrechtsverletzend, den Geborenen die mindesten Überlebenschancen durch Lebensraum-, Wasser- und Nahrungsentzug erst nach ihrer Geburt vorzuenthalten. Denn Trink- und Brauchwasser sind wie Atemluft, Grund und Boden Güter, die nicht Privatbesitz von Individuen und Gruppen werden dürfen, weil diese die Not ihrer Mitmenschen zum Geschäft machen und sich so ungerechtfertigt bereichern und bemächtigen können. Und soweit solche Güter schon im Privatbesitz sind, sollten diese eben in Gemeinbesitz überführt werden. Mit dieser Forderung fordere ich dennoch nicht, dass die Regierenden aller Staaten die Grund- und Bodenverwaltung ebenso wie die Trink- und Brauchwasserversorgung aller ihrer Bürger und Gästen nur mehr mithilfe von Behörden und Staatsunternehmen organisieren müssen, wie das beispielsweise in Deutschland mit den Post- und Bahndiensten, und in anderen Staaten sowohl mit den montanindustriellen Aktivitäten als auch mit der Energiegewinnung und -verteilung einst geordnet war oder heute noch ist. Vielmehr können, dürfen und sollen auch solche Aktivitäten privaten UnternehmerInnen überlassen werden, wenn die jeweils Regierenden sicher stellen können, dass letztere ihre schutzbefohlenen Bürger und Gäste beispielsweise mit Lebensraum, Trink- und Brauchwasser, Energie, Postdiensten und Verkehrsleistungen besser versorgen werden, als diese von Beschäftigten der Behörden und Staatsunternehmen versorgt werden könnten. Und hinnehmbar ist in solchen Zusammenhängen auch, dass die privaten UnternehmerInnen ihre zahlungskräftigeren Kunden besser und schneller bedienen als jene, die ebenso bedürftig, aber weniger bis nichts mehr für ihre Grundversorgungen bezahlen können oder wollen. Entscheidend sollte in solchen Zusammenhängen nur die Frage sein, ob diese auch die Ärmsten der Armen mit alledem mindestens so gut versorgen, wie diese auch von BehördenvertreterInnen jemals versorgt werden könnten und würden.

7.11. Auch ein schlanker Staat, der seine Leistungen auf das beschränkt, was nur er für seine Bürger und Gäste leisten kann, und weiter auf das, was er an deren Stellen besser als diese selbst leisten kann, braucht eine Quote über 25 % vom BNE oder BIP zur Finanzierung seiner Leistungen. Und weil seine Leistungen allen seinen Bürgern und Gästen nützen, sollten diese an deren Finanzierung auch angemessen beteiligt werden. Zwar dürfen und sollen die Besserverdiener und Vermögenden höher als die Unvermögenden und Schlechtverdiener besteuert werden. Es wäre aber ungerecht, die ärmeren und schwächeren Bürger und Gäste von der Finanzierung unverzichtbarer Staatsleistungen, die ja auch diesen nützen, gänzlich zu befreien. Das BNE betrug beispielsweise in Deutschland im Jahr 2012 2.707,9 Mrd.€, und das BIP wich von dieser Summe nur um 5,7 % ab. Die Staatsquote betrug in diesem Jahr 1.182,2 Mrd.€ und damit ähnlich wie im Durchschnitt der letzten 10 Jahre rund 44 % vom BNE, obwohl auch der deutsche Staat mit 35 % dieser Summe hätte auskommen können. Doch nicht einmal mit dieser ist er ausgekommen, denn seine jeweils Regierenden haben – leider auch getrieben von den jeweils Opponierenden - die bis 2012 schon aufgelaufenen Staatsschulden in Höhe von 2.068,3 Mrd.€ sogar um 10,5 Mrd.€ erhöht, und damit auf einen Gesamtstand gebracht, der im Jahr 2012 76,4 % des BNE ausgemacht hat, und diese damit weiter gesteigert anstatt abgebaut.

Was aber veranlasst zu viele Regierende insbesondere der schon demokratisch verfassten und marktwirtschaftlich geordneten Industriestaaten auf Erden seit mindestens 90 Jahren solcherart zu handeln? Ich meine, dass dieses fehlerhafte Handeln einerseits die rivalisierenden Staatszielsetzungen und andererseits das Spiel der Politik gestaltenden Kräfte mit der Macht ihrer mangelhaft informierten und allgemeingebildeten Wählermehrheiten verursachen, die sich von diesen leider zu häufig und nachhaltig belügen und betrügen lassen. Denn einig sind sich beispielsweise in Deutschland sowohl die jeweils Regierenden als auch Opponierenden ja nur in der Frage, welche Staatsaufgaben nicht von privaten Unternehmern und Investoren erledigt werden können und sollen, aber nicht mehr in der Frage, wie deren Initiativen und Aktivitäten von diesen zu rahmen und zu regulieren wären. Schon in der Frage, ob der deutsche Staat für alle oder Mehrheiten seiner Bürger und Gäste ein Vorsorge- oder Versorgungsstaat sein soll, sind diese nicht mehr einig, und weiter darüber, welche weiteren Rechts- und Sozialstaatselemente in diese Staatsformen eingebaut werden sollen oder nicht. Und über den Debatten um belanglose Details der damit korrespondierenden Aufwendungen und Ergebnisse wird zu regeln vernachlässigt, was prinzipiell geregelt sein müsste, ehe man sich mit deren weiteren Details professionell überhaupt befassen kann. Beispielgebend für die Richtigkeit dieser Aussage fällt mir ein, dass es schon eine Verordnung über die Krümmung verkehrsfähiger Gurken gab, als die Grundversorgung der Ärmsten mit Gurken noch ungeklärt war.

Es ist unmöglich, mithilfe der Gesetzgebung der Staaten eine Einzelfallgerechtigkeit herzustellen und zu erhalten, während es sehr wohl möglich wäre, sich nicht nur auf Staatsordnungen, sondern auch auf die mittel- und langfristig anzustrebenden Staatsziele zu einigen, die basierend auf diesen im Ablauf der Zeit ebenso wie auf mehreren Wegen erreicht werden sollen. Um Schritt für Schritt realisieren zu können, was es beispielsweise in Deutschland von Legislaturperiode zu Legislaturperiode anzustreben gilt, brauchen aber die jeweils Regierenden der Staaten neben der verbindlichen Regelung der Arbeitsteilung zwischen deren privaten und öffentlichen Sektoren, und zudem der Arbeitsteilung innerhalb des öffentlichen Sektors zwischen dem Bund, den Ländern und Kommunen, auch Einnahmen, die mindestens die damit korrespondieren Ausgaben decken. Das prinzipiell einfache Steuerrecht, das primär die notwendigen Staatseinnahmen sichern soll, ist aber gerade in Deutschland derart entartet und sowohl mit Ausnahmeregelungen als auch mit Elementen der Sozial- und Wirtschaftspolitik überfrachtet, dass es zum legalisierbaren Gestaltungsmissbrauch geradezu verleitet, und nur mehr von Spezialisten überhaupt verstanden und zweckmäßig genutzt werden kann. Dabei wäre es möglich, wie ursprünglich einmal vorgesehen und geregelt, wieder nur mehr direkte und indirekte Steuern einerseits auf alle Einkünfte und Vermögen natürlicher und juristischer Personen, und andererseits auf deren Aktivitäten zu erheben. Mit anderen Worten könnte sich auch der Staat wieder damit begnügen, die Einkünfte und Vermögen seiner Bürger und Gäste ebenso lückenlos zu besteuern wie deren Verbrauch und Investitionen, zudem spezielle Güter wie Tabak, Alkohol, Drogen, Treib- und Schmierstoffe, und teilweise sogar unnütze Aktivitäten wie Spiele und Wetten, den Personen-, Güter- und Geldverkehr, Importe und Exporte, um nur die wichtigsten zu nennen. Bei den Einkommen- und Vermögensteuern könnten die Regierenden sowohl generelle Freibeträge für Personen und Gruppen fixieren als auch hohe und höchste Einkünfte und Vermögen höher als niedrige und durchschnittliche besteuern. Denkbar wären also Einkommensteuern von 15 bis 50 % ab jeweils Schritt für Schritt fixierbaren Bemessungsgrenzen, und Vermögensteuern zwischen 0 und 2,5 % jährlich sowohl auf Vermögensbestände als auch -zuwächse zu erheben. Erbschaften könnten sowohl an den Erbmassen als auch den Verwandtschaftsgraden der Erben orientiert zwischen 0 und 75 % besteuert werden, und Mehrwertsteuern, die von 0 auch auf 35 % ansteigen dürften, wären auch auf Wohnungsmieten, Grundnahrungsmittel, weitere Güter des täglichen und mittelfristigen Bedarfs über Investitionsgüter, Einrichtungs- und Ausstattungsgegenstände bis hin zu Luxusgütern zu rechtfertigen, wenn insbesondere die Luxusgütersteuer auch für UnternehmerInnen und ArbeitgeberInnen nicht mehr vorsteuerabzugsberechtigt ist. Wer also mit einem Sportwagen, einer Jacht und/oder einem Privatjet protzt, soll damit seinen Neidern nicht mehr nur zeigen, dass er sich solche Güter leisten kann, sondern auch, dass er auf diese hohe Umsatzsteuern zugunsten der Solidargesellschaft zusätzlich gezahlt hat.

7.12. Wenn nicht nur in Deutschland stets Wirtschaftswachstum, Preisstabilität, Vollbeschäftigung und außenwirtschaftliches Gleichgewicht Staatsziele bleiben sollen, dann müssen die jeweils Regierenden und Opponierenden ihren Wählern erklären, dass sich diese widersprüchlichen und dennoch ehrenwerten Ziele weder allumfassend noch gleichzeitig realisieren lassen, sondern nur schrittweise und zudem nur von zahlreichen Kompromissen durchsetzt. Und wenn dabei die Sicherung der Preisstabilität verbunden mit der Vollbeschäftigung aller jeweils arbeitsfähigen und -willigen Menschen Priodität haben soll, dann müssen in höheren Maßen auch Konjunkturschwankungen hingenommen werden, die von Export- und Importschwankungen begleitet werden. Denn Marktpreise lassen sich in Konjunkturaufschwungphasen nicht stabil halten, und Vollbeschäftigung für alle jeweils arbeitsfähigen und -willigen Menschen wird es auch nur zu Marktlöhnen und -konditionen geben.

Die Regierenden und Opponierenden aller Staaten könnten sich damit begnügen, die undelegierbaren Staatsaufgaben zu erledigen, und sich darüber hinaus nur mehr mit Aufgaben beschäftigen, die diese nachweislich schneller, besser und preiswerter, oder im Kontext dieser Qualitäten besser als private Haushalte, Unternehmen und Betriebe erledigen können. Und zu diesen undelegierbaren Aufgaben gehört selbstverständlich auch, das privatwirtschaftliche und -gesellschaftliche Tun und Lassen so zu rahmen, zu regulieren und zu kontrollieren, dass nur mehr sicher, human, wirtschaftlich, umwelt- und sozialverträglich organisierte Produktions- und Distributionsprozesse stattfinden können, weil alle übrigen verboten sind. Weiter gehört zu diesen, im Rahmen marktwirtschaftlicher Ordnungen alle legalisierten und lizenzierten Märkte nicht nur frei und vollkommen zu halten, sondern auch auf deren Angebots- und Nachfrageseiten gleichwertig zu besetzen, denn Monopolisten und Oligopolisten müssen zwar nicht, aber sie können die Marktgleichgewichte und damit den Wettbewerb stören und verzerren. Und deshalb ist und bleibt auch Staatsaufgabe, Monopole und Oligopole entweder zu zerschlagen, oder wo das weder möglich noch zweckmäßig ist, diese so zu regulieren und zu kontrollieren, dass sie sich als Marktteilnehmer zulasten ihrer Konkurrenten nicht mehr unangemessen bereichern und bemächtigen können.

Nationale und regionale Monopolisten und Oligopololisten sind auf übergeordneten Ebenen und im Welthandel dennoch oft einem harten Wettbewerb ausgesetzt und auch deshalb notwendig und zweckmäßig. Ihre Existenz und Entwicklung müssen die jeweils Regierenden nationaler Staaten und von Staatengemeinschaften wie beispielsweise der EU oder der G7- und G20-Staaten einerseits schützen und fördern, ohne diesen andererseits zu erlauben, sich zulasten ihrer inländischen Konkurrenten für den internationalen Wettbewerb zu stärken. Monopolisten und Oligopolisten in diesem Wortsinn sind aber auch die InteressenvertreterInnen der Arbeitgeber- und -nehmerInnen, und darüber hinaus die RepräsentantInnen weiterer Verbände sowie der Handwerks- und Industrie- und Handelskammern. Zurecht wirken diese autonom und vertreten unabhängig von staatlicher Beeinflussung die Interessen ihrer Mitglieder und Schutzbefohlenen. Und trotzdem dürfen die jeweils direkt oder indirekt vom Volk gewählten Regierenden und Opponierenden nicht zulassen, dass gerade diese ihre Macht missbrauchen und mit ihrem Tun und Lassen die von den gewählten VolksvertreterInnen und Regierenden gesetzten Staatsziele konterkarieren oder unterlaufen. Wenn wenige ArbeitgeberInnen berechtigte Forderungen von 60 bis 90 % ihrer Beschäftigten nicht erfüllen wollen, dann soll diesen auch künftig vorbedingungslos erlaubt sein zu streiken, um Druck auf diese auszuüben, wenn dieser Druck deren Existenzgrundlagen noch nicht zerstört. Dagegen müssen solche Rechte systemischer Gruppen (z.B. der Lokführer, Piloten und/oder Fluglotsen), die mit Streiks nicht nur ihre ArbeitgeberInnen unter Druck setzen, sondern Massen unbeteiligter Dritter, beschränkt werden, und erst als letzte Mittel zulässig sein, wenn alle übrigen, insbesondere die von Verhandlungen und Schlichtungen, restlos ausgeschöpft sind.

7.13. Mein erster Hochschullehrer Fritz Bergler hat uns Wirtschaftsstudenten schon 1952 im ersten Semester empfohlen, im Zuge unseres späteren praktischen Wirkens als Hauswirtschafter, Betriebs-, Volks- oder Finanzwirte niemals unbeachtet zu lassen, dass vieles von dem, was mikroökonomisch richtig ist, makroökonomisch falsch sein kann und umgekehrt. Als 20jähriger habe ich diese Aussage noch für Humbug gehalten, als 30jähriger aber schon erkennbar für wahr, und ab meinem 42. Lebensjahr habe ich diese als jene reine Wahrheit erkannt, deren sträfliche Missachtung in der Vergangenheit fast alle Konflikte und kriegerischen Auseinandersetzungen zwischen rivalisierenden Gruppen und Massen ausgelöst und verschärft hat, und solche auch künftig verursachen und verschärfen wird.

Charakteristisch ist zwischenzeitlich für die Mehrzahl souveräner Staaten die *Trennung von Staat und Kirchen*. Denn die *sittliche Staatsidee* repräsentiert eine Ordnung, die Menschen und ihre Tugenden idealistisch, humanistisch und utopisch zu verwirklichen versucht, während die Idee des *Machtstaates* auf der Verwirklichung seiner Machtentfaltung nach innen und außen als dominierendem Staatszweck basiert, wie er im Absolutismus und Imperialismus sogar systemisch verankert war. Die Idee des *Rechtsstaates* basiert dagegen auf dem Versuch, Gerechtigkeit und Rechtsfrieden im Sozialstaat bevorzugt mithilfe der Rechtssetzung und deren konsequenter Exekutierung zu verwirklichen, während die Idee des *Kulturstaates* den Versuch repräsentiert, die Pflege und Förderung der allgemeinen Bildung und Erziehung allen übrigen Staatszielen überzuordnen, um so zum vorbildlichen Kulturstaat zu werden. Die Idee des *Wohlfahrtsstaates* ist der Versuch, die Mittel des Macht-, Rechts- und Sozialstaates in den Dienst der allgemeinen Wohlfahrtsförderung zu stellen, und solcherart mehr Gleichheit durch die Umverteilung aller Einkünfte und Vermögen mittels Besteuerung und Subventionierung zu erreichen. Und die Idee des *Versorgungsstaates* entspricht gar dem Versuch, Jederfrau und Jedermann vom selbst erwirtschaftbaren Einkommen und Vermögen nur zu belassen, was alle gleichermaßen haben sollen, den Rest aber abzukassieren und bevorzugt an den bescheidenen Bedürfnissen und nicht mehr an den Eigenleistungen der Staatsbürger und -gäste orientiert relativ gleichmäßig zu verteilen. Die Idee des *totalitären Staates* ist der Versuch, unter den veränderten Bedingungen der modernen Massengesellschaften nicht mehr einzelnen und begrenzten Zwecken zu dienen, sondern kraft der Interdependenz aller innergesellschaftlichen Lebensbereiche die Totalität der Zwecke in den Blick zu nehmen, und sowohl die Güter und Werte der Individuen als auch deren Kräfte notfalls auch zwangsweise zu mobilisieren und bevorzugt in den Staatsdienst zu stellen. Dagegen ist wiederum die Idee der *Subsidiarität des Staates* der Versuch, die Selbstbestimmung und -verantwortung primär den Individuen, Klein- und Großgruppen zu überlassen, und beispielsweise als ein sich von unten nach oben zunehmend verschlankender Zentralstaat nur noch Aufgaben zu übernehmen, die Individuen, Gruppen, Gemeinden, Kreise, Städte und Länder nicht oder nicht mehr effizient genug selbst erledigen können.

Im Zusammenwirken von Staat und Gesellschaft repräsentieren die jeweils Regierenden, gegebenenfalls aber auch Opponierende sowie deren legislative, exekutive und judikative Apparate den Staat, dem seine Untertanen oder die Gesellschaft sowie deren Strukturen gegenüberstehen. In aller Regel geht hier alle Macht auch in Diktaturen und Monarchien von den Untertanen der Herrscher aus, denn auch Diktatoren und Monarchen sind ohne ihre mehr oder minder abhängigen Helfer und Helfershelfer jeder ge- und vereint auftretenden Gesellschaft gegenüber machtlos. Kernfrage ist hier also nur, ob tendenziell die Gesellschaft noch bestimmen kann, von wem sie wie regiert werden will, oder ob die jeweils Regierenden den Untertanen ihren Willen total oder teilweise schon aufzwingen können. So kann und wird sich wahrscheinlich jede Gesellschaft auch nach Besitz- und Bildungsunterschieden, nach wirtschaftlichen, gesellschaftlichen und kulturellen Gemeininteressen, und nach Grund-, Produktions- und Distributionsmittelbesitzern und den von diesen jeweils Abhängigen formieren. Alternative Kernfrage bleibt folglich auch, ob und wie die Regierenden der Staaten einerseits der Gesamtgesellschaft oder Teilen dieser zu dienen haben, oder wie diese andererseits von den jeweils Regierenden zur Durchsetzung ihrer Staatsideale ge- und missbraucht werden kann, wie das beispielsweise in einem *Klassenstaat* oder in einem kommunistischen und sozialistischen *Arbeiter- und Bauernstaat* möglich war oder noch ist.

Nicht nur in der BRD versuchen die Repräsentanten der politischen Parteien einerseits als Vertreter konservativer, sozialer oder liberaler Ideen, und andererseits als die der reicheren ArbeitgeberInnen oder ärmeren ArbeitnehmerInnen zu gelten, obwohl diese künstlich gezogenen Grenzen die aktuellen Realitäten nicht mehr treffen. So liegen beispielsweise die Einkünfte und Vermögen der Reichsten und Ärmsten in Deutschland aktuell wieder weiter auseinander als noch vor 50 Jahren, aber nicht mehr so weit wie noch vor 100 Jahren. Richtig ist weiter, dass derzeit 80 % aller Vermögensgegenstände nur 20 % der Bevölkerung besitzen, während sich der 20-%ige Vermögensrest auf 55 % der Bevölkerung verteilt, denn 25 % der Bevölkerung verfügen nämlich über keinerlei Vermögen (mehr) oder sind sogar verschuldet. 25 % von 81,3 Millionen Menschen sind aber nur 20,3 Millionen vermögenslose Menschen in Deutschland und damit weniger als jemals zuvor. Und wenn sich 20 % oder 16,3 Millionen Menschen 80 % des Vermögens teilen, dann besitzt jeder reiche Reiche im Durchschnitt 491 Anteile von diesem, aber von den verbleibenden 55 % oder 44,7 Millionen ärmeren Reichen auch noch jeder 45 solche Anteile im Durchschnitt, und damit immerhin schon 1/11 dessen, was die reichen Reichen im Durchschnitt besitzen. Und auch eine so breite Verteilung des Reichtums hat es in Deutschland zuvor noch nie gegeben.

Richtig ist weiter, dass die drei Millionen BesitzerInnen und ArbeitgeberInnen der 2,6 Millionen Kleinbetriebe in Deutschland im Durchschnitt noch doppelt soviel verdienen wie ihre durchschnittlich knapp 8,7 ArbeitnehmerInnen je Betrieb, denn 75 % der insgesamt 42 Millionen ArbeitnehmerInnen sind nämlich in den 100.000 Groß- und Mittelstandsunternehmen beschäftigt, von denen aber nur mehr 70.000 noch mehrheitlich deren Arbeitgeberfamilien gehören, während rund 30.000 mehrheitlich schon 16,3 Millionen Aktionäre oder andere Anteilseigner besitzen. Im Durchschnitt beschäftigen damit diese 100.000 Unternehmen nur mehr 315 Arbeitnehmer, und rein statistisch sind rund 20 % von diesen zeitgleich Aktionäre dieser Unternehmen und damit partiell auch ihre eigenen Arbeitgeber.

Bis 1973 haben die ArbeitgeberInnen in der BRD im Durchschnitt noch dreimal mehr als ihre ArbeitnehmerInnen verdient. Dieses Verteilungsverhältnis hat sich aber zwischenzeitlich auch dank der Gewerkschaftsarbeit verändert, so dass die Grenze zwischen den Best-, Besser- und Überduchschnittsverdienern heute nicht mehr zwischen den Arbeitgeber- und -nehmerInnen verläuft, sondern zwischen den Best-, Besser- und Überduchschnittsverdienern einerseits, und andererseits den Unterdurchschnitts- bis Schlechtverdienern in beiden Lägern. Zwar verdienten im Jahr 2012 noch 50 % der Arbeitgeber und erst 15 % der Arbeitnehmer überdurchschnittlich. Dennoch repräsentieren nur 1,5 Millionen Menschen jene 50 % überdurchschnittlich verdienenden ArbeitgeberInnen, während 15 % überdurchschnittlich verdienende ArbeitnehmerInnen schon 6,3 Millionen Menschen oder über viermal mehr ArbeitnehmerInnen als ArbeitgeberInnen repräsentieren. Den immer noch berechtigten Diskussionen um mehr Gerechtigkeit bei der Einkommens- und Vermögensverteilung insbesondere in Deutschland sollten dennoch die tatsächlichen Verteilungsverhältnisse zugrunde gelegt werden, und nicht die zwischenzeitlich irreal gewordene Fiktion, dass die vermögenden Überdurchschnittsverdienerlnnen nur im Lager der ProduktionsmittelbesitzerInnen und ArbeitgeberInnen zu suchen seinen, die zugunsten ihrer armen ArbeitnehmerInnen und deren Familien auch enteignet werden könnten.

Mikroökonomisch ist richtig, sich als Individuum ebenso wie vereinzelt als Haushalt, Unternehmen und Betrieb nachhaltig zu bemühen, mehr zu leisten als die Konkurrenten, um so mit geringerem Aufwand mehr zu erlösen, auch nach Steuern noch mehr zu gewinnen, und so zu einem der Konkurrenz überlegenen Subjekt zu werden, das nach und nach immer mehr und letztlich alleine bestimmen kann, was die einstigen Konkurrenten zu welchen Preisen und Konditionen noch liefern und leisten dürfen. Noch heute lernen Haus- und Betriebswirte im ersten Semester, dass richtig ist zu versuchen, mit dem geringstmöglichen oder einem gegebenen Aufwand den höchstmöglichen Gewinn zu erwirtschaften. Und weiter lernen diese, entweder stetig zu wachsen, um größer und stärker zu werden, weil die Alternative dazu das Wiederverschwinden verursacht. Mikroökonomisch können diese Maximen in Grenzen sogar noch richtig sein, aber makroökonomisch sind sie zweifelsfrei schon falsch. Denn makroökonomisch kann die konsequente Realisierung solcher Maximen ja nur bewirken, dass nach geraumer Zeit eine Person mithilfe einer Hierarchie nur mehr von dieser abhängiger MitarbeiterInnen nicht nur das gesamte volkswirtschaftliche Geschehen, sondern auch die Staatsmacht auf sich konzentriert. Und in der utopischen Fortsetzung solcher Maximen müsste das bewirken, dass alsbald entweder diese oder eine andere einzige Person oder Institution das weltwirtschaftliche Geschehen diktiert und damit auch die Weltherrschaft inne hat. Makroökonomisch kann auch deshalb nur richtig sein, gerade solche Entwicklungen nicht zuzulassen, sondern einen fairen Wettbewerb der Ideen und aller übrigen wirtschaftlichen und gesellschaftlichen Kräfte zu fördern, so dass Mehr und Besseres immer schneller, aber eben auch sicher, human, wirtschaftlich, umwelt- und sozialverträglich hervorgebracht und relativ gerecht auch verteilt wird.

7.14. Unbestreitbar sollte in solchen Zusammenhängen werden, sein und bleiben, dass die jeweils Besseren und Leistungsfähigeren für sich und ihre Schutzbefohlenen mehr verdienen und deshalb auch mehr haben und zeigen dürfen wie jene, die zur Wertschöpfung weniger bis nichts betragen können oder wollen, soweit und solange die Hierarchie der Besseren und Leistungsfähigeren den Ärmsten, Schwächsten und Faulsten deren Lebens- und Überlebensrechte nicht streitig macht, und ihre eigene Besserstellung nicht zulasten ihrer MitarbeiterInnen organisiert, durchsetzt und zementiert.

Mir fällt schon seit 38 Jahren auf, dass die Mehrheit der jeweils Regierenden und Opponierenden staatsintern mehr oder minder geschickt wie Volkswirte zu handeln versuchen, indem sie einen fairen Wettbewerb zwischen allen Wirtschaftssubjekten fordern und über weite Strecken sogar realisieren können, obwohl sie das Wirken der Monopolisten und Oligopolisten nicht nur kaum zügeln, kontrollieren und regulieren, sondern zunehmende Oligopolisierungen sogar zulassen und fördern. Im Gegensatz zu solchem Handeln, das noch mit Unvermögen entschuldigt werden kann, ist ihr Handeln als Herrscher an der Spitze ihrer Staaten aber dem der Haus- und Betriebswirte vergleichbar, die weltmaßstäblich mit ihresgleichen wie Oligopolisten im Rahmen ihrer Volkswirtschaften miteinander umgehen, wenn sie versuchen, ihre Konkurrenten nicht mit Mehr- und Besserleistungen zu überflügeln, sondern diese zu behindern und zu schwächen versuchen, um selbst zu deren Lasten wachsen und endlich zum Monopolisten aufsteigen zu können. Und kein noch so verwerfliches Mittel ist insbesondere den Regierenden und Opponierenden der G7- und G20-Staaten recht, wenn es darum geht, nicht nur ihre Positionen im Ranking um gesellschaftliche, wissenschaftliche und wirtschaftliche Vorzüge innerhalb ihrer Gruppe zu optimieren, sondern auch die übrigen 181 souveränen Staaten in deren Herrschaftsräume nicht vordringen zu lassen. Die schon seit zwei Jahrhunderten praktizierte Protektion und Diskriminierung ihrer Interessen und Märkte sind dabei ebenso noch im Dauereinsatz wie Auseinandersetzungen mit Waffengewalt. Dabei wären gerade diese aufgefordert, weltfriedlich jene Annäherungs- und Interessenausgleichungschancen aufzuzeigen und wechselseitig nützlich zu realisieren. Denn solches zu leisten ist eben nicht nur von Volkswirten zugunsten ihrer Haus- und Betriebswirte gefragt, sondern auch von Staatsfrauen und -männern im Weltwirtschafts- und -gesellschaftsgefüge.

Die Staatsquote in Deutschland betrug am BNE oder BIP im Durchschnitt der letzten 25 Jahre gemessen um 52 %, und umfasst alle Steuern, Zwangsabgaben, -beiträge und -gebühren, mit deren Hilfe der Staat alle seine Aufgaben finanzieren sollte. Dabei werden unter den Abgaben, Beiträgen und Gebühren in aller Regel Gelder verstanden, die der Staat von seinen Bürgern und Gästen vorgeblich zweckgebunden kassiert, während er direkte und indirekte Steuern, zu denen auch die Zölle gehören, einerseits am Einkommen und Vermögen der einzelnen Bürger und Gäste, und andererseits an deren Konsum, Investitionen und Wertschöpfungsprozessen orientiert erhebt, und damit ohne Bezug auf deren Quellen zur Finanzierung aller Staatsaufgaben frei verwendet. Und dabei gehören wiederum zu den klassischen direkten Steuern die Einkommen- und Vermögensteuern, und zu den indirekten die Mehrwert-, Umsatz-, und sonstigen Steuern wie die auf Treibstoffe, Tabak, Alkohol, Spiele, Wetten und sonstige Vergnügungen.

Unbeachtet bleibt in der öffentlichen Diskussion sowohl um die notwendigen und zweckmäßigen Staatsquoten als auch um die gerechte direkte und indirekte Besteuerung der Bürger und Gäste aller Staaten, dass letztlich nicht nur alle Steuern, Abgaben, Beiträge und Gebühren, sondern auch die Vollkosten aller Produktions- und Distributionsprozesse der Wirtschaft und Gesellschaft nur die Endverbraucher der arbeitsteilig und global erwirtschafteten Wertschöpfung bezahlen. Es sind zwar alle reichen und armen Individuen von der Wiege bis zur Bahre Endverbraucher, aber die meisten von diesen nicht zeitgleich oder überwiegend auch Investoren, Sparer und Schuldner, und damit eben nicht Mitglieder jener Gruppen und Massen jeder Gesellschaft, die - mit welchen Begründungen auch immer - gezwungen sind, ihre Einkünfte nahezu 100-%ig zur Befriedigung ihrer Grundbedürfnisse und bescheidener Luxusbedürfnisse wieder auszugeben. Denn nur jene Individuen, Gruppen und Massen, die nachhaltig mehr als die zu ihrer Grundbedürfnisbefriedigung notwendigen Einkünfte erwirtschaften können, können sich auch mehr oder minder umfänglich an der Luxusbedürfnisbefriedigung beteiligen, darüber hinaus noch sparen und investieren, und sich so zulasten aller Endverbraucher auch in die Wertschöpfungs-, Verteilungs- und Umverteilungsprozesse der Wirtschaft und Gesellschaft mehr oder minder umfänglich wieder einbringen.

Wenn Regierende und/oder Opponierende vorgeben, die progressive Besteuerung der Einkünfte und Vermögen sei gerechter als die Besteuerung des Konsums und der Investitionen, weil erstere die armen Konsumenten weniger hart treffen als letztere, dann irren diese entweder, oder sie belügen ihre Schutzbefohlenen, denn über die vollkostenüberdeckenden und damit auch gewinnbringenden Preise aller Angebote zahlen eben letztlich nur die Endverbraucher auch alle Einkünfte und Steuern sowohl ihrer Lieferanten als auch die der Regierenden und Opponierenden. Würden diese weniger oder nichts kosten, dann wären auch deren Lieferungen und Leistungen dementsprechend billiger oder kostenlos zu haben. Und müssten die ArbeitgeberInnen die Aufwendungen für ihre ArbeitnehmerInnen, Investitions- und Einsatzgüter, Betriebs-, Vertriebs- und Verwaltungskosten einschließlich aller Steuern und Zinsen über die Verkaufspreise ihrer Lieferungen und Leistungen nicht wieder erlösen, könnten auch deren Preise dementsprechend niedriger sein. Und wenn diese mehrheitlich tatsächlich so reich wie von den Regierenden und Opponierenden behauptet wären, und nur deshalb auch steuerlich dementsprechend belastet werden könnten, dann würden diese auch diese Lasten über die Verkaufspreise ihrer Lieferungen und Leistungen wieder auf ihre Kunden überwälzen müssen, und diese wären wiederum sowohl direkt als auch indirekt nur Endverbraucher.

7.15. Zurecht hat Ludwig Erhard, der nach dem 2. Weltkrieg als Bundeswirtschaftsminister der BRD mithilfe des freien sozialen Marktwirtschaftssystems das sogenannte Wirtschaftswunder begründet hat, leider vergeblich mehr Maßhalten gefordert. Denn allumfassendes Maßhalten aller Akteure im Wiederaufbauprozess des kriegsbeschädigten Deutschland hätte ja nur bewirkt, dass weder die Löhne noch die Preise für alle Lieferungen und Leistungen der Volkswirtschaft so dramatisch wie tatsächlich gestiegen wären. Dagegen hätte sich an der übrigen Organisation und Dynamik der Wiederaufbau- und -entwicklungsleistung der deutschen Volkswirtschaft so gut wie nichts geändert. Die Anbieter zu knapper Güter hätten wie noch heute nur auf niedrigerem Niveau besser verdient als die üppiger Güter, und wie noch heute wären auch damals jene Nachfrager mit solchen Gütern bevorzugt beliefert worden, die deren Preise bezahlen wollten und konnten, während alle übrigen Nachfrager zunächst und solange noch leer ausgegangen wären, bis sich auch deren Produktionen und Distributionen den Nachfragen nach diesen hätten annähern können.

Ich war um 1950 gewerkschaftlich organisierter Berufsanfänger und habe noch miterlebt, wie Gewerkschaftler verzweifelt versucht haben, die Löhne der Arbeitnehmer zulasten der Arbeitgebergewinne zu steigen. Das konnte ihnen aber nicht gelingen, weil die Arbeitgeber deren jährlich rund 10-%ige Lohnsteigerungsforderungen stets erfüllt und deren Kosten auf die Preise ihrer Lieferungen und Leistungen aufgeschlagen haben, so dass zwar Jahr für Jahr die Löhne und Preise um rund 10 % gestiegen sind, aber nicht deren Kaufkraft, denn mit nahezu gleichen Raten inflationierte nämlich auch die neue DM, so dass von 10 % nominalem Lohnzuwachs nur jene realen 1,5 bis 2,5 % Kaufkraftzuwachs übrig geblieben sind, die dem Produktivitätszuwachs entsprochen haben.

Bis 1950 gab es in der noch jungen BRD auch noch viele Erwerbsarbeitslose, aber nicht, weil es für diese keine Arbeit gegeben hätte, sondern weil zu viele Fabriken potenzieller ArbeitgeberInnen noch in Schutt und Asche lagen. Als diese aber wieder aufgebaut und ingang gesetzt waren, wurden sogar soviel mehr ArbeitnehmerInnen gebraucht, so dass mit den jeweils vorhandenen zu den vereinbarten Tariflöhnen nur rund 15 % der angebotenen Arbeitsplätze besetzt werden konnten, denn um die Besetzung der übrigen 85 % haben die ArbeitgeberInnen mit übertariflichen Bezahlungen und freiwilligen sozialen Leistungen miteinander gerungen. Und deshalb wurden schon für die durchschnittlich qualifizierten ArbeitnehmerInnen zwischen 5 und 25 %, und für die höher und höchstqualifizierten sogar bis zu 250 % der vereinbarten Tariflöhne bezahlt. Und als ich 1952 19jährig noch mit 80 % meines Tariflohns und 6 Monate auf Probe ins Arbeitsleben trat, sah sich mein erster Arbeitgeber schon nach drei Monaten veranlasst, mich unbefristet anzustellen, den Lohn um 25 % zu erhöhen, und damit bereits auf ein Niveau zu stellen, das schon 5 % über dem Tariflohn lag, nur um nicht zu riskieren, dass mich ein Konkurrent ihm abwarb. Nach 6 Monaten verdiente ich schon 20 %

über dem Tarif, und ab diesem Zeitpunkt habe ich begriffen, dass ich mich auch jeweils leistungsgerecht bezahlen lassen konnte, was mich wiederum nicht nur veranlasste, meine Leistungen auf das Doppelte des Tariflohnniveaus, sondern auch meinen Reallohn dementsprechend zu steigern.

Sowohl Regierende als auch Opponierende handeln meines Erachtens falsch und ungerecht, wenn sie die minderqualifizierten und leistungsschwachen Bürger und Gästen des Staates mit keinerlei Einkommensteuern mehr belasten, und gegenteilig die hohen und höchsten Einkünfte und Vermögen über 50 % hinaus direkt schmälern, denn auch hier eignet sich die Steuerpolitik nicht zur Lösung sozial- und wirtschaftspolitischer Probleme. Denn den Durchschnitts-, Hoch- und Höchstleistungsträgern jeder Gesellschaft stehen m.E. zurecht auch höhere Einkommen und Vermögen zu wie jenen, die nur Durchschnittseinkünfte für Unterdurchschnittsleistungen erwirtschaften können, und auch höhere als jenen erwerbsarbeitenden Mitmenschen, die nur der Vorleistungen der Leistungsträgerelten wegen an den Mehrwertschöpfungsprozessen der Gesellschaft beteiligt werden können. Denn es ist eben keinesfalls mehr verteilungsgerecht, den Faulen gleiches wie den Fleißigen zukommen zu lassen, und auch nicht, den vom Schicksal begünstigten Leistungsträgern nur gleiches wie den vom Schicksal benachteiligten Mitmenschen. Einkommens- und Vermögensunterschiede, die sich Leistungsträgergenerationen wie die Siemens-, Bosch-, Henkel- oder Oetkerfamilien aufzubauen, zu erhalten und zu mehren bemühten, sollten auch von einer durchaus zurecht um Interessenausgleich bemühten Gesamtgesellschaft hingenommen werden. Insbesondere aber sollten sich regierende und opponierende PolitikerInnen nicht in deren Verteilungs- und Umverteilungskämpfe und -konflikte regulierend einmischen, die auszufechten den MasseninteressenvertreterInnen alleine überlassen bleiben sollten. Doch auch das nur soweit und solange diese damit übergeordnete Staatsziele nicht verletzen.

8. Armut und Reichtum

8.1. Wenn es Armut und Reichtum ebenso wie Recht und Unrecht auf Erden überhaupt gibt, dann wird das alles sowohl von den unterschiedlichsten Leistungsfähigkeiten und -willigkeiten aller jeweils lebenden und wirkenden Individuen, Gruppen und Massen als auch durch deren Konstrukte verursacht. Hinzunehmen hat die Menschheit, dass alle Individuen nicht nur einmalig und deshalb auch unterschiedlich sind, sondern sich im Ablauf ihrer Lebzeiten wiederum nur ihren Konstitutionen, Schicksalen, Talenten, Interessen, Fähigkeiten und Erfahrungen entsprechend entwickeln können, und zwar ausnahmslos von hilflosen Säuglingen über die Stadien der Klein- und Großkinder, Jugendlichen, jungen und mündigen Erwachsenen bis hin zu mehr oder minder weisen oder senilen Greisen, als die wahrscheinlich nur ihre Körper wieder sterben.

Armut und Reichtum sind wie das Glück und Unglück dennoch nur relative Größen, werden nur subjektiv empfunden, und können deshalb auch nicht objektiviert werden.

Heinrich Pestalozzi meint: >Wer die Armut erniedrigt, erhöht das Unrecht, denn es ist nicht erniedrigend, arm zu sein, nur Arme zu zertreten ist wahrhaft erniedrigend.< Und auch zwei weitere Sprichwörter zur Armut treffen den Nagel wahrhaft auf den Kopf: >Arm ist nicht, wer wenig hat, sondern wer mehr als das Überlebensnotwendige oder schon Verfügbare haben will.< Und: >Niemand lernt seine wahren Freunde besser als ein Armer kennen.<

Will Vesper hat erkannt: >Gäbe Reich so leicht wie Arm, dann würden alle satt und warm!< Und Papst Innozenz III. stellte dazu fest: >Der Erwerb des Reichtums ist mit Mühe und Arbeit verbunden, aber sein Besitz ist von Furcht und sein Verlust von Schmerzen begleitet; immer aber ermüdet und beschwert er die Seele.<

>Glück und Unglück gehen gewöhnlich dahin, wo schon das meiste davon ist<, sagte ein unbekannt gebliebener Philosoph. Und Charles F. Kettering meint dazu: >Glück ist oft nur ein Sammelname für Tüchtigkeit, Klugheit, Fleiß und Beharrlichkeit, denn Glück hat auf die Dauer nur der Tüchtige.< Und: >Das Glück fängt mir an wetterwendisch zu werden,< unkte Johann Wolfgang von Goethe.

Ein weiteres Sprichwort sagt, >dass Unglück nicht nur vor armer Leute Türen sitzt.< Heinrich Heine meint: >Selten kommt ein Unglück ohne Gefolge<, und Ernst J. Hähnel: >Sei im Unglück wie eine gesenkte Fackel, deren Flamme auch dann noch nach oben brennt.< >Erst im Unglück weiß man wahrhaft, wer man ist<, lässt Stefan Zweig Marie Antoniette sagen, und die Volksweisheit >Weil auch das Unglück nicht immer überall sein kann, gibt es für die meisten Menschen zuweilen auch glückliche Stunden< soll diese wenigen philosophischen Betrachtungen zur Armut und zum Reichtum ebenso wie zum Glück und Unglück abschließen.

8.2. Objektiv kommen Armut und Reichtum zustande, weil es auf Erden immer wieder unterschiedlich leistungsfähige und -willige Menschen gibt, die für ihre zu knappen Angebote mehr als jene Mitmenschen erlösen können, die nur Massengüter anzubieten haben. Und wenn die leistungsfähigeren und -willigeren Menschen zudem weniger ausgeben als sie einnehmen, dann sammeln sich eben nur bei diesen größere Mengen Güter und Gelder an, mit denen nur diese zudem wuchern und spekulieren können, so dass sich diese oft auch dadurch noch vermehren. Erträgliche Armut ist trotzdem keine Schande und Reichtum kein Schaden, wenn insbesondere dieser nur sicher, human, wirtschaftlich, umwelt- und sozialverträglich wieder eingesetzt wird. Denn wirtschafts- und gesellschaftsschädlich wird dieser ja erst, wenn er missbraucht wird, um beispielsweise Geld fast gegenleistungslos nur wieder Geld verdienen zu lassen. Denn solcherart werden nämlich keine realen Güter mehr geschaffen, die den Wohlstand aller direkt und indirekt mehren helfen, sondern nur Illusionen, die immer wieder wie Seifenblasen platzen, nachdem zu viele Dummköpfe und Betrogene all das verloren haben, was ihnen sogar von Regierenden lizenzierte Betrüger zu rauben vermochten. Und trotzdem verursachen nur solche Platzer in Massen auch reale Schäden, die bis zu deren Korrektur durch wieder vernünftiger agierende WissenschaftlerInnen, KünstlerInnen, WirtschafterInnen, InteressenvertreterInnen und PolitikerInnen auch katastrophale Erwerbsarbeitslosigkeiten insbesondere unter den minderqualifizierten und leistungsschwächeren Mitmenschen verursachen.

8.3. Wenn begnadete WissenschaftlerInnen Möglichkeiten entdecken, schwere Krankheiten zu heilen, Atome zu spalten, Organe zu verpflanzen, Ernteerträge zu steigern, den Verkehr zu beschleunigen, Geld durch Geldeinsätze zu vermehren oder zum Mond zu fliegen, dann ist gegen solche Spitzenleistungen des menschlichen Geistes prinzipiell nichts einzuwenden. Es ist auch noch nicht verwerflich, solche Spitzenleistungen in umwelt- und sozialverträglichen Quanten und Qualitäten zu vervielfältigen, solange eine Solidargesellschaft in die Realisierung solcher Projekte nur ihre Freizeit und damit auch nur ihr überflüssiges Geld steckt, denn verhängnisvoll wird ja nur, wenn damit der natürliche Tod aller Menschen überwunden, oder die Menschheit sinn- und zwecklos zwischen der Erde und dem Mond nur zu deren Vergnügen hin und her transportiert würde. Gewiss habe ich hier beispielgebend nur irreale Fehlleistungen des menschlichen Geistes zugespitzt angesprochen. Dennoch werden meine LeserInnen zwischen den Zeilen leicht erkennen, dass ich damit auch jene realisierbaren Fehlleistungen kritisiere, die beispielsweise in den USA und in Spanien Immobilienpreisblasen erzeugten und platzen ließen, und damit überall auf Erden auch die damit korrespondierenden Geldblasen zum Platzen brachten, die letztlich auch realwirtschaftliche Schäden in Milliardenhöhen verursacht haben.

8.4. Es gab und gibt immer wieder KünstlerInnen und SportlerInnen, deren Persönlichkeitsmerkmale und Werke Mitmenschen veranlassen, diese mehr als andere zu schätzen, und deshalb auch AgentInnen, die deren beschränkte Kapazitäten meistbietend vermarkten und an dieser Dienstleistung fast ebenso maßlos wie die KünstlerInnen und SportlerInnen selbst verdienen. Solange sich um solche Persönlichkeiten und deren Werke nur Mitmenschen kümmern, die in diese und deren Wohlergehen ihr überflüssiges Geld investieren, können sie auch von der Gesamtgesellschaft akzeptiert werden, und diese vielleicht sogar anregen, sich selbst in Maßen zu bereichern und zu beglücken. Denn man denke hier nur an die Maler, Bildhauer, Musiker und Spitzensportler aller Zeiten sowie an deren Werke und Leistungen, ohne die die Menschheit gewiss auch ärmer wäre.

Ohne geniale Wirtschaftler und deren InteressenvertreterInnen ist aber auch kaum vorstellbar, dass sich im Ablauf von nur 12.000 Jahren das globale arbeitsteilige Wirtschaften der Menschheit in jenen Formen hätte entwickeln und etablieren können, die sich heute zeigen. Den Theologen und Philosophen soll zu beurteilen überlassen bleiben, ob die Menschheit ohne deren Erbe subjektiv reicher oder ärmer wäre. Objektiv könnte und würde es aber ohne deren Wirken ganz und gar unmöglich sein, auf unserer begrenzten Erde über 7 Milliarden Menschen ein wohlständigeres und längeres Leben anzubieten als jenes, das jene rund 5 Millionen Menschen noch fristen mussten, die ihre Aktivitäten als Sammler, Jäger und Fischer zunächst nur um Aktivitäten erweitern konnten, die für Hirten, Ackerbauern und Viehzüchter auch heute noch charakteristisch sind. Denn objektiv geht es ja heute keinem Menschen mehr schlechter als damals, und selbst den meisten Menschen in den armen Entwicklungsländern schon bedeutend besser als den ersten Hirten, Ackerbauern und Viehzüchtern. Unseren Mitmenschen in den Schwellenländern geht es durchschnittlich sogar schon dreimal besser, und denen in den Industriestaaten schon 24 mal besser als denen in den Entwicklungsländern. Die Menschheit hat bisher also nur im immer noch andauernden Bemühen versagt, die jeweils allgemein verfügbare Wohlstandsmasse noch etwas gerechter zu verteilen.

Es haben aber dennoch nur die InteressenvertreterInnen und MachtpolitikerInnen zu verantworten, dass das einzig Massenwohlstand schaffende und mehrende arbeitsteilige Wirtschaften der Menschheit jeweils so organisiert wird, dass die wiederum nur damit verfügbar zu machenden Verteilungsmassen nicht gerecht genug verteilt werden können. Die InteressenvertreterInnen verschulden in diesen Zusammenhängen die Fehlinformationen, und die MachtpolitikerInnen die Fehlvorstellungen ihrer Schutzbefohlenen. Denn die MachtpolitikerInnen gaukeln diesen vor, die damit korrespondierenden Probleme samt und sonders lösen zu können, wenn man sie nur wähle und ihren Empfehlungen folge, und die InteressenvertreterInnen, dass die PartnerInnen im nur gemeinsam möglichen Bemühen, mehr Verteilungsmasse zu schaffen und gerechter zu verteilen, sich wie Feinde bekriegen und wechselseitig auszubeuten versuchen. Richtig an allen diesen Fehlinformationen und -vorstellungen ist aber nur, dass es auf allen Seiten auch wenige schwarze Schafe und zu noch zu viele Dummköpfe gibt, deren wenige negative Beispiele sich zu Indoktrinierungszwecken manipulierbarer Mehrheiten immer wieder neu instrumentalisieren lassen, und so zur Machtakkumulation der Eliten in deren rivalisierenden Lägern viel zu oft missbraucht werden.

9. Das Recht und die Gerechtigkeit

Versucht man ein Lexikon zu befragen, was die Begriffe >Recht< und >Gerechtigkeit< beinhalten und bewirken, dann gibt es auf diese Fragen gleich mehrere richtige Antworten. Denn hier entspricht im objektiven Wortsinn das Recht der Rechtsordnung einer Rechtsgemeinschaft (z.B. der eines Staates oder einer Ethnie), die sowohl die geschriebenen als auch die ungeschriebenen Rechtsnormen beinhaltet. Und im subjektiven Wortsinn versammeln sich im Recht alle privaten und öffentlichen Rechtsgebiete (z.B. das Zivil- und Strafrecht, die Grund-, Arbeits-, Familien-, Prozess-, Sozial-, Steuer- und Vertragsrechte). Unterschieden werden insbesondere die Naturrechte (z.B. die Rechte der Stärkeren und Klügeren gegenüber den Schwächeren und Dümmeren) von jenen Rechten, die Menschen (z.B. Monarchen, Diktatoren, Tyrannen und die Parlamente der Demokraten) selbst setzen. Und das Wort >Gerechtigkeit< verändert in solchen Zusammenhängen sogar seine Inhalte, wenn es mit unverzichtbaren Attributen wie Bedarf, Beteiligung, Generation, Leistung, Markt und Verteilung kombiniert wird, obwohl auch die Rechtssetzungen an den Gerechtigkeitsvorstellungen der RechtssetzerInnen orientiert werden. Trotzdem ist nur seltenst bedarfsgerecht, was beteiligungs-, leistungs-, markt- und verteilungsgerecht ist, aber auch verteilungsgerecht nur das wenigste des auch Bedarfs-, Beteiligungs-, Markt- und Leistungsgerechten. Und geradezu sträflich wird insbesondere von den meisten Demokraten, denen das Denken und Handeln in 4- bis 7jährigen Legislaturperioden und nicht mehr das exzellenter Monarchen in Jahrhunderte übergreifenden Dynastien eigen ist, die Generationengerechtigkeit missachtet.

In der Natur dominiert immer noch das Recht der und des Stärkeren über die Rechte der und des Schwächeren, während gesetztes Recht auch legalisiertes Unrecht sein kann, und von davon Betroffenen als solches oft auch so empfunden wird. Im Gegensatz zu den ungeschriebenen Rechtsnormen von Rechtsgemeinschaften oder Staatsvölkern, die wesentlich Gewohnheitsrechte beinhalten, sind deren geschriebene Rechtsnormen nur mehr am Naturrecht orientierte gesetzte Rechte, die in den demokratisch verfassten Rechtsstaaten von deren VolksvertreterInnen beschlossen, von deren Regierenden mithilfe ihrer Verwaltungsapparate exekutiert, und von deren RichterInnen und Justizbeamten judiziert werden. Im objektiven Sinne sind hier die formellen und dispositiven Rechte wie die Prozessordnungen, die Bürger-, Straf- und Zivilrechte, und im subjektiven Sinne die Grund-, Persönlichkeits-, Gestaltungs- und Vertragsrechte zu unterscheiden.

9.1. Gesetztes Recht dient primär dem Zweck, in Rechtsgemeinschaften oder Staatsvölkern das Zusammenleben und -wirken unterschiedlichst interessierter und motivierter Individuen, Gruppen und Massen rechtsfriedlich zu ordnen und zu fördern. Und sekundär wird dabei inkauf genommen, dass von den jeweils Betroffenen gesetztes Recht als legalisiertes Unrecht empfunden, aber Naturrecht auch verletzt wird. Exekutierbares Recht wird so auch, was oft sogar mehrheitlich als Ungerecht empfunden wird, und dennoch wie gesetzt exekutierbar ist und bleibt (Die Gesslerhüte in F. Schillers Drama Wilhelm Tell lassen hier grüßen).

So lehrt beispielsweise Geschichte, dass die Entwicklung der Menschheit, wie sie heute mit ihren über 7 Milliarden Individuen existiert, einerseits von Naturrechtsbrüchen und damit von legalisiertem Unrecht weniger zulasten vieler ausging. Doch hätten sich andererseits ohne diese Naturrechtsbrüche jene rund 5 Millionen Menschen, die ja erst vor 12.000 Jahren umfänglicher als je zuvor arbeitsteilig zu wirtschaften begannen, weder solcherart vermehren noch mehrheitlich so wohlständig wie zwischenzeitlich erreicht überhaupt entwickeln können? Denn vor 12.000 Jahren lebten nämlich unsere Urahnen schon seit rund 38.000 Jahren als nomadisierende Sammler, Jäger und Fischer nur vom freien Zuwachs der Natur noch in Höhlen, und nur wenige von diesen haben sich um diese Zeit schon entschlossen, sesshafte Hirten, Ackerbauern und Viehzüchter zu werden. Doch damit haben diese auch Gewohnheitsrechte gebrochen und erstes Unrecht legalisiert. Denn für alle Sammler, Jäger und Fischer war zweifelsfrei noch Recht, überall und jederzeit unentgeltlich den freien Zuwachs der Natur für sich zu nutzen. Dieses Recht haben aber die Hirten und Viehzüchter willkürlich eingeschränkt, weil diese wiederum ohne jeden Zweifel ja nicht jene Wildtiere zu Herden- und Haustieren gemacht haben, die zuvor schon schwierige und deshalb vernachlässigte Beuten der Jäger waren, sondern jene, die sich leichter sowohl jagen als auch domestizieren ließen. Sie haben also die Beutetiere der Jäger vermindert, gleichzeitig aber ihre domestizierten Wildtiere vermehrt und entschädigungslos zum Eigentum erklärt. Und fortan haben sie den Jägern verboten, ihre Herden oder Haustiere zu bejagen, obwohl sie selbst, wenngleich noch ohne Unrechtsbewusstsein, zuvor die Wildtierbestände zulasten der Jäger sowohl dezimiert als auch domestiziert haben. Aber auch die künftigen Landwirte haben sich wahrscheinlich entschädigungslos die fruchtbarsten Plätze zulasten der Sammler angeeignet, um fortan Ackerbau und Viehzucht zu betreiben, und die Sammler nicht mehr unentgeltlich von ihren Feldern ernten lassen. Mit anderen Worten haben sich also die erdgeschichtlich jüngeren Hirten, Ackerbauern und Viehzüchter zulasten der erdgeschichtlich älteren Sammler, Jäger und Fischer nicht nur bereichert und bemächtigt, sondern auch Eigentumsrechte an Grund und Boden, Wildtieren und Pflanzen unentgeltlich begründet, die es zuvor noch nicht gegeben hat. Gewiss ist in solchen Zusammenhängen auch einsichtig, dass diese Entwicklungen einerseits Konflikte begleitet haben, während andererseits nicht nur diese massenhaft nachgeahmt, sondern auch weiter eskaliert wurden, indem sich zu den Hirten, Ackerbauern und Viehzüchtern nach und nach nicht nur Handwerker, Händler und Krieger, Priester und Heiler, sondern auch noch Gerber und Färber, Maurer und Zimmerer, Wagner und Schmiede, Schneider und Schuster Schreiner und Glaser, und letztlich auch Obrigkeiten gesellt haben, die sich die Restgesellschaft wie noch heute untertan machten.

9.2. Wenn die Geschichte der Menschheit ihren Lauf so nehmen konnte, wie sie ihn tatsächlich genommen hat, dann wurde deren Beginn nicht nur von der Intelligenz, Phantasie und Leistungsfähigkeit weniger zugunsten vieler Menschen ingang gesetzt und fortentwickelt, sondern auch von weiteren Faktoren begünstigt und getrieben, die wir weder kennen noch jemals erfahren werden, sehr wohl aber erahnen können. Ich meine, dass jene rund 5 Millionen Menschen, die bis vor 12.000 Jahren nur die privilegierten Gebiete auf Erden bewohnt und genutzt haben, sowohl ihre eigene Vermehrung als auch der nachlassende freie Zuwachs in der Natur gezwungen haben, nicht nur die bis dahin ungenutzten unterprivilegierten Gebiete zunehmend zu bevölkern, sondern auf und in diesen auch arbeitsteiliger zu wirtschaften, um Mehr und Besseres für alle noch schneller hervorzubringen und verteilen zu können. Und weil auch diese Menschen schon ungleich konstituiert, talentiert, interessiert, motiviert, erfahren, leistungsfähig und -willig waren, haben sich auch unter diesen wie noch heute schon Führer und Führungsbedürftige, Pioniere und Nachahmer, Denker, Planer und Realisierer ausgebildet. Auch deren Eliten haben wahrscheinlich schon erkannt, dass Individuen weniger als Kleingruppen, und Großgruppen mithilfe der Massen mehr als Kleingruppen erreichen können. Und auch deshalb haben diese jene Siedlungs- und Staatenentwicklungen eingeleitet, gefördert und vorangetrieben, die auch heute noch nicht abgeschlossen sind. Denn wenn diese mit dem zwischenzeitlich erreichten Status der Menschwerdung und Staatenbildung schon abgeschlossen wären, dann wäre ja das Ergebnis ein maßlos trauriges. Auch deshalb hoffe ich wenigstens, dass die Menschheit noch werden wird, was sie nach Gottes vermutetem Willen werden soll und wohl auch noch werden kann, nämlich individuell und kollektiv etwas gottähnlicher und -ebenbildlicher wie noch derzeit.

9.3. Gewiss ist Jederfrau und Jedermann Recht zu tun ein äußerst schwieriges, wenn nicht gar ein unmögliches Unterfangen. Dennoch ließen sich von sachlich, fachlich, ethisch und moralisch besser gebildeten und handelnden Eliten auf mehreren von oben nach unten absteigenden Ebenen auch jene Menschenmehrheiten gerechter wie noch derzeit praktiziert behandeln, die auf den unteren Ebenen dieser Pyramide beheimatet sind. Was dazu die Eliten zu liefern und zu leisten hätten, ist mindestens diesen bereits bekannt, und trotzdem will ich hier das Wichtigste noch einmal wiederholen:
- Mehr Wohlstand für alle jeweils lebenden und wirkenden Menschen lässt sich nur mithilfe eines zunehmend perfektionierten arbeitsteiligen Wirtschaftens schaffen und verteilen, das wiederum nur die privatkapitalistisch finanzierten Marktwirtschaftssysteme begünstigen, während es die staatskapitalistisch finanzierten Planwirtschaftssysteme offensichtlich benachteiligen.
- Dazu müssen aber die jeweils regierenden *und* opponierenden Eliten der Weltgesellschaft und -wirtschaft ökonomisch Jahrhunderte und ökologisch Jahrtausende in den Blick nehmen, und kurz- bis mittelfristig alle ihre Pro-

duktions- und Distributionsprozesse auch in dieser Reihenfolge nur noch sicher, human, wirtschaftlich, umwelt- und sozialverträglich gestalten.
- Dass sie das könnten, haben sie leider viel zu selten schon bewiesen, und wenn sie sogar mehrheitlich immer noch nicht so handeln, ist das ein Mangel, den nur diese selbst beheben können, denn von deren Nachahmern darf ein solches nicht erwartet werden.

9.4. Sowohl die heiligen Schriften und Überlieferungen der monotheistischen Weltreligionen (z.B. Judentum, Buddhismus, Christentum und Islam) als auch weise gewordene Philosophen und Ökonomen fordern deshalb alle Menschen - bevorzugt aber deren Eliten - auf, ihr Handeln mehr als an anderen Maximen an den 10 Geboten des mosaischen und christlichen Gottes (2. Mose 20, 1-17), an den Postulaten der Bergpredigt (Matthäus 5-7), an Kants kategorischem Imperativ (Handle selbst so, dass die Maximen deines Tuns und Lassens gleichzeitig Gesetze eines Staates sein könnten, in dem du selbst zu leben wünschst) und an Paretos Prinzip (Tue, was nicht nur dir zum Vorteil gereicht, und unterlasse alles, was nur dich und deine Nächsten zu Lasten Dritter bereichern würde) zu orientieren. Solange die Menschen - insbesondere aber deren Eliten - mehrheitlich noch so sind und handeln, wie sie sind und handeln, dürfen rasche Fortschritte gesellschaftlicher und wirtschaftlicher Weiterentwicklungen der Menschheit augenblicklich noch nicht, sehr wohl aber wie schon in der Vergangenheit durchaus kontinuierlich auch zu wechselseitigem Nutzen im Ablauf der Zeiten sehr wohl noch erwartet werden.

9.5. Nur wenn die jeweils Regierenden und Opponierenden der G7- und G20-Staaten - und das sind einschließlich ihrer engsten Berater ja nur rund 500 Persönlichkeiten - ihr gruppenegoistisches Handeln zugunsten ihrer eigenen Bevölkerungen und Schutzbefohlenen, und damit zulasten aller übrigen Staatsvölker und deren nachrangigen Eliten, nicht *freiwillig* aufgeben und in ein wechselseitig vorteilhaftes altruistisches wandeln, lassen sich auch mehr Freiheit, Gleichheit, Geschwisterlichkeit und Gerechtigkeit weltfriedlich nicht etablieren. Denn diese 500 Persönlichkeiten kann ja niemand anders mehr auf Erden als sie selbst für ihr Fehlverhalten sanktionieren, während dieses partiell ohne jeden Zweifel schon elitäre Kollektiv sehr wohl fähig wäre, alle nachrangigen Eliten, und über diese auch deren Schutzbefohlene und Untertanen, zum wünschenswerten Denken, Planen, Tun und Lassen notfalls auch mit Gewalt zu zwingen. Soweit und solange sich also nur diese rund 500 Persönlichkeiten, die jene rund 500 Spitzenpositionen besetzen, die die Weltgesellschaft und -wirtschaft überhaupt zu vergeben hat, weder auf Ziele noch Wege einigen wollen, diese auch nachhaltig zu optimieren, sind auch deren Forderungen heuchlerisch, die nachrangig elitären rund 100.000 Persönlichkeiten auf den folgenden drei bis 4 Ebenen der Leistungspyramide sollten mithilfe der restlichen Menschheit leisten, was diese 500 freilich nur vorgeben, selbst nicht leisten zu können, obwohl einzig nur diese dazu fähig wären. Denn diese hindern ja nur jene Rechtskonstruktionen zu tun und zu lassen, was sie tun und lassen sollten, die sie entweder selbst geschaffen haben oder schaffen ließen, und deshalb auch nur selbst wieder abschaffen oder verändern könnten.

Den Glanz dieser Wahrheit zu ertragen ist für jene rund 500 mehrheitlich nur ausreichend bis mangelhaft qualifizierten Persönlichkeiten auf den Spitzenplätzen der Weltgesellschaft offensichtlich unangenehm. Und auch deshalb sind diese offensichtlich auch froh, dass diese Wahrheit nur rund 50 Millionen nachrangig elitäre (und keinesfalls bessere Menschen) überhaupt kennen, während sie rund 5 Milliarden Menschen auf Erden nicht einmal zur Kenntnis nehmen können, obwohl sie auch diesen (freilich nur in einem Buch mit sieben Siegeln) zu Füßen liegt, in dem sie selbst leider noch nicht lesen können (oder wollen).

9.6. Mithilfe des Rechts Gerechtigkeit schaffen und mehren zu können, ist m.E. unmöglich, obwohl sich das gesetzte Recht sowohl am Naturrecht orientiert als auch Gerechtigkeit im Allgemeinen ebenso wie im Besonderen zu setzten versucht. Denn die Gerechtigkeitsvorstellungen der Menschen verkehren sich sogar in ihr Gegenteile, wenn sie mit unverzichtbaren Attributen wie Bedarf, Beteiligung, Leistung, Markt und Verteilung kombiniert werden. Oder wäre es noch gerecht, den Faulen gleiches wie den Fleißigen zukommen zu lassen, oder gleiche Chancen auch denen aufzuzwingen, die solche selbstbestimmt gar nicht nutzen wollen? Hier kann doch tatsächlich zwischen Recht und Unrecht, Freiheits- und Gleichheitsgraden nur der Markt mit seinen unbestechlichen Mechanismen besser als alle jeweils Regierenden und Opponierenden entscheiden, wer vom stets zu knappen Begehrten mehr als andere bekommen soll, und wer auf solches vorübergehend oder andauernd verzichten muss. Denn mehr als das, was bereits vorhanden ist oder aktuell wertgeschöpft werden kann, steht zur Verteilung ja nicht zur Verfügung. Und folglich ist auch hinzunehmen, dass bedarfsgerecht nicht sein kann, was zeitgleich beteiligungs-, leistungs-, markt- und verteilungsgerecht ist, zumal sich ja schon die Bedürfnisse der Anspruchsvollen von denen der Bescheidenen eklatant unterscheiden. Es kann aber auch nicht beteiligungsgerecht sein, was zeitgleich bedarfs-, leistungs-, markt- und verteilungsgerecht ist, oder leistungsgerecht im Verhältnis zum Bedarf, zur Beteiligung, zum Markt und zur Verteilung, oder marktgerecht im Verhältnis zum Bedarf, zur Beteiligung, zur Leistung und zur Verteilung, und auch nicht verteilungsgerecht im Verhältnis zum Bedarf, zur Beteiligung, zur Leistung und zum Markt.

Die Großworte >Recht< und >Gerechtigkeit< undifferenziert zu gebrauchen ist folglich unsolide und nur geeignet, gegen unerwünschte ISTzustände und/oder Entwicklungen Stimmung zu machen, ohne praktikable Lösungen für die damit korrespondierenden Probleme verfügbar zu haben.

Epilog

Fazit: Im Prinzip ist das globale arbeitsteilige Wirtschaften der Menschheit einfach, und deshalb für Jedefrau und Jedermann auch leicht verständlich. Denn es gibt hier ja nur Subjekte mit Bedürfnissen, die diese mithilfe ihrer Aktivitäten möglichst allumfassend zu befriedigen versuchen. Wie immer und überall sitzt aber auch hier der Teufel erst in dessen Details, die zudem nicht nur innerhalb des Wirtschaftssystems, sondern auch mit jenen Systemen ebenso komplex wie kompliziert vernetzt sind, in die das Wirtschaftssystem eingebunden ist. Beispielgebend will ich hier nur ein System auf- und herausgreifen, das scheinbar mit der Wirtschaft nichts gemein hat, nämlich das der Religion, und zeigen, wie auch dieses mit der Wirtschaft korrespondiert.

Im ersten Brief an die Korinther vergleicht der Apostel Paulus den Leib und seine Glieder sowohl zu seiner Zeit als auch in Zusammenhängen mit den Phänomenen Mensch und Menschheit, die scheinbar mit der Wirtschaft und Gesellschaft nichts zu tun haben, obwohl sich diese gerade hier in all ihrem Werden, Sein und Wirken zeitlos spiegeln. Auch deshalb zitiere ich folgend aus dem Neuen Testament der Christen-Bibel mit der Bitte an meine LeserInnen, diesen wunderbaren Text auch unter wirtschaftlichen Aspekten zu lesen und zu übersetzten. Denn unter haus- und betriebswirtschaftlichen Aspekten sind wir Menschen ja alle Glieder eines Leibes, den wiederum nicht nur jede Volkswirtschaft, sondern auch das Weltwirtschafts- und -währungssystem der Menschheit repräsentiert. Sowohl den Gnadengaben als auch den Diensten und Kräften in diesem Apostelbrief entsprechen wiederum unsere individuellen und kollektiven Talente, Schicksale und höchst unterschiedlichen Einzel- und Gesamtleistungen. Und wer diesen Brief unter solchen Aspekten liest, wird schnell erkennen, woran und warum nicht nur das Weltwirtschafts- und -währungssystem immer noch krankt.

>Es gibt verschiedene Gnadengaben, aber nur einen Geist. Es gibt verschiedene Dienste, aber nur einen Herrn. Es gibt verschiedene Kräfte, die wirken, aber nur einen Gott, der in allem wirkt. Jedem aber wird die Offenbarung des Geistes geschenkt, damit sie anderen nützt. Dem einen wird vom Geist die Gabe geschenkt, Weisheit mitzuteilen, dem anderen durch den gleichen Geist die Gabe, Erkenntnis zu vermitteln, dem dritten im gleichen Geist Glaubenskraft, einem anderen - immer in dem einen Geiste - Heilungsgaben, einem andern Wunderkräfte, einem andern prophetisches Reden, einem andern die Fähigkeit, die Geister zu unterscheiden, wieder einem andern verschiedene Arten verzückter Rede, einem andern schließlich die Gabe, sie zu deuten. Das alles bewirkt der eine und gleiche Geist; einem jeden teilt er seine besondere Gabe zu, wie er will. Denn wie der Leib eine Einheit ist, doch viele Glieder hat, alle Glieder des Leibes aber, obgleich es viele sind, einen einzigen Leib bilden, so ist es auch mit Christus (Anm.: und der Wirtschaft in der Gesellschaft). In dem einen Geist wurden wir durch die Taufe alle (Anm.: durch unsere Geburt) zu einem einzigen Leib (Anm.: oder Volk), Juden und Griechen, Sklaven

und Freie: und wir wurden alle mit dem einen (Anm.: göttlichen) Geist getränkt. So besteht auch der Leib nicht nur aus einem Glied, sondern aus vielen. Wenn der Fuß sagt: Ich bin nicht Hand, ich gehöre nicht zum Leib, so gehört er doch zum Leib. Und wenn das Ohr sagt: Ich bin nicht Auge, ich gehöre nicht zum Leib, so gehört es doch zum Leib. Wenn der ganze Leib nur Auge wäre, wo bliebe dann das Gehör? Wenn er nur Gehör wäre, wo bliebe dann der Geruch? Nun aber hat Gott jedes einzelne Glied so in den Leib eingefügt, wie es seinem Plan (Anm.: oder unserem individuellen Schicksal) entsprach. Wären alle zusammen nur ein Glied, wo bliebe dann der Leib? So aber gibt es viele Glieder, aber nur einen Leib. Das Auge kann nicht zur Hand sagen: Ich bin nicht auf dich angewiesen. Der Kopf kann nicht zu den Füßen sagen: Ich brauche euch nicht. Im Gegenteil, gerade die schwächer scheinenden Glieder sind unentbehrlich (Anm.: diese Tatsache vernachlässigt unser zeitgemäßes Wirtschaften sträflich). Denen, die wir für weniger edel ansehen, erweisen wir umso mehr Ehre, und unseren weniger anständigen Gliedern begegnen wir mit mehr Anstand, während die anständigen das nicht nötig haben (Anm.: auch hier versagen wir Menschen leider immer noch kläglich). Gott aber hat den Leib so zusammengefügt, dass er dem geringeren Glied mehr Ehre zukommen ließ, damit im Leib kein Zwiespalt entsteht, sondern alle Glieder einträchtig füreinander sorgen. Wenn darum ein Glied leidet, leiden alle Glieder; wenn ein Glied geehrt wird, freuen sich alle anderen mit ihm (Anm.: leider versagen wir moderne Menschen mehrheitlich auch hier). Ihr aber seid der Leib Christi (Anm.: oder die Gesellschaft), und jeder einzelne ist ein Glied an ihm. So hat Gott in der Gemeinde einzelne eingesetzt erstens als Apostel, zweitens als Propheten, drittens als Lehrer; dann die Wunderkräfte, dann die Gaben der Heilung, der Hilfe, der Leistung, endlich die verschiedenen Arten verzückter Rede. Sind etwa alle Apostel, alle Propheten, alle Lehrer? Haben alle Wunderkräfte oder Heilungsgaben? Reden alle verzückt? Können alle solche Rede auslegen (Anm.: Nein, natürlich nicht, denn nur das können wir erstreben und entwickeln, was im Rahmen unserer Möglichkeiten schon angelegt ist)? Doch strebt nach den Gnadengaben, die höher stehen (1 Kor 12,1-31).

Und der Apostel fährt fort: >Wenn ich in den Sprachen der Menschen und Engel redete, aber die Liebe nicht hätte, wäre ich tönendes Blech oder lärmendes Spielzeug. Und wenn ich prophetisch reden könnte und alle Geheimnisse wüsste und alle Einsicht hätte, wenn ich alle Glaubenskraft besäße und Berge versetzen könnte, aber die Liebe nicht hätte, wäre ich (Anm.: wie derzeit leider noch zu viele partiell schon elitären Mitmenschen) nichts. Und wenn ich meine ganze Habe verschenkte, und wenn ich meinen Leib dem Feuer übergäbe, aber die Liebe nicht hätte, nützte es mir (Anm.: wie derzeit leider noch zu viele partiell schon elitären Mitmenschen) nichts. Die Liebe ist langmütig, die Liebe ist gütig. Sie ist nicht eifersüchtig, sie prahlt nicht und bläht sich nicht auf. Sie handelt nicht unschicklich, sie sucht nicht ihren Vorteil, sie lässt sich nicht herausfordern und trägt das Böse nicht nach. Sie freut sich nicht über das Unrecht, sondern freut sich mit der Wahrheit. Sie erträgt alles, glaubt alles, hofft alles, hält allem stand. Die Liebe hört niemals auf. Prophetisches Reden hat ein Ende, verzückte Rede verstummt, Erkenntnis vergeht. Denn unsere Erkenntnis ist unvollkommen, unsere prophetische Rede ist unvollkommen, wenn aber die Vollendung kommt, vergeht das unvollkommene. Als ich ein Kind war, redete ich wie ein Kind. Als ich ein Mann wurde, legte ich ab, was Kind an mir war. Jetzt schauen wir in einen Spiegel und sehen nur rätselhafte Umrisse, dann aber schauen wir von Angesicht zu Angesicht. Jetzt erkenne ich unvollkommen, dann aber werde ich ganz erkennen, so wie auch ich ganz erkannt bin. Also bleiben Glaube, Hoffnung und Liebe, diese drei; am größten unter ihnen aber ist die Liebe (Anm.: die wir leider im Gesellschafts- und Wirtschaftsleben der Menschheit mehrheitlich noch sträflich missachten) (1 Kor 13,1-13).<

Unter haus-, betriebs-, volks- und weltwirtschaftlichen Aspekten können Subjekte nur Individuen, Gruppen und Massen, oder Konstrukte wie deren private und öffentliche Haushalte, Unternehmen, Betriebe und Märkte sein. Aber auch deren Konstrukte sind letztlich nur Faktorengefüge, die idealerweise so angelegt und aufgestellt sind, dass sie Funktionen erfüllen und damit wie Individuen, Gruppen und Massen auch ihre Bedürfnisse befriedigen können. Dennoch sollten die menschlichen Subjekte - also Individuen, Gruppen und Massen - ihre Konstrukte - also Haushalte, Unternehmen, Betriebe und Märkte - stets deutlich voneinander unterscheiden, denn im Gegensatz zu ersteren, die ihre Bedürfnisse artikulieren und selbstbestimmt befriedigen können, haben letztere nur jene Bedürfnisse, die ihr Faktor Personal oder Arbeit bestimmt und artikuliert, und dieser setzt sich in allen Subjekten solcherart wiederum nur aus Individuen, Gruppen und Massen zusammen, weil deren weitere Faktoren ja nur noch Vermögensgegenstände und Finanzierungsverhältnisse sind. Aber auch diese können einerseits nur immaterielle Werte, Grundstücke, Bauten, technische Anlagen und Maschinen, Einrichtungen und Ausstattungen, Vorräte, Forderungen, Bar- und Buchgeldbestände auf den Aktivseiten, und andererseits nur Eigen- und Fremdkapital oder Schulden auf den Passivseiten ihrer Bilanzen sein.

Dagegen bilden den Faktor Personal in allen privaten Haushalten Einzelpersönlichkeiten, Paare und Eltern mit Kindern, und sowohl in öffentlichen Haushalten als auch in allen privaten und öffentlichen Produktions-, Handels- und Dienstleistungsunternehmen und -betrieben jeder Branche und Größenordnung UnternehmerInnen, oder Arbeitgeber- und -nehmerInnen, oder Bestimmungs-, Leitungs-, Fach- und Hilfskräfte, oder regierende und opponierende Politiker, Beamte, Angestellte und ArbeiterInnen, denn andere als diese gibt es nämlich gar nicht. Dennoch leben und wirken derzeit schon über 7 Milliarden Individuen auf Erden mit immer noch wachsender Tendenz in ihren rund 1,7 Milliarden privaten Haushalten zusammen, die aktuell freilich nur mehr in jenen 199 souveränen Staaten beheimatet sind, die sich wechselseitig als solche auch schon anerkennen. Die Regierenden dieser Staaten beschäftigen rund 1,3 Milliarden Menschen in ihren rund 15 Millionen Kommunal-, Länder- und Staatshaushalten, und bieten darüber hinaus rund 300 Millionen privaten und öffentlichen Unternehmen und Betrieben sowohl Stammsitze als auch Filialen auf ihren Territorien. Und auch diese beschäftigen in ihren Stammsitzen und weltweit verstreuten Filialen wiederum rund 4,5 jener insgesamt 4,9 Milliarden Menschen, die sich jeweils im arbeitsfähigen Alter und Zustand befinden, Arbeit und Brot. Dagegen sind rund 30 % oder derzeit rund zwei Milliarden Menschen auf Erden zum Erwerbsarbeiten noch zu jung, schon zu alt, oder wegen Krankheit und anderer Ausgrenzungskriterien vorübergehend oder andauernd nicht erwerbsarbeitsfähig.

Sowohl diese Zahlen als auch Verhältnisse ändern sich jedoch dynamisch, denn alle heute Neugeborenen werden nämlich mehrheitlich schon drei Jahre später Großkinder, 14 Jahre später Jugendliche, 28 Jahre später mündige Erwachsene, 60 bis 75 Jahre später weise oder senile Greise, und 100 Jahre später werden nur noch wenigste dieser Menschen noch nicht verstorben sein.

Hier wird deutlich, dass seit Menschengedenken die jeweils arbeitsfähigen und -willigen mittleren Generationen *selbstverständlich nur zu ihren Lasten* sowohl für ihre nachwachsenden als auch scheidenden Generationen, und dazu für ihre jeweils Kranken und anderweitig ausgegrenzten Mitmenschen sorgen müssen, weil ja die Menschheit anders weder leben noch überleben könnte. Und weil es Vormenschen schon seit 50 Millionen Jahren, Menschen seit 3,5 Millionen Jahren, unsere Urahnen seit 50.000 Jahren, arbeitsteilig wirtschaftende Populationen seit 12.000 Jahren, und Industriegesellschaften seit 260 Jahren gibt, haben diese noch ungeschrieben auch schon Solidar- und Generationenverträge gekannt und erfüllt, denn anders als solcherart hätten ja aus rund 5 Millionen Menschen, die die Erde um 10.000 v.Chr. bevölkert haben, nicht jene mehr als 7 Milliarden Menschen werden können, die die Erde heute bevölkern. Oder?

Nur dank ihres globalen arbeitsteiligen Wirtschaftens leben und wirken heute alle Menschen wohlständiger als jemals zuvor. Und deshalb ist auch die populistische Behauptung falsch, dass die Reichen immer reicher und die Armen immer ärmer werden, denn in Wahrheit werden auch die meisten Armen zunehmend reicher, obwohl in diesen Zusammenhängen offensichtlich und unbestreitbar ist, dass der Reichtum der ohnehin schon Reicheren zwar nicht immer und zwingend, sehr wohl aber meistens bedeutend schneller zunimmt als der der Armen. Und nur deshalb geht auch die Schere zwischen der Armut und dem Reichtum auf Erden immer weiter auf. Diese Tatsache ist aber nicht den Reichen, sondern den mangelhaften bis ungenügenden Mittel- und Maßnahmeneinsätzen anzulasten, mit denen bevorzugt noch zu viele Regierende und Opponierende der G7- und G20-Staaten diese Schere wahrscheinlich sogar vergeblich (Anm.: weil auch nicht gottgewollt) zu schließen versuchen.

Aktuelle Problemlösungen, die den jeweils lebenden und wirkenden mittleren Generationen auch um des Überlebens der Menschheit willen seit Menschengedenken abgefordert werden, sollten nicht mehr wie noch derzeit in Antworten auf die Frage gesucht werden, *ob* die jeweils mittleren Generationen selbstverständlich nur zu ihren Lasten für die kommenden und scheidenden Generationen sorgen müssen, sondern nur, *wo* und *wie* diese *welche Grenzen* ziehen und Bedingungen zu deren Lösung schaffen müssen. Und Kernfragen dabei sind und bleiben:

- Welches Wohlstandniveau wollen die jeweils aktuellen Leistungsträger auf welche Arten und Weisen sowohl für sich selbst als auch für die folgenden und scheidenden Generationen überhaupt schaffen und erhalten?
- Nach welchen Regeln und wie wollen diese den schon vorhandenen und noch wertzuschöpfenden Wohlstand gegebenenfalls auch um- und neuverteilen, ohne dabei >das Kind mit dem Bade auszuschütten<, um so wie schon allzuoft im Ablauf der Zeit nur zu weiteren mangelhaften Problemlösungen zu kommen?
- Und wo sollen die Grenzen der Zugehörigkeit und Verantwortlichkeiten für das Gemeinwohl zwischen den Generationen und Protagonisten dieser gezogen werden?

In den Entwicklungsländern werden noch heute jene seit Jahrtausenden ungeschriebenen Generationen- und Sodidarverträge getreulich erfüllt, die auch in den aktuellen Industriestaaten Standard waren, ehe erst zwischen den Jahren 1883 und 89 zunächst nur in Deutschland für das Kollektiv der Arbeiter zwangsbeitragspflichtig organisiert wurde, was auch hier zuvor noch individuell Regel war, nämlich die Verpflichtung eines Elternpaares mit durchschnittlich noch 4 versorgungsbedürftigen Kindern auch für ihre Eltern noch zu sorgen, wenn diese für sich selbst nicht mehr sorgen konnten. Den Eltern der mittleren Generationen, die durchschnittlich 67 Jahre alt wurden und durchschnittlich 50 Jahre ihr tägliches Brot verdient haben, war damit auferlegt, zu ihren Lasten rund 15 Jahre für jedes Kind, und durchschnittlich drei Jahre vereint mit ihren Geschwistern zusätzlich für ihre noch mithilfefähigen und -bereiten eigenen Elternpaare zu sorgen.

Die Kollektivierung dieses individuellen Renten-, Kranken- und Pflegeversicherungssystems verbunden mit dem Versprechen, gegen Pflichtbeiträge in Höhe eines moderaten Prozentsatzes vom jeweiligen Lohn jedem künftigen Rentner ab seinem 65. Lebensjahr rund 65 % seines letzten Lohnes, und nach dessen Tod seiner Witwe bis zu deren Tod rund 65 % seiner Rentenansprüche fortzuzahlen, hat dieses System trotz bedeutender Pflichtbeitragserhöhungen zwischenzeitlich unbezahlbar gemacht. Und die Gründe dafür sind neben der bedeutenden Lebensarbeitszeitverkürzung bei zeitgleich steigender Lebenserwartung auch in der Tatsache zu finden, dass die Paare durchschnittlich keine 4, sondern nur mehr weniger als zwei Kinder haben, die Anzahl alleinerziehender Mütter dramatisch zugenommen hat, und die Leistungsversprechen an den Stand des medizinischen Fortschritts angepasst wurden, ohne deren Mehrkosten angemessen zu berücksichtigen. Und auch deshalb müssen die RentnerInnen, Kranken und Pflegebedürftigen entweder aus weiteren Geldquellen zusatzversorgt, schlechter versorgt, die Pflichtbeiträge exorbitant erhöht, oder ein Mix aus diesen Zwängen gebildet werden.

Vier Paradigmenwechsel könnten zunächst in allen Industriestaaten - im Ablauf der Zeit aber auch in allen übrigen Staaten auf Erden - sowohl die aktuellen gesellschaftlichen und wirtschaftlichen Großprobleme als auch jene Probleme lösen, die infolge dieser Paradigmenwechsel neu verursacht werden. Und die jeweils Regierenden der BRD könnten dabei - abgestimmt mit den Regierenden aller übrigen EU- und europäischen Staaten - auch beispielgebend für die Weltgesellschaft und -wirtschaft voranschreiten. Selbstverständlich müssten sich dabei die regierenden und opponierenden PolitikerInnen *erstens* darauf verständigen, diese vier Paradigmenwechsel ebenso selbstverständlich zu realisieren, wie sie die grundgesetzlich gesicherte Demokratie als herrschende Staatsform nicht mehr infrage stellen. *Zweitens* müssten sie ebenso übereinstimmend die Reform der sozialen Sicherungssysteme auf der Basis eines bedingungslos zu gewährenden Grundeinkommens für alle Bürger und Gäste des Staates von der Wiege bis zur Bahre realisieren wollen. *Drittens* müssten sie sich auf die weltfriedliche Organisation der Entwicklungshilfe für alle noch unterentwickelten Staaten einigen, die nur mehr eine Hilfe zur Selbsthilfe auf Wegen sein dürfte, die diese freilich erst im Ablauf eines Jahrhunderts befähigen werden, gesellschaftlich und wirtschaftlich auf das Niveau der aktuellen Industriestaaten aufzusteigen, auch wenn sich deren Wohlstandsgefälle nach 100 Jahren noch wie 1:10 zueinander verhalten. Und *viertens* dürften diese nicht mehr zulassen, dass sich die überlebens- und entwicklungsnotwendigen Güter der Menschheit wie Grund, Boden, Trink- und Brauchwasser im Machtbereich von privilegierten Individuen, Gruppen und Massen versammeln, so dass diese von deren zufälligen BesitzerInnen auch gesellschaftsschädigend genutzt werden können.

Fast alle Demokraten neigen dazu, ihren mehrheitlich (leider noch lange) unmündigen Wählern primär pragmatische Lösungen ihrer Tagesprobleme zu versprechen, ohne zu bedenken, dass solche Lösungen die optimale Lösung jener Probleme erschweren oder gar unmöglich machen, die ihre ebenso segensreichen wie unverzichtbaren Wirkungen erst in 12-, 25-, 50-, 100- und 250-Jahreszyklen überhaupt erst entfalten können. Denn fast allen Demokraten scheint nämlich primär der nächste Wahlsieg und damit der Gewinn der Gestaltungsmacht für die jeweils nächstliegenden 4 bis 7 Jahre wichtiger zu sein als die Lösung jener Probleme, die sich im Ablauf solch kurzer Gestaltungszyklen keinesfalls lösen lassen. Auch deshalb können Paradigmenwechsel von Demokraten nur vollzogen werden, wenn diese sich schon im Vorfeld von Wahlen darauf einigen, allen ihren potenziellen WählerInnen keine pragmatischen Tagesproblemlösungen mehr zu versprechen, wenn deren Realisierung die Realisierung der ebenso notwendigen wie zweckmäßigen Paradigmenwechsel be- oder gar verhindern. Es müssen sich folglich sowohl die regierenden als auch die opponierenden PolitikerInnen darauf einigen, alle notwendigen und zweckmäßigen Paradigmenwechsel vollziehen zu wollen, und dürften folglich deren Vollendung auch in Wahlkämpfen nicht mehr infrage stellen.

Das bedingungslos zu gewährende *Grundeinkommen* von der Wiege bis zur Bahre für alle Bürger und Gäste ist fair, zweckmäßig und bezahlbar. Denn es gibt derzeit keinen Industriestaat mehr auf Erden, der alle seine Bürger und Gäste auf unterschiedlichste Arten und Weisen ebenso wie auf einem unterschiedlichen Niveau sozial nicht schon grundgesichert hätte. Es geht hier also nicht um die Bereitstellung zusätzlicher Mittel, sondern nur um deren andersartigen Einsatz.

Die aktuellen *Entwicklungshilfen* der Industriestaaten für alle noch unterentwickelten Staaten sind mehrheitlich noch keine Hilfen zur Selbsthilfe der Bevölkerungen in den Entwicklungs- und Schwellenländer, und noch zu viele dieser nützen gar den Geberländern mehr als den Nehmerländern, und verdienen deshalb gar nicht, als Entwicklungshilfen bezeichnet und gewertet zu werden. Weiter kann und wird es voraussichtlich nicht gelingen, den Schwellen- und Entwicklungsländern langfristig den selbstbestimmten wirtschaftlichen und gesellschaftlichen Aufstieg auf das Niveau der Industriestaaten zu ermöglichen, solange insbesondere die jeweils Regierenden der Industriestaaten den Welthandel nur zugunsten der eigenen Bevölkerungen und damit mehrheitlich zulasten der Bevölkerungen in den Staaten ihrer Handelspartner zu protegieren und zu diskriminieren. Mindestens die Protektionen und Diskriminierungen zulasten der Handelspartner und ihrer Bevölkerungen müssen folglich von allen mächtigeren Partnern freiwillig aufgegeben werden, weil die jeweils schwächeren Partner ein solches Handel der mächtigeren nicht erzwingen können.

Zu den unvermehrbaren Gütern auf Erden gehören der *Grund und Boden*, und zu den knappen, aber überlebens- und entwicklungsnotwendigen Gütern das *Trink- und Brauchwasser*. Wenn also wie derzeit den rund 7 Milliarden Menschen auf Erden von der für die Menschheit bewohnbaren Fläche (d.s. aktuell rund 145 Mio.qkm) pro Kopf im Durchschnitt nur 20.000 qm zur Verfügung stehen, dann müssen sich alle Individuen, wenn deren Zahl ansteigt, im Durchschnitt ebenso mit weniger Platz begnügen, wie diesen in der Vergangenheit mehr bis sehr viel mehr Platz zur Verfügung stand, als sie noch nur 5 Millionen vor 12.000 Jahren, rund 160 Millionen um Christi Geburt, oder erst zwei Milliarden in der Mitte des 20. nachchristlichen Jahrhunderts waren. Als zu diesen Zeiten der unvermehrbare Überlebensraum der Menschheit noch kein dramatisches Engpassproblem war, das der Lösung dringendst bedurft hätte, war auch der vererbbare Privatbesitz von Grund und Boden noch hinnehmbar, wenngleich sich zu allen Zeiten schon zeigte, dass sich die jeweiligen BesitzerInnen von Grund und Boden an der Not der NichtbesitzerInnen des überlebensnotwendigen Raumes schon gegenleistungslos bereichern konnten. Sowohl die zwischenzeitlich erreichte Verteilung von Grund und Boden als auch die dramatische Zunahme der Weltbevölkerung erzwingt aber nun die Vergesellschaftung von Grund und Boden, denn es ist um der Schaffung und Erhaltung des ebenso notwendigen wie zweckmäßigen Weltfriedens willen nicht mehr hinnehmbar, dass alsbald ein Drittel der Weltbevölkerung von der Wiege bis zur Bahre alleine von Miet- und Pachterträgen besser leben kann als jene zwei Drittel der Menschheit leben können, die diese an deren Grund- und Bodenvermieter- und -verpächterInnen zu zahlen haben. Aller Grund und Boden sollte folglich selbstverständlich entschädigungspflichtig enteignet und vergesellschaftet werden, solange und soweit die Erde mehr als 4 Milliarden Menschen menschenwürdig beheimaten muss.

Und vergleichbar muss es weltmaßstäblich auch akzeptable Vereinbarungen der jeweils Regierenden aller Staaten auf Erden über die Gewinnung, Verteilung und Nutzung des ebenso überlebensnotwendigen Trink- und Brauchwassers mindestens überall dort geben, wo dieses Gut zu knapp ist.

Voraussichtlich wird es sowohl zwischen Individuen, Gruppen und Massen innerhalb der Staatsvölker als auch zwischen den Staatsvölkern Wohlstandsgefälle geben, die sich an deren unterschiedlichen Konstitutionen, Talenten, Schicksalen, Interessen, Fähigkeiten und Erfahrungen ebenso orientieren wie an deren mehr oder minder privilegierten Standorten und Chancen innerhalb ihrer Staaten. Sie sind leider - oder Gottseidank - typisch für Menschen und hinnehmbar, solange sich diese zwischen den Staatsvölkern wie 1:25, zwischen homogenen Gruppen wie 1:6, und zwischen den Individuen im Ablauf ihrer Lebenszyklen wie 1:1.200 zueinander verhalten. Alle sonstigen Verteilungsverhältnisse sind insbesondere dann von Übel für die Menschheit und deren Entwicklung, wenn Privateigentum nicht rechtsverbindlich stets mehr verpflichtet als berechtigt, und anstatt bevorzugt gesellschaftsdienlich auch zu eigennützig verwendet werden darf.

Das Profil des Autors

Geboren wurde Helmut Dirschwigl am 28. August 1933 in Freudenberg/ Amberg. Aus zwei Ehen hat er 4 zwischenzeitlich erwachsene Töchter, dazu 7 Enkel und 4 Urenkel.

Grundschulen und höhere Lehranstalten besuchte er von 1939 bis 52 in Budweis/Tschechien, Nußdorf/Österreich, Nabburg und Amberg. Studiert hat er von 1953 bis 66 breit angelegt und vorwiegend berufsbegleitend die Wirtschafts- und Sozialwissenschaften in Nürnberg/Erlangen, Würzburg und Bonn.

Von 1952 bis 66 war er in 4 Unternehmen nacheinander als technischer Zeichner, Verlagsassistent, Werbeleiter und zuletzt bei der Standort Presse GmbH (einer wirtschaftspolitischen Lobby der kleinen und mittleren deutschen Tageszeitungen in Bonn), als Geschäftsführer angestellt. Seit 1966 ist er als Unternehmensberater, Projekt- und Zeitmanager selbständig tätig gewesen, und gehörte bis 1988 zeitgleich den Beraterstäben der Alpha-Management-GmbH, des IBWF im Bundesverband mittelständische Wirtschaft e.V., und der Kienbaum-Unternehmensgruppe als freier Mitarbeiter an.

Weil er seine Karriere auch drei selbstlosen väterlichen Freunden verdankte, nämlich dem bayerischen Staatsminister Dr. Otto Schedl, seinem letzten Hochschullehrer, Staatssekretär und Geschäftspartner Prof. Dr. Alfred Müller-Armack, und dem Jesuiten Oswald von Nell-Breuning, hat er diesen dafür dankend ehrenamtlich sowohl mit Jugendlichen bevorzugt über Projekte der Stiftungen christlicher Kirchen und Volksparteien in Bayern als auch in Gremien seines Berufsverbandes und seiner Wahlheimat Wolfratshausen gearbeitet.

Ansonsten hat er bis 12/2003 als Berater, Projekt- und Zeitmanager über 400 Projekte für rund 100 Unternehmen, Verbände und Regierungen abgewickelt, von denen sich 10 % mit Analysen, 23 % mit Planungen, 46 % mit Realisationen aller Art, und 21 % mit Zeit- und Krisenmanagements befassten. Seine Klienten waren bis 1972 überwiegend Zeitungsverleger der StP-GmbH in Deutschland, denen er half, existenzsichernde Redaktions-, Anzeigen- und Vertriebskooperationen und -fusionen zu organisieren. Daneben und bis heute bediente er aber meist mittelständische Produktions-, Handels- und Dienstleistungsunternehmer vieler Branchen in Deutschland und im benachbarten Ausland. Gelöst hat er für diese bevorzugt Probleme in den Leistungsbereichen Struktur- und Ablauforganisation, Unternehmensplanung, Personal- und Organisationsentwicklung, Aufbau und Optimierung von Controllingsystemen, Management- und Verkäufertraining, und Übernahme von Managementaufgaben (insbesondere Krisenmanagements) auf Zeit. Und spezialisiert hat er sich dabei auf die *praktische Erledigung* von Aufgaben, die in den Unternehmen und Betrieben seiner Klienten nur einmal oder selten vorkommen und folglich nicht zu den Routinen von Unternehmern und Managern gehören. Weiter hat er 1982/83 zwei Joint-Ventures zwischen Amerikanern, Deutschen und Chinesen in Kantun (China), 1989/91 drei zwischen Deutschen und Russen in

Karpinsk und Ekaterinenburg (Russland), und 1994 zwei zwischen Deutschen und Afrikanern in Accra und Tamala (Ghana) konzipiert.

Ebenso auffällige wie zukunftsweisende Problemlösungen, aber auch einbringbare Berufskontakte mit Konrad Adenauer, Ludwig Erhard und Alfred Müller-Armack, brachten ihn 1984 in den internationalen Hirt-Elite-Zirkel, dessen prominentestes Mitglied der Nobelpreisträger Konrad Lorenz war. Infolge dieser Kontakte, vor allem aber denen zu den Professoren Klaus M. Schwab (Genf), Frederic Vester (München), Othmar Ruthner (Wien) und Emil Küng (St. Gallen), die ebenfalls Mitglieder dieses Zirkels waren oder noch sind, erhielt er regelmäßig auch Lehraufträge für Organisation und Controlling seit 1984 beim Hirt Institut in Zürich und seit 1987 am iwb-Lehrstuhl von Prof. Dr.-Ing. Joachim Milberg (zwischenzeitlich AR-Vorsitzender der BMW-Group, und zuvor schon Leibnizpreisträger und Vorstandsvorsitzender der BMW-AG) an der Technischen Universität in München.

Anhang: Schlüsselbegriffe und Abkürzungen

AG = Aktiengesellschaft

Anlagevermögen = Produktionsfaktor, der neben den immateriellen Werten die Grundstücke und Bauten, technischen Anlagen und Maschinen, Einrichtungen und Ausstattungen, die Finanzanlagen und die Anzalungen auf solche Gegenstände umfasst

Arbeitslosenquote = Kennzahl, die in Prozenten angibt, wie sich die jeweils Erwerbsarbeitslosen zu den jeweils abhängig Beschäftigten, gegebenenfalls aber auch zu allen Beschäftigten oder zur arbeitsfähigen Bevölkerung, verhalten

Betriebs- und Hauswirtschaftslehre oder Mikroökonomie = Lehre vom individuellen Sein, Werden und Wirken aller öffentlichen und privaten Haushalte, Unternehmen und Betriebe jeden Staates, die nach Branchen und territorial geordnet auf dessen Territorium auch in der Volkswirtschaft zusammengefasst sind

BGB = Bürgerliches Gesetzbuch

Bilanz(en) = systematische Auf- und Zusammenstellungen der verbal und zahlenmäßig fassbaren Vermögensgegenstände nach Arten, Mengen und Werten gemäß § 266 HGB, die insbesondere Wirtschaftsfachleute befähigen, sich von real existierenden Unternehmen und Betrieben ein Bild machen zu können, ohne diese physisch zu kennen

BIP = Bruttoinlandsprodukt, das den Wert der Wertschöpfung jeden Staates innerhalb seiner Grenzen unabhängig davon misst, ob diese In- oder Ausländer erzeugt haben

BNE (BSP) = Brutto-Nationaleinkommen (alt: Bruttosozialprodukt), das den Wert der Wertschöpfung nur inländischer Produktionsfaktoren unabhängig davon misst, ob diese im In- oder Ausland tätig sind oder waren

BRD = Bundesrepublik Deutschland

BRIC-Staaten = die Staaten *B*rasilien, *R*ussland, *I*ndien und *C*hina

DAX = Deutscher Aktien-Index, in dem die bedeutendsten deutschen AGs börsennotiert sind

DDR = Deutsche Demokratische Republik

Deflation = Verfall des Preisniveaus als Folge von Überangeboten und/oder Nachfragerückgängen, verbunden mit Anstiegen der Kaufkraft des Geldes

Depression(en) = sowohl langandauernder als auch tiefgreifender Abschwung im Wirtschaftsleben

Devisen = Zahlungsmittel in ausländischer Währung

Disflation = Entwicklung, bei der gleichzeitig das Preisniveau ansteigt und der Wertverfall des Geldes zunimmt

Diskriminierung = ethisch/moralische Herabsetzung und/oder ungerechtfertigte Benachteiligung schwächerer Partner durch solche, die diesen überlegen sind

Distribution(en) = Leistungsbereich aller Haushalte, Unternehmen und Betriebe, der für die Verteilung aller Güter ihres Angebots zuständig ist

Editor(en) = Herausgeber spezieller Güter wie Bücher, Zeitungen und Zeitschriften, aber auch Geld und andere Tausch- oder Zahlungsmittel

eGmbH = eingetragene Genossenschaft mit beschränkter Haftung

Endverbraucher = sowohl Individuen als auch Haushalte, Unternehmen und Betriebe, die am Ende aller Wertschöpfungsketten stehen, und deren Ausstöße als Letzte aufnehmen, um sie bis zu deren Verbrauch oder Untergang selbst nutzen

Engramm(e) = im Gehirn der Menschen gespeicherte und miteinander vernetzte Gedächtnisspuren, die im Ablauf des Leben durch deren Reaktionen auf Reize entstehen, und gefühlsbefrachtet jene Programme bilden, die deren weitere Reaktionen auf Reize, und damit auch die Lebensläufe der Menschen steuern

Erfolgsrechnung(en) siehe Gewinn- und Verlustrechnungen

EU (Europäische Union) = Zusammenschluss der Staaten Belgien, Bulgarien, Dänemark, Deutschland, Estland, Finnland, Frankreich, Griechenland, Großbritannien, Irland, Italien, Kroatien, Lettland, Litauen, Luxemburg, Malta, Niederlande, Österreich, Polen, Portugal, Rumänien, Schweden, Slowenien, Spanien, Tschechien, Ungarn und Zypern

Euroland = die Länder Belgien, Deutschland, Finnland, Frankreich, Griechenland, Irland, Italien, Kroatien, Luxemburg, Niederlande, Österreich, Portugal, Slowenien und Spanien, die in Europa seit 1999/2001 den Euro als gemeinsame Währung eingeführt haben

EZB (Europäische Zentralbank) = Notenbank von Euroland, dem derzeit 13 EU-Staaten angehören

FOE = Kürzel für alle funktionalen Ablauf- und Strukturorganisationssysteme, die primär die vom Faktor Personal zu erfüllenden Funktionen listen, interpretieren, quantifizieren und qualifizieren, um sekundär die Erledigung der daraus resultierenden Aufgaben und Arbeiten nach Arten, Mengen, Werten und Verrichtungszeitpunkten dem jeweils schon vorhandenen oder noch zu beschaffenden Personal delegieren zu können

Fonds = Ansammlungen von nationalen und internationalen Vermögenswerten (z.B. Aktien, Obligationen, Immobilen und Mischungen aus solchen Werten)

G20-Staaten = G7-Staaten + Argentinien, Australien, Brasilien, Volksrepublik China, Indien, Indonesien, Mexiko, Russland, Saudi-Arabien, Südafrika und Türkei, dazu die Weltbank mit dem IWF und die EU (vertreten durch die jeweilige Ratspräsidentschaft und EZB-Präsidenten)

G7-Staaten = USA, Japan, Kanada, Deutschland, Frankreich, Großbritannien und Italien

G7/8-Staaten = G7-Staaten + Russland

GbR = Gesellschaft bürgerlichen Rechts

Gesellschaft = Gesamtheit von Individuen, Gruppen und Massen, die in sich strukturiert als Bevölkerung jeden Staates in diesem geordnet zusammenleben und -wirken

Gesellschaft und Wirtschaft = Begriffspaar, das sowohl die arbeitsteilig wirtschaftenden Menschen als auch die Aktivitäten definiert, die von der Wirtschaft ebenso zugunsten wie zulasten aller Menschen in deren Gesellschaften ausgehen

Gewinn- und Verlustrechnung(en) = die gemäß § 275 HGB sowohl sachlich (z.B. je Projekt) als auch periodisch (z.B. je Tag, Monat, Quartal und Jahr) abgegrenzt alle Erträge festhalten, von denen Gewinne übrig bleiben, wenn alle mit den Erträgen korrespondierenden Aufwendungen geringer als diese sind, und dementsprechend Verluste, wenn diese über diesen liegen

Gewinn(e) = Überschüsse, die entstehen, wenn die Erträge die damit korrespondierenden Aufwendungen oder Kosten überdecken

GG = Grundgesetz der BRD

Gläubiger = Sammelbegriff für Menschen, die ihr jeweils überflüssiges Geld direkt oder indirekt gegen Entgelt (z.B. Zinsen) Schuldnern auf Zeit überlassen

GLU = Kürzel für das Lust-/Unlustgesetz, das Menschen zwingt, auf die sie treffenden Reize nur ihren mnemischen Prpgrammierung gemäß zu reagieren

GmbH & Co KG = Rechtskonstrukt einer KG, in der der vollhaftende Gesellschafter der klassischen KG eine GmbH ist

GmbH = Gesellschaft mit beschränkter Haftung

Gut/Güter = Sammelbegriff für alle Waren und Leistungen, die Wirtschaftssubjekte produzieren, investieren, ein- und absetzen, sowie ge- und verbrauchen (siehe auch Waren und Leistungen)

Haus- und Betriebswirtschaftslehre oder Mikroökonomie = Lehre vom individuellen Sein, Werden und Wirken aller öffentlichen und privaten Haushalte, Unternehmen und Betriebe jeden Staates, die nach Branchen und territorial geordnet auf dessen Territorium auch in der Volkswirtschaft zusammengefasst sind

Haushalt(e) = Sammelbegriff für alle privaten und öffentlichen Haushalte, die unter wirtschaftlichen Aspekten zu unrecht von Unternehmen und Betrieben noch unterschieden werden, obwohl sie diesen vergleichbar strukturiert sind und diesen vergleichbar auch funktionieren

HGB = Handelsgesetzbuch

Inflation = Anstieg des Preisniveaus als Folge von Angebotsverknappungen und/oder wachsender Nachfragen, verbunden mit Kaufkraftverlusten des Geldes

Insolvenz- oder Konkursverfahren = Zwangsverfahren, bei dem das Restvermögen von Schuldnern durch einen Konkurs- oder Vergleichsverwalter verwertet wird, um damit deren Gläubiger bedienen zu können

Investition(en) = mittel- bis längerfristige Anlagen von Gütern und Geldern in Haushalten, Unternehmen und Betrieben, um sie wirtschaftlich nutzen und verzinsen zu können

Investitionsgut/-güter = Güter wie Grundstücke und Bauten, technische Anlagen und Maschinen, Ausstattungen und Einrichtungen, die bevorzugt investiert und im Ablauf ihrer Nutzungsdauer wieder abgeschrieben werden

Investoren = Menschen, die sich darauf spezialisieren, ihre finanziellen Ressourcen in Haushalten, Unternehmen und Betrieben anzulegen, um sie in diesen überdurchschnittlich zu verzinsen

IST = Fachbegriff für den aktuellen Zustand eines Wertes (z.b. eines Unternehmens, einer Maschine oder eines Lagerbestandes), einer Bewegung (z.b. eines Zu- oder Abgangs) und einer Veränderung (z.b. des Wandels vom Einsatz- zum Absatzgut), im Gegensatz zum SOLL, das dessen geplante künftige Entwicklung definiert

IWF = Internationaler Währungsfond seit 1945, der die Kreditvergabe an die derzeit 182 Mitgliedsstaaten zur Finanzierung von Zahlungsbilanzdefiziten mit strengen wirtschaftspolitischen Auflagen verknüpft vergibt

Juglar- Zyklus = Konjunkturzyklus, der 6 bis 10 Jahre andauert

Kapital = hier ein wirtschaftlicher Fachbegriff, der sowohl zur Darstellung der Finanzierungsverhältnisse in Unternehmen und Betrieben verwendet wird, als auch das investierte Geld - im Gegensatz zur Arbeit - bezeichnet

Kapitalgesellschaft(en) = AG, GmbH und eGmbH

Kaufkraft = finanzwirtschaftlicher Begriff, der definiert, welche Waren- und Leistungsmengen Gruppen und Massen beliebiger Wirtschaftssubjekte in beliebigen Regionen mit ihren jeweils aktuellen Einkünften einkaufen könnten

Kausalgesetz = Naturgesetz, das bewirkt, dass Ursachen und Wirkungen einander entsprechen, Handlungen nur gegenwärtig möglich sind, und irreversible Folgen zeitigen

KG = Kommanditgesellschaft mit einem Komplementär als Vollhafter und Kommanditisten als Teilhafter

KG a.A. = Kommanditgesellschaft, in der der Komplementär der KG eine AG ist und auch die Kommanditisten kapitalmarktgängige Kommanditanteile halten

Kitchin-Zyklus = Konjunkturzyklus, der ein bis zwei Jahre andauert

Kondition(en) = Lohn- und Preisbestandteile, die mit deren Höhen korrespondieren, und beim Lohn beispielsweise die Vertragsdauern, Arbeitszeiten und Kündigungsfristen, und bei den Preisen die Liefer- und Zahlungsbedingungen regeln

Kondratieff-Zyklus = Konjunkturzyklus, der etwa 50 bis 60 Jahre andauert

Konjunktur/Konjunkturzyklen = unterschiedlich lange während Konjunkturzyklen, die mit den Namen ihrer Entdecker (Juglar, Kitchin und Kontratieff) bezeichnet werden, sich überlagern und damit verstärken oder abschwächen

Konkurs- oder Insolvenzverfahren = Zwangsverfahren, bei dem das Restvermögen von Schuldner durch einen Konkurs- oder Vergleichsverwalter verwertet wird, um damit deren Gläubiger bedienen zu können

Konkurs- oder Insolvenzverfahren = Zwangsverfahren, bei dem das Restvermögen von Schuldnern durch einen Konkurs- oder Vergleichsverwalter verwertet wird, um damit deren Gläubiger bedienen zu können

Konsumenten = Sammelbegriff für Menschen, die in der Regel am Ende aller Wertschöpfungsketten stehen (siehe dazu auch Endverbraucher)

KOS = Kürzel für alle klassischen Struktur- und Ablauforganisationssysteme, die primär Berufsbilder hierarchisch zueinander ordnen und so deren wechselseitige Abhängigkeiten voneinander zeigen, und zu Zecken der Funktionserfüllung mit dementsprechend qualifizierten und motivierten Bestimmungs-, Leitungs-, Fach- und Hilfskräften besetzt werden müssen

Kunden oder Nachfrager = Menschen, die auf Märkten etwas nachfragen, und dafür Lieferanten oder Anbieter suchen

Leistungen = Sammelbegriff für alle Arbeits- und Dienstleistungen (siehe auch Gut/Güter und Waren)

Lieferanten oder Anbieter = Menschen, die auf Märkten etwas anzubieten haben, und dafür Kunden oder Nachfrager suchen

Märkte = konkrete und virtuelle Orte und Plätze, die es Kunden und Lieferanten erlauben, sich zu treffen, um ihre Angebote und Nachfragen auszugleichen

Mneme = Fachbezeichnung der Mediziner und Psychologen für das Gehirn und das Gedächtnis der

Menschen, das deren Engrammschatz, der sich im Ablauf des Lebens ansammelt, ordnet, vernetzt und speichert

Monopol(e) = Form der Marktseitenbesetzung, bei der mehreren oder vielen unterlegenen Anbietern (oder Nachfragern) auf der einen Marktseite auf der anderen nur ein meist überlegener Anbieter (oder Nachfrager) gegenübersteht

Obligation(en) = festverzinsliches Wertpapier (z.B. Staats- oder Privatanleihen), das relativ sicher ist, und von Gläubigern Schuldnern auf Zeit (z.B. drei bis 10 Jahre) überlassen wird

OHG = offene Handelsgesellschaft, die nur vollhaftende Gesellschafter kennt, denen die Gesellschaft gemeinsam gehört

Oligopol(e) = Form der Marktseitenbesetzung, bei der mehreren oder vielen oft unterlegenen Anbietern (oder Nachfragern) auf der einen Marktseite auf der anderen nur wenige meist überlegene Anbieter (oder Nachfrager) gegenüberstehen

Opponierende = geborene, selbstbestimmte oder von ihren Völkern auf Zeit oder Dauer gewählte potenzielle Herrscher, die aktuell die jeweils Regierenden nur beobachten, kontrollieren und kritisieren können

Personen- und Mischgesellschaften = GbR, OHG, KG, GmbH & Co. KG

ppp-$ (Purchasing Power Parity) = internationale Kaufkraftparität, die den Wert eines repräsentativen Waren- und Dienstleistungskorbs in Landeswährung angibt, der in den USA für US-$ erhältlich wäre, und über oder unter den Wechselkursen der Inlandswährungen zum US-$ liegt

Produktionsfaktor(en) = Personal (oder Arbeitsleistung), Vermögensgegenstände (z.B. Gegenstände des Anlage- und Umlaufvermögens) und Finanzierungsverhältnisse (z.B. mit Eigen- und Fremdkapital oder Schulden)

Prosperität = Zustand, den Wirtschaftssubjekte erreichen, wenn sie sowohl sich selbst als auch ihre Angebote und Aktivitäten mittel- bis längerfristig erfolgversprechend fortentwickeln können

Protektion = Summe von Maßnahmen, die Staaten, Unternehmen und Personen wirtschaftspolitisch einsetzen, um ihre Interessen notfalls auch zulasten konkurrierender Interessen zu fördern

Regierende = geborene, selbstbestimmte oder von ihren Völkern auf Zeit oder Dauer gewählte Herrscher

Rentabilität – Zustand, der gegeben ist, wenn Wirtschaftssubjekte sowohl sich selbst als auch ihre Angebote und Aktivitäten langfristig so gestalten können, dass deren Erträge die mit diesen korrespondierenden Aufwendungen übersteigen

Rezession = Abschwungphase im Konjunkturzyklus, die insbesondere durch die Stagnation der Wirtschaftsleistung gekennzeichnet ist

Saldo = Differenz zwischen korrespondierenden Werten, beispielsweise zwischen Erträgen und Aufwendungen

Schaden/Schäden = allgemein Verluste und Nachteile durch Minderungen oder das Entgehen von Chancen und Gütern, im Recht materieller oder Vermögensschaden, und immaterieller Schaden beispielsweise durch Beleidigungen und üble Nachreden

Schuldner = Sammelbegriff für Menschen, die sich von Gläubigern Geld gegen Entgelt (z.B. Zinsen) leihen, um damit ihre Bedürfnisse sowohl besser als auch schneller befriedigen zu können

Schutzbefohlene = sowohl Kinder und Familienmitglieder in privaten Haushalten, als auch Mitglieder in Parteien, Vereinen, Verbänden und Interessenvertretungen der Arbeitnehmer und -geber

Shareholder-Value = Geschäftspolitik von Unternehmen, die primär die kurzfristige Maximierung der Kapitaleinsatzverzinsung und Kursentwicklung anstelle lang- und mittelfristig wirksamer Geschäftsinteressen verfolgt

SOLL = Fachbegriff für den Zustand eines Wertes (z.B. eines Unternehmens, einer Maschine oder eines Lagerbestandes), einer Bewegung (z.B. eines Zu- oder Abgangs) und einer Veränderung (z.B. des Wandels vom Einsatz- zum Absatzgut), der planend anzustreben ist und künftig erreicht werden soll, im Gegensatz zum IST, das den jeweils aktuellen Stand einer Entwicklung zeigt

Sparer = Menschen, die ihr jeweils überflüssiges Geld aktuell bewahren, um es entweder direkt oder indirekt gegen Entgelt (z.B. Zinsen) zu verleihen, oder um es später selbst nutzen zu können

Spekulanten = Menschen, die sich mithilfe von An- und Verkäufen von Waren und Investitionsgütern fast gegenleistungslos zu bereichern und zu bemächtigen versuchen, indem sie die Wertverände-

rungen dieser von Ort zu Ort und von Zeit zu Zeit auszunüten versuchen
Spekulation = Versuch, zu erwartende Wertveränderungen von Gütern aller Art, insbesondere aber von Aktien und Obligationen an den Börsen, sowohl nach oben als auch nach unten vorherzusehen, und so durch ebenso günstige wie rasche Ein- und Verkäufe (fast gegenleistungslos) Gewinne zu erzielen
Spiel = zweckfreie, meist lustbetonte und nicht auf Erwerb gerichtete Betätigung der Menschen jeden Alters, Geschlechts und Standes
Staatsquote = Kennzahl, die in Prozenten angibt, wie sich die Steuern, Abgaben, Beiträge und Gebühren, die der Staat, gemessen am BNE oder BIP, von seinen Bürgern und Gästen fordert, um seine Funktionen erüllen zu können
Stagflation = Kennzeichnung einer wirtschaftlichen Situation, in der Inflation und Stagnation zusammentreffen, und somit das Preisniveau ansteigt, obwohl gleichzeitig die Produktion ab- und die Erwerbsarbeitslosigkeit zunimmt
Steuern = einmalige oder laufende Zwangsabgaben der Wirtschaftssubjekte an den Fiskus, die sich nach direkten (z.B. nicht überwälzbare Einkommen- und Vermögensteuern) und indirekten Arten (z.B. überwälzbare Verbrauchs-, Mehrwertsteuern und Zöllen) unterscheiden lassen, und in Deutschland sowohl vom Bund, den Ländern und Gemeinden erhoben werden
Subjekte/Wirtschaftssubjekte siehe Wirtschaftssubjekte
Subsidiaritätsprinzip = normatives Prinzip des föderativen Staatsaufbaues, mit dem der Staat (meist) sozialpolitische Verpflichtungen immer dann privaten Trägern gegen Ersatz ihrer Kosten zu erfüllen überlässt, wenn diese solche nicht nur übernehmen wollen, sondern auch besser und/oder preiswerter als Staaten erfüllen können
Tarif(e) = im weiteren Wortsinn Preisverzeichnisse, und im engeren Wortsinn Lohn- und Mantelitarifvereinbarungen, die zwischen den (nicht nur in Deutschland autonomen) Tarifparteien regelmäßig ausgehandelt werden, und im Umgang der Arbeitgeber mit ihren Arbeitnehmern fast immer allgemeinverbindlich gelten
Tarifparteien = Gewerkschaften auf der Arbeitnehmer- und Arbeitgeberverbände auf der Arbeitgeberseite, wobei hier die dritte gestaltende Kraft noch fehlt, nämlich der Staat, der verpflichtet wäre, im herrschenden freien Spiel nicht nur der Marktkräfte die diesen überzuordnenden ordnungspolitischen Rahmenbedingungen zu setzen
Umlaufvermögen = Produktionsfaktor, der die Vorräte (z.B. Roh-, Hilfs- und Betriebsstoffe, unfertige und fertige Erzeugnisse sowie Handelswaren), Forderungen, Bar-/Buchgeldbestände, und sonstige Forderungen und Vermögensgegenstände umfasst, zu denen auch die Rechnungsabgrenzungsposten gehören
Umsatzprozesse = im weitesten Wortsinn alle Umwandlungen beispielsweise von Informationen in Order, Güter und Gelder, aber auch von Einsatz- in Absatzgüter, Leistungen in Ergebnisse und so fort
Unternehmen = im weitesten Wortsinn alles, was Menschen mehr oder minder zweckgerichtet tun oder lassen, und im engeren Wortsinn meist größere wirtschaftliche Aktivitäten, die organisiert und koordiniert werden müssen, wenn sie gelingen sollen
Verlust(e) = negatives Ergebnis, das entsteht, wenn die Erträge nicht ausreichen, die damit korrespondierenden Aufwendungen zu überdecken
Vermögen = Produktionsfaktor, der die Gegenstände des Anlage- und Umlaufvermögens umfasst
Volkswirtschaft(en) = Versammlung aller Wirtschaftssubjekte (z.B. private und öffentliche Haushalte, Unternehmen und Betriebe) jeden Staates auf dessen Territorum, und deren wirtschaftliche Aktivitäten, die von diesen ausgehen, sich diese weltweit entfalten
Volkswirtschaftslehre oder Makroökonomie = Lehre vom Zusammenwirken aller öffentlichen und privaten Haushalte, Unternehmen und Betriebe jeden Staates auf dessen Territorium auch im Weltwirtschafts- und -währungsgefüge
Vollbeschäftigung = Zustand der Voll- und Dauerbeschäftigung aller jeweils arbeitsfähigen und -willigen Arbeitnehmer in sozialversicherungspflichtigen Voll- und Teilzeitbeschäftigungsverhältnissen
Vorräte = Roh-, Hilfs- und Betriebsstoffe, unfertige und fertige Erzeugnisse sowie Handelswaren aller

Arten

Waren = Sammelbegriff für alle Grundstoffe, Fischfänge, Jagdbeuten, Energien, Produktions- und Handelsgüter mit Ausnahme aller Arbeits- und Dienstleistungen, als auch alle reine Handelswaren (siehe auch Gut/Güter und Leistungen)

Wechselkurs = Preis, zu dem zwei Währungen jeweils ausgetauscht werden

Weltbank = seit 1946 tätige Bank für Wiederaufbau und Entwicklung (IBRD), die bedürftigen Staaten technische und finanzielle Hilfe leistet und mit ihren Töchtern Internationale Entwicklungsorganisation (IDA), Internationale Finanz-Cooperation (IFC) und Multilaterale Investitionsagentur (MIGA) zur Weltbankgruppe gehört

Wertschöpfung = die den bezogenen Vorleistungen von Haushalten, Unternehmen und Betrieben hinzugefügte Arbeits- und Betriebsleistung einschließlich der dabei etwaig entstehenden Gewinne

Wertschöpfungskette(n) = neben- und hintereinander gelagerte Wertschöpfungsprozesse, wie sie beispielsweise in kleinen Formen Bierbrauer (z.B. in 4 bis 7 Stufen), in großen Autobauer (z.B. in 15 bis 35 Stufen), und in größten Volkswirtschaften (z.B. in bis zu 350 Stufen) kennen

Wirtschaft = Gesamtheit der Strukturen, Abläufe und Aktivitäten jeder Gesellschaft, die in ihren Haus-, Betriebs- und Volkswirtschaften zusammenwirken, um möglichst viele Bedürfnisse der arbeitsteilig wirtschaftenden Menschen optimal befriedigen zu können

Wirtschaft und Gesellschaft = Begriffspaar, das sowohl die arbeitsteilig wirtschaftenden Menschen als auch die Aktivitäten definiert, die von der Wirtschaft ebenso zugunsten wie zulasten aller Menschen in allen Gesellschaften ausgehen

Wirtschaftssubjekte = alle jeweils lebenden und wirkenden Menschen von der Wiege bis zur Bahre, die - wenngleich nicht überall, jederzeit und in gleichen Graden - auch Kunden oder Nachfrager, Lieferanten oder Anbieter, Auftraggeber und -nehmer, Konsumenten, Investoren, Produzenten, Sparer und Schuldner sind

Zahlungsmittel = Bar- und Buchgelder aller Art, zu denen im weiteren Wortsinn auch andere Tauschmittel (z.B. Gegenlieferungen und -leistungen) und andere Warengelder gehören

Anhang: Liste

mit den Namen, Lebens- und Leistungsdaten der bedeutendsten Wirtschafts- und Sozialwissenschaftler, darunter die aller Wirtschaftsnobelpreisträger nach Geburtsjahren geordnet (WNP = der Wirtschaftsnobel wurde im Jahr ... verliehen)

WNP	Name	* / +	Der Nobelpreis wurde verliehen für ... / oder diese waren ...
	Hume, David	1711-1776	Verknüpfer der Philosophie mit der Ökonomie
	Smith, Adam	1723-1790	Begründer der Nationalökonomie
	Kant, Immanuel	1724-1804	Moralphilosoph und Kritiker der zu seinen Lebzeiten praktizierten Wirtschaftspolitik (er formulierte den Kathegorischen Imperativ)
	Owen, Robert	1771-1858	Utopischer Sozialist
	Ricardo, David	1772-1823	Entdecker gegensätzlicher Klassen-Interessen (z.B. Unternehmer, Arbeitgeber und -nehmer; Schlecht-, Durchschnitts-, Besser- und Bestverdiener)
	Marx, Karl	1818-1883	Begründer des Kommunismus und Sozialismus infolge seiner Kapitalismuskritik als ein System der Ausbeutung
	Lassalle, Ferdinand	1825-1864	Erster Lohn-/Leistungs-Theoretiker und Begründer der deutschen Sozialdemokratie
	Schmoller, Gustav	1838-1917	Bedeutender Mitbegründer der modernisierten Nationalökonomie
	Bebel, August	1840-1913	Nationalökonom und Mitbegründer der Sozialdemokratischen Deutschen Arbeiterpartei
	Walras, Léon	1843-1910	Präger des Nutzenbegriffs im Rahmen wirtschaftlicher Wertschöpfungsprozesse; Parteigänger waren Alfred Marshall (1842-1924) und Carl Menger (1840-1921)
	Pareto, Vilfredo	1848-1923	Schöpfer der modernen Wohlfahrts-Ökonomie
	Weber, Max	1864-1920	Soziologe und Sozialpolitiker, der die kapitalistische Wirtschaftsordnung mit den Ansprüchen der christlichen Religion zu koordinieren versuchte
	Lenin, Wladimir I.	1870-1924	Revolutionär, Kapitalismuskritiker, und 1917 Begründer der planwirtschaftlich organisierten Sowjetunion
	Liebknecht, Karl	1871-1919	Nationalökonom und Mitgründer der KPD in Deutschland; Kampfgefährte der Sozialistin Rosa Luxemburg (1871-1919)
	Hilferding, Rudolf	1877-1941	Bedeutender Kritiker des Machtmissbrauchs des Finanzkapitals
	Schacht, Hjalmar	1877-	Finanzwirt, Reichsbankpräsident und Hitlers umstrittener Geldschöpfer und -beschaffer
	Keynes, Jon M.	1883-1946	Nationalökonom, der die Abkehr vom Liberalismus forderte, dazu die Arbeit mit einer manipulierten Währung, und die Bekämpfung der Ursachen von Erwerbsarbeitslosigkeit

WNP	Name	* / +	Der Nobelpreis wurde verliehen für ... / oder diese waren ...
	Schumpeter, Joseph A.	1883-1950	Schöpfer des dynamischen Unternehmerbildes und >Manchester-Kapitalismus-Kritiker<
	Euken, Walter	1891-1950	Volkswirt und einer der Väter der >Sozialen Marktwirtschaftsordnung< im Nachkriegsdeutschland
1969	Frisch, Ragnar	1895-1973	Entwicklung und Anwendung dynamischer Modelle zur Analyse von Wirtschaftsprozessen
	Erhard, Ludwig	1897-?	Volkswirt, einer der Väter der >Sozialen Marktwirtschaftsordnung< in der BRD, Bundeswirtschaftsminister und Bundeskanzler
1974	Hayek, Friedrich	1899-1992	Bahnbrechende Arbeiten auf dem Gebiet der Geld- und Konjunkturtheorie sowie tiefgründige Analysen der wechselseitigen Abhängigkeiten von wirtschaftlichen, sozialen und institutionellen Verhältnissen
1977	Ohlin, Bertil	1899-1979	Bahnbrechende Arbeiten auf dem Gebiet der Theorie des internationalen Handels und der internationalen Kapitalbewegung
	Röpke, Wilhelm	1899-?	Volkswirt und einer der Väter der >Sozialen Marktwirtschaftsordnung< im Nachkriegsdeutschland
1971	Kuznets, Simon S.	1901-1985	Erfahrungsgemäß gefundene Erklärungen von wirtschaftlichem Wachstum, die zu neuen und vertieften Einsichten in die wirtschaftlichen und sozialen Strukturen und Entwicklungsprozesse führten
	Müller-Armack, Alfred	1901-1978	Volkswirt und einer der Väter der >Sozialen Marktwirtschaft< im Nachkriegsdeutschland (und einer meiner großartigen väterlichen Freunde)
1979	Schultz,Theodore W.	1902-1998	Bahnbrechende Arbeiten in der Erforschung der wirtschaftlichen Entwicklung unter besonderer Berücksichtigung der Entwicklungsländerproblematik
1969	Tinbergen, Jan	1903-1994	Entwicklung und Anwendung dynamischer Modelle zur Analyse von Wirtschaftsprozessen
1972	Hicks, John R.	1904-1989	Bahnbrechende Arbeiten zur allgemeinen Theorie des ökonomischen Gleichgewichts und zur Wohlfahrtstheorie
1973	Leontief, Wassily	1905-1999	Ausarbeitung der In-/Output-Methode und deren Anwendung bei wichtigen wirtschaftlichen Problemstellungen und -lösungen
1974	Myrdal, Gunnar	1905-1999	Bahnbrechende Arbeiten auf dem Gebiet der Geld- und Konjunkturtheorie sowie tiefgründige Analysen der wechselseitigen Abhängigkeiten von wirtschaftlichen, sozialen und institutionellen Verhältnissen
1977	Meade, James Edward	1907-1995	Bahnbrechende Arbeiten auf dem Gebiet der Theorie des internationalen Handels und der internationalen Kapitalbewegung

WNP	Name	* / +	Der Nobelpreis wurde verliehen für ... / oder diese waren ...
	Galbraith, Kennet John	1908-	Volkswirt und Kritiker einer freien Marktwirtschaft, die auf Planung, Preis- und Lohnstopps verzichtet
1991	Coase, Ronald	1910-2013	Entdeckung und Klärung der Bedeutung der sogenannten Transaktionskosten sowie der Verfügungsrechte für die institutionelle Struktur und das Funktionieren der Wirtschaft (s.a. Coase-Theorem)
1975	Koopmans, Tjalling	1910-1985	Beiträge zur Theorie der optimalen Ressourcenverwendung
1988	Allais, Maurice	1911-2010	Bahnbrechende Beiträge zur Theorie der Märkte und der effizienten Nutzung von Ressourcen
1989	Haavelmo, Trygve M.	1911-1999	Formulierung der wahrscheinlichkeitstheoretischen Grundlagen der Ökonometrie
1982	Stigler, George	1911-1991	Bahnbrechende Studien über die Funktionsweisen und Strukturen von Märkten sowie der Ursachen und Wirkungen von Regelungen der öffentlichen Hände
1976	Friedman, Milton	1912-2006	Verbraucheranalyse zur Geldgeschichte und -theorie sowie Klarstellungen zur Komplexität der Stabilisierungspolitik
1975	Kantorowitsch, Leonid W.	1912-1986	Beiträge zur Theorie der optimalen Ressourcenverwendung
1984	Stone, Richard	1913-1991	Bahnbrechende Leistungen bei der Entwicklung von volkswirtschaftlichen Gesamtrechnungssystemen, wodurch sich die Grundlagen empirischer Wirtschaftsanalysen radikal verbessert haben
1996	Vickrey, William	1914-1996	Grundlegende Beiträge zur ökonomischen Theorie von Anreizen bei unterschiedlichen Graden von Information der Marktteilnehmer
1979	Lewis, William A.	1915-1991	Bahnbrechende Arbeiten in der Erforschung der wirtschaftlichen Entwicklung unter besonderer Berücksichtigung der Entwicklungsländerproblematik
1970	Samuelson, Paul A.	1915-2009	Wissenschaftliche Arbeiten, durch die er die statische und dynamische wirtschaftliche Theorie fortentwickelte und aktiv zur Hebung des Niveaus der Analyse in den Wirtschaftswissenschaften beitrug
1978	Simon, Herbert A.	1916-2001	Bahnbrechende Erforschung der Entscheidungsprozesse in Wirtschaftsorganisationen
2007	Hurwicz, Leonid	1917-2008	Entwicklung der Grundlagen des Mechanism Design
1985	Modigliani, Franco	1918-2003	Bahnbrechende Analyse über das Sparverhalten der Finanzmärkte
1981	Tobin, James	1918-2002	Analyse der Finanzmärkte und damit der Beschäftigung, Produktion und Preisentwicklung sowie deren Auswirkungen auf Ausgabenbeschlüsse

WNP	Name	* / +	Der Nobelpreis wurde verliehen für ... / oder diese waren ...
1986	Buchanan, James M.	1919-2013	Entwicklung der kontratheoretischen und konstitutionellen Grundlagen der ökonomischen und politischen Beschlussfassung
1994	Harsanyi, John	1920-2000	Grundlegende Analyse des Gleichgewichts in nicht kooperativer Spieltheorie
1980	Klein, Lawrence	1920-2013	Konstruktion ökonomischer Konjunkturmodelle und deren Verwendung bei wirtschaftspolitischen Analysen
1993	North, Douglass	1920	Erneuerung der wirtschaftlichen Forschung durch die Anwendung der ökonomischen Theorie und quantitativer Methoden, um wirtschaftlichen und institutionellen Wandel erklären zu können
1972	Arrow, Kenneth	1921	Bahnbrechende Arbeiten zur allgemeinen Theorie des ökonomischen Gleichgewichts und zur Wohlfahrtstheorie
1983	Debreu, Gérard	1921-2004	Einführung neuer analytischer Methoden in die volkswirtschaftliche Theorie und rigorose Neuformulierung der Theorie des allgemeinen Gleichgewichts der Märkte
2005	Schelling, Thomas	1921	Grundlegende Beiträge zur Spieltheorie und zum besseren Verständnis von Konflikt und Kooperation
1990	Miller, Merton	1923-2000	Wissenschaftliche Grundbeiträge zur Theorie der Unternehmensfinanzierung
2012	Shapley	1923	Theorie stabiler Verteilungen und die Praxis des Marktdesign
1987	Solow, Robert M.	1924	Bahnbrechende Arbeiten über wirtschaftliche Wachstumstheorien
1993	Fogel, Robert	1926-2013	Erneuerung der wirtschaftlichen Forschung durch die Anwendung der ökonomischen Theorie und quantitativer Methoden, um wirtschaftlichen und institutionellen Wandel erklären zu können
1990	Markowitz, Harry	1927	Entwicklung der Portfolio-Auswahl-Theorie
2002	Smith, Veron L.	1927	Einsatz von Laborexperimenten als Werkzeug in der empirischen ökonomischen Analyse insbesondere in Studien unterschiedlicher Marktmechanismen
1994	Nash, John Forbes jr.	1928	Grundlegende Analyse des Gleichgewichts in nicht kooperativer Spieltheorie
2005	Aumann, Robert	1930	Grundlegende Beiträge zur Spieltheorie und zum besseren Verständnis von Konflikt und Kooperation
1992	Becker, Gary	1930-2014	Ausdehnung der mikroökonomischen Theorie auf weitere Bereiche menschlichen Verhaltens und menschlicher Zusammenarbeit
1994	Selten, Reinhard	1930	Grundlegende Analyse des Gleichgewichts in nicht kooperativer Spieltheorie
1999	Mundell, Robert	1932	Analyse der Geld- und Fiskalpolitik in verschiedenen Wech-

WNP	Name	* / +	Der Nobelpreis wurde verliehen für ... / oder diese waren ...
			selkurssystemen und Analyse optimaler Währungsgebiete
2009	Williamson, Oliver E.	1932	Analyse des ökonomischen Handelns im Gemeinschaftsgüterbereich
2009	Ostrom, Elinor	1933-2012	Analyse des ökonomischen Handelns im Gemeinschaftsgüterbereich
2006	Phelps, Edmund S.	1933	Analyse intertemporaler Zielkonflikte in makroökonomischer Politik
1998	Sen, Amartya	1933	Grundlegende theoretische Beiträge zur Wohlfahrtsökonomie bevorzugt in Entwicklungsländern
2003	Granger, Clive W.J.	1934-2009	Methoden zur Analyse ökonomischer Zeitreihen mit gemeinsam veränderlichen Trends (Kointegration)
2002	Kahneman, Daniel	1934	Einführung von Einsichten der psychologischen Forschung in die Wirtschaftswissenschaft besonders bezüglich von Beurteilungen und Entscheidungen bei Unsicherheit
1990	Sharpe, William	1934	Wissenschaftliche Grundbeiträge zur wissenschaftlichen Theorie der Preisbildung für Finanzprodukte
1996	Mirrlees, James	1936	Grundlegende Beiträge zur ökonomischen Theorie von Anreizen bei unterschiedlichen Graden von Information der Marktteilnehmer
1995	Lucas, Robert E.	1937	Formulierung der Theorie rationaler Erwartungen über das Verhalten verschiedener Teilnehmer am wirtschaftlichen Geschehen
2000	McFadden, Daniel	1937	Entwicklung von Theorien und Methoden zur Analyse diskreter Wahlentscheidungen
2013	Fama	1939	Empirische Analyse von Kapitalmarktpreisen
2010	Mortensen, Dale	1939-2014	Analyse von Märkten mit Friktionen
	Wöhe, G.	1939	Einführung in die allgemeine moderne Betriebswirtschaftslehre
2001	Akerlof, George A.	1940	Analyse von Märkten mit asymmetrischer Information
2010	Diamond, Peter A.	1940	Analyse von Märkten mit Friktionen
2004	Prescott, Edward C.	1940	Beiträge zur dynamischen Makroökonomik und die Zeitkonsistenz von Wirtschaftspolitik als treibende Kraft von Konjunkturzyklen
	Yunus, Muhammad	1940	Begründer der Mikro-Kredite für arme UnternehmerInnen, der Grameen-Bank, und Friedensnobelpreisträger 1906
1997	Scholes, Myron S.	1941	Ausarbeitung einer mathematischen Formel zur Bestimmung von Optionswerten an der Börse (s.a. Black-Scholes-Modell)
2003	Engle, Robert F.	1942	Methoden zur Analyse ökonomischer Zeitreihen mit zeitlich variabler Volatilität (s.a. ACH-Modell)

WNP	Name	* / +	Der Nobelpreis wurde verliehen für ... / oder diese waren ...
2011	Sims, Christopher	1942	Empirische Untersuchung von Ursache und Wirkung der Makroökonomie
2004	Kydland, Finn E.	1943	Beiträge zur dynamischen Makroökonomik und die Zeitkonsistenz von Wirtschaftspolitik als treibende Kraft von Konjunkturzyklen
2011	Sargent, Thomas	1943	Empirische Untersuchung von Ursache und Wirkung der Makroökonomie
2001	Spense, Michael	1943	Analyse von Märkten mit asymmetrischer Information
2001	Stiglitz, Joseph E.	1943	Analyse von Märkten mit asymmetrischer Information
2000	Heckmann, James	1944	Entwicklung von Theorien und Methoden zur Analyse selektiver Stichproben
1997	Merton, Robert C.	1944	Ausarbeitung einer mathematischen Formel zur Bestimmung von Optionswerten an der Börse (s.a. Black-Scholes-Modell)
2013	Shiller, Robert J.	1946	Empirische Analyse von Kapitalmarktpreisen
2010	Pissarides	1948	Analyse von Märkten mit Friktionen
2010	Pissarides, Christopher	1948	Analyse von Märkten mit Friktionen
2007	Maskin, Eric S.	1950	Entwicklung der Grundlagen des Mechanism Design
2007	Meyrson, Roger B.	1951	Entwicklung der Grundlagen des Mechanism Design
2012	Roth, Alvin E.	1951	Theorie stabiler Verteilungen und die Praxis des Marktdesign
2013	Hansen, Lars P.	1952	Empirische Analyse von Kapitalmarktpreisen
2008	Krugman, Paul	1953	Analysen sowohl der Handlungsmuster als auch der Räume wirtschaftlicher Aktivität
2014	Tirole, Jean	1953	Entwicklung bahnbrechender Modelle im Umgang mit der Marktmacht von Oligopolisten und Monopolisten im Rahmen marktwirtschaftlich geordneter Systeme (kongenialer Partner war Jean-Jaques Laffont, der 2004 einem Krebsleiden erlag)

Anhang: Literaturverzeichnis

Autoren/Herausgeber	Titel	Erscheinungsort und -jahr
Bauer, J.	Prinzip Menschlichkeit	Hamburg 2007
Berié/Kobert, Hg.	Der Fischer Weltalmanach 2007	Frankfurt/Main 2006
Bolz, N.	Diskurs über die Ungleichheit	München 2009
Clement/Merz	Was jetzt zu tun ist/Deutschland 2.0	Freiburg/Breisgau 2010
Conze, E.	Die Suche nach Sicherheit	München 2009
Dirschwigl, H.	Krisenmanagement und Sanierung	Kissing 1987
Euken, W.	Grundsätze der Wirtschaftspolitik	Hamburg 1959
Fischbach/Wollenberg	Volkswirtschaftslehre I	München/Wien 2003
Ganten/Spahl/Deichmann	Die Steinzeit steckt uns in den Knochen	München 2011
Friedman, G.	Die nächsten 100 Jahre	Frankfurt/Main 2009
Gehler, M.	Europa	Frankfurt/Main 2002
Glismann/Horn/Nehring/Vaubel	Weltwirtschaftslehre	München 1982
Guardini, R.	Die Lebensalter	Würzburg/Kevelaer 1953/2012
Hirt, J.	Das Gesetz von Lust und Unlust	Zürich 1973
Hirt/Signer	Hirt-Methode	Zürich 1973/2000
Keynes, J.M.	Allgemeine Theorie der Beschäftigung, des Zinses und des Geldes, 7.Aufl.	Berlin 1994
Jung, H.	Allg. Betriebswirtschaftslehre	Oldenburg 2004
Kirchhof, P.	Das Maß der Gerechtigkeit	München 2009
Koesters, P.-H.	Ökonomen verändern die Welt	Hamburg 1982
Krugman, P.	Die neue Welt/Wirtschaftskrise	Frankfurt/Main 2009
Lamprecht, R.	Die Lebenslüge der Juristen	München 2008
Landua, R.	Am Rande der Dimensionen/CERN	Frankfurt/Main 2008
Marx/Engels	Das Kapital und Manifest der kommunistischen Partei	London 1867/München 2006
Miegel/Wahl	Das Ende des Individualismus	München 1984
Rautenberg/Rogoll	Werde, der du werden kannst	Freiburg/Breisgau 1982
Sachs, J.D.	Das Ende der Armut	Siedler 2005
Schierenbeck, H.	Grundzüge der Betriebswirtschaftslehre	München/Wien 2003
Schmidt, H.	Mein Europa	Hamburg 2013
Schmidt, S.	Markt ohne Moral	München 2010
Schreiber, M.	Was von und bleibt	München 2008
Schumpeter, J.A.	Kapitalismus, Sozialismus und Demokratie, 7.Aufl.	Tübingen 1993

Autoren/Herausgeber	Titel	Erscheinungsort und -jahr
Smith, A.	Der Wohlstand der Nationen	München 1999
Stat. Bundesamt, Hg.	Statistisches Jahrbuch	Wiesbaden 2013
Varian/Buchegger	Grundzüge der Mikroökonomik	München/Wien 2004
Weizsäcker/Lovins	Faktor vier Doppelter Wohlstand - halbierter Naturverbrauch	München 1997
Wieczorek, Th.	Die verblödete Republik	München 2009
Yunus, M.	Die Armut besiegen	München 2008

www.ingramcontent.com/pod-product-compliance
Lightning Source LLC
Chambersburg PA
CBHW051808170526
45167CB00005B/1922